视 听 新 媒 体 系 列 丛 书

新媒体
融合发展新论

刘颖 / 著

重庆大学出版社

图书在版编目（CIP）数据

新媒体融合发展新论 / 刘颖著. –– 重庆：重庆大
学出版社, 2023.4
ISBN 978–7–5689–3628–6

Ⅰ.①新… Ⅱ.①刘… Ⅲ.①传播媒介 – 研究 – 中国
Ⅳ.①G219.2

中国版本图书馆CIP数据核字（2022）第225884号

新媒体融合发展新论
XINMEITI RONGHE FAZHAN XINLUN

刘 颖 著

策划编辑：唐启秀

责任编辑：李桂英　　版式设计：唐启秀
责任校对：谢 芳　　责任印制：张 策

*

重庆大学出版社出版发行
出版人：饶帮华
社址：重庆市沙坪坝区大学城西路21号
邮编：401331
电话：（023）88617190　88617185（中小学）
传真：（023）88617186　88617166
网址：http://www.cqup.com.cn
邮箱：fxk@cqup.com.cn（营销中心）
全国新华书店经销
重庆升光电力印务有限公司印刷

*

开本：720mm×1020mm　1/16　印张：15.25　字数：285千　插页：8开4页
2023年4月第1版　2023年4月第1次印刷
ISBN 978-7-5689-3628-6　定价：49.00元

代 序

20 世纪 90 年代中期以来，如何利用互联网和数字技术更有效地传播新闻和信息，是摆在全球媒体组织者和传播者面前的一个重要议题。从根本上看，互联网和数字技术颠覆了传统的传播者、接收者和媒介之间的关系，在媒介入口和使用等方面赋予了用户更多的自由和权利。同时，互联网的出现和数字技术的迅猛发展打破了传统媒体赖以生存的以传播者为中心的传播理念和以广告为主的商业经营模式。于是，应运而生的媒体融合——多渠道、多平台、多元化传播新闻和信息——势在必行！

媒介融合不是一件易事：它不等于新老设备、新旧编辑部、传统技术和新技术的简单叠加。无论技术如何更新和变化，人类对新闻和信息的需求——尤其是高质量的内容——不但不会减少，反而会提高。未来的内容生产和传播需要媒体组织和传播人员具有新的传播理念，对"内容为王"和"用户至上"有新的认识。另一方面，媒体融合是一个新老媒体互相学习和取长补短的过程。在内容把关和事实核查等方面，新媒体需要向传统媒体学习，传统媒体则需要掌握新媒体中有关传播速度、效果和用户黏性的理念和技能。因此，真正意义上的媒体融合要求媒体组织和传播者有心理上的融合。

既然讲故事的方式发生了变化，那么讲故事的人也必须变化。正是基于这样的思考，"视听新媒体系列丛书"围绕新媒体发展和创新趋势，探析新媒体融合创新发展的新路径。在《新媒体融合发展新论》中，山西传媒学院的刘颖老师聚焦新媒体和新传播中的"新"字与新媒体产业热点，从市场、行业等现实生态链和实证案例入手，借助传播学、艺术学、管理学的理论视角，多维度、多图谱、多案例地分析新媒体的发展趋势和特点，并对新媒体近年来随着技术革新，尤其是 5G 时代出现的新现象、新名词等做了形象生动的诠释和解读。另外，作者还结合自己多年来"新媒体概论"课程的教学实践和经验，把研究和思考的重点放在融合性与创新性上，为有志于中国新闻和传播事业的高校影视传媒类专业、新闻传播类专业学生做了一件好事！

孙志刚

博士

美国密苏里大学新闻学院高级社会研究中心原主任（2001—2014 年）
美国唐纳德·雷诺兹新闻研究院原科研副主任（2007—2014 年）
西北政法大学新闻与传播学院客座教授
吉林师范大学新闻与传播学院客座教授

美国密苏里州哥伦比亚市
2023 年 1 月 24 日

前言

随着 5G 时代的到来，互联网用户数量快速增长，新媒体产品越来越丰富，大数据、人工智能等技术带来了新生态格局和新业态发展趋势。新媒体浪潮不仅席卷传媒行业，也更深度地被应用到了政治、经济、文化、民生、科技等各个领域。新媒体的内容创作和传播方式已是对当今大众价值观念和生活方式的折射。本书聚焦新媒体融合创新视域下新的视听艺术和传媒技术衍生的新现象，从视听内容生产、传播和运营的不同层面，分析新媒体较传统媒体而言，从裂变走向融合的创新思维和内涵发展。

如何理解新媒体的"新"？新媒体在互联网技术不断发展变革的推动下，滋生了怎样的媒介形态？具有符合当代大众审美需要的哪些特点？在市场经济的发展中催生了怎样的产业生态和媒介现象？这些媒介平台和产业传播的创新路径是什么？……这些都是值得思考和研究的问题。

全书分为三篇。第一篇为"新格局：新媒体发展趋势及焦点透视"，包括第一至第三章，从总体概况、概念特质和形态发展等方面宏观介绍不同新媒体样态的发展历程及创新演变。

第二篇为"新生态：新媒体视听内容及艺术融合"，包括第四至第六章，从本体论、传播论和价值论三个方面，结合微信、微博、抖音、B 站等实证分析新媒体发展的艺术特征、存在的问题、优化路径及数字治理。

第三篇为"新业态：新媒体产业融合多元发展"，包括第七至第八章，介绍伴随新媒体发展出现的新产业、新机遇，新媒体受众表现的新特点，新媒体平台运营的新策略。

　　本书较其他新媒体相关的著作、教材而言，并非面面俱到地概述有关新媒体的知识，也不是单一地从新媒体营销、新媒体文案写作、新媒体用户、新媒体传播等某个方面切入，而是结合本人多年来关于"新媒体概论"课程的教学实践经验和视听理论与传播方向的研究思考，将重点放在融合性与创新性的研究上，关注新媒体发展中产生的新的传播现象和视听方式，从市场、行业等现实生态链和实证案例入手，从传播学、艺术学、管理学的交叉学科理论视角切入，多维度、多图谱、多案例分析新媒体的发展趋势和特点，兼具理论研究和应用实践，注重创新内容和手段，强调新媒体赋能的复合性社会效应，尤其在参照基础理论的前提下，对新媒体近年来随着技术革新出现的新事物、新名词等作形象生动的诠释和解读，希望能给新媒体艺术发展和传播提供创新开拓的思路和研究价值，也为广大新闻传播学和广播电视艺术学专业的学生提供一些关于新媒体的思考和启示。

刘　颖

壬寅虎年于并州古城新源小区

目录
MULU

第一篇

新格局:新媒体发展趋势及焦点透视

　　为什么新的传播媒介逐一登场？新的媒介对旧的媒介会产生怎样的影响？依托互联网技术，新媒体的发展又如何作用于社会生活，推动人类文明和社会进步？新媒体呈现怎样的趋势和热点？社会政治、经济、文化的发展又如何反作用于新媒体的发展？新媒体在 5G 个人应用与媒体融合赋能上具有怎样的特点？我们将带着这些问题，一起走进本篇去寻找答案。

第一章　5G 时代的新媒体发展

第一节　5G 个人应用及总体概况

2019 年以来，在互联网技术、政策与市场等外部环境影响下，我国新媒体呈现裂变、融合、创新的发展趋势。5G 商业化的正式开启深刻影响着新媒体行业发展。在这个阶段，新媒体内容生产力持续释放，媒介新技术不断进步，新媒体对政治、经济、社会、文化发挥的作用越来越大。此外，新冠肺炎疫情带来的现实困境又促进了以数据为关键生产要素的数字经济的深刻变革。新媒体成为社会治理专业化与智能化的重要手段，新媒体在 5G、区块链等新技术驱动下，用户、产业、应用与服务的规模和质量都得到快速发展。

当前，我国新媒体行业欣欣向荣，新媒体传播与发展呈现以下特点：

①5G 作为新基建之首，对于我国数字经济的发展有着重要意义；

②数字治理持续推动社会变革，政务新媒体建设加强，我国数字政府与智慧城市建设逐步推进；

③媒体融合发展侧重自身能力提升与破圈化品牌建设；

④全媒体传播体系建设推动主流媒体影响力提升；

⑤电商直播催生"直播 +"新产业模式；

⑥短视频成为信息传播与流量聚合主战场。

一、5G 技术助力我国数字经济发展

全球移动供应商协会（GSA）2020 年 3 月发布的报告数据显示，全球 35 个国家的 63 家运营商已经推出了一项或多项支持 3GPP 标准的 5G 服务。2019 年 11 月，世界 5G 大会在北京召开，来自全球相关领域的专家就 5G 技术研发、网络建设与创新应用等问题展开了专项研讨，会议同时促成了 5G 领域的多项企业合作[1]。工信部数据显示，截至 2020 年 3 月底，我国已建成 5G 基站 19.8

1　黄楚新，王丹．聚焦"5G+"：中国新媒体发展现状与展望［J］．科技与出版，2020（8）：1.

万个，套餐用户规模超过 5 000 万。截至 2020 年 4 月 22 日，已有 96 款 5G 手机终端获得入网许可[1]。

5G 与数字经济关系密切，移动互联网催生数字化应用爆发，在远程办公、生鲜电商、在线问诊、智慧出行、5G 云游戏、5G 云 VR、5G 超高清视频、5G 消息等生活领域提供有力支撑，同时也推动了交通、智能制造、能源、医疗、政务、金融、农业、电信等生产领域的创新发展。例如，"5G+ 热成像"实现了无接触、远距离检测体温、分析数据；"5G+ 医疗"提供了远程会诊、远程影像、远程门诊等服务，实现了专家资源与患者需求的异地对接；"5G+ 无人车"完成了无人配送物品、智能消毒处理等工作。此外，5G 对媒体视频业务的影响较为集中，在画面分辨率、实时交互等方面提高用户体验感。2019 年 11 月，我国首个国家级 5G 新媒体平台——中央广播电视总台"央视频"5G 新媒体平台正式上线，这是中央广播电视总台基于"5G 4K/8K AI"等新技术全新打造的综合性视听新媒体旗舰[2]。2019 年 2 月，《超高清视频产业发展行动计划（2019—2022 年）》的发布对超高清视频产业的发展目标、重点任务及保障措施进行了明确规划，从政策层面对产业发展提供了保障与指导。超高清视频相关业务成为当前我国媒体和互联网行业积极布局的主要产业方向[3]。

二、政务新媒体发展加速我国数字治理体系构建

当前，新媒体广泛参与国家数字化治理和网络空间治理。新技术使新媒体行业实现了数据共享、高清视频传输与直播、算法精准推送、网络内容风险防控、人工智能内容生产分发、消费升级、沉浸式体验……信息技术的发展推动了国家数字化治理水平的提升，互联网新技术在信息发布、大数据防控、便民服务等领域为政府提高治理能力提供了科学化手段，加快了国家治理数字化的进程，多元协同的网络治理体系正在加速形成。同时，在新媒体技术推动下，网络空间综合治理趋向常规化和精细化，治理体系逐渐完善。技术赋能下的国家数字化治理和网络空间治理成效的提高，也体现了新媒体公信力的提升。疫情防控的需求促使政府部门加速了政务网络服务、信息开放与共享。各地政府对疫情数据进行采集、

1　中国政府网 . 我国已建成 5G 基站 19.8 万个［EB/OL］.2020-5-3.
2　范以锦，聂浩 .2019 年重大传媒事件［J］. 新闻与写作，2019（12）：7.
3　黄楚新，王丹 . 聚焦"5G+"：中国新媒体发展现状与展望［J］. 科技与出版，2020（8）：6.

分析、发布，提升了数据利用能力和数字政务水平。例如，国家政务服务平台通过与支付宝、微信联动，实时监测人们的行程码、健康码和疫苗接种情况，在新的小程序中增加了"同行密接人员自查"等服务，整合了全市疫情相关数据资源，为用户提供疫情资讯、健康查询、病历轨迹查询等服务。

随着媒体融合格局的形成，党的新闻舆论阵地已从传统媒体转移到新媒体平台。2016—2020 年，围绕党的新闻舆论工作，习近平总书记多次提到，要坚持内容创新，根据互联网内容的差异化，做出媒体自身的特色，积极传播正能量。主流媒体利用新媒体和网络舆论场的特征，适应移动化、视频化、通俗化、多样化的需求，积极进行新媒体空间主流意识形态的内容生产与传播，提高了主流媒体发挥政务功能的舆论引导力。主流媒体利用新媒体技术和聚合平台，积极推出复合型新媒体产品，打造主题化版块，以文字、图片、短视频、H5 等多种形式，通过多元渠道传播官方信息。新华网、央视新闻等中央级媒体通过实时更新疫情动态和发布各地疫情防控举措，积极引导公众舆论。中央广播电视总台《新闻1+1》节目从 2020 年 1 月 20 日起持续报道新冠肺炎疫情，发布权威信息。当下，网络空间中不同社会思潮经新媒体传播，城市建设也紧紧抓住智能系统建设，不断进行场景拓展与模式升级，由信息化、智能化走向智慧化。

三、媒体融合的能力提升与破圈化品牌建设

2020 年以来，媒体融合发展有了方向性的转变，不再将视野局限于传媒领域的媒体业务，而是将建设自有品牌、推动资源协同、提供商业服务、深化政务服务等作为提升融合发展的主要方向[1]。在融合发展中，传统主流媒体仍居于主导地位，一方面加快转变传播方式、话语方式，坚持新闻报道的真实、平衡、客观，提升公信力、影响力和引导力，特别是在重大主题报道中发挥了信息供给与舆论引导的重要作用；另一方面不断加快品牌建设与机制创新，丰富运营与盈利模式，逐步提升市场竞争力。

随着移动互联网传播渠道的拓展，"两微一号"成为媒体融合发展的主战场。媒体根据不同平台的内容形式、传播特点与受众需求，以微博、微信及短视频平台号组成阵营，分类进行内容投放与运营。《2020 中国网络视听发展研究报告》

---

1 唐绪军，黄楚新，等．新媒体蓝皮书：中国新媒体发展报告 No.12（2021）［M］．北京：社会科学文献出版社，2021，9：9.

显示，截至 2020 年 6 月，短视频以人均单日 110 分钟的使用时长超越了即时通信[1]。短视频不仅成为用户休闲娱乐的平台，更在用户获取信息的方式上占据越来越高的比重。因此，短视频端建设成为媒体融合发展的重点。

四川广播电视台运营的新媒体"四川观察"抖音号成绩显著，其凭借高用户互动率、高更新频度、高热点关注度等得到了用户青睐。截至 2022 年 4 月 9 日，该账号拥有 4 715.4 万粉丝，累积获赞达 31.4 亿。在全国两会报道中，人民网、央视新闻、新华网、环球时报、中国网直播等微信视频官方号通过开设"2021 全国两会"视频话题，依托社交平台以视频方式报道两会。中国日报等媒体还通过微信视频号进行两会直播，方便用户在朋友圈全程看两会。

全媒体品牌建设是媒体提升融合发展能力的关键，品牌特色鲜明的新媒体产品会加深用户的感知和体会。例如四川日报报业集团打造的传媒圈"封面新闻"、广东广播电视台打造的"触电新闻"、成都传媒集团打造的"红星新闻"等差异化的产品形成了媒体的自有品牌标识[2]。2020 年以来，布局 MCN（多频道网络）机构成为广电系统提高自我再生能力、打造新媒体生态的热门方式。以省级广电为代表的一批拥有强大影响力基础的媒体机构纷纷成立 MCN 机构，聚合优质内容生产者，并通过机制化的全流程配套运营机制，打造优质主播与账号，成为账号与平台之间的中介与桥梁。在 2020 年 10 月召开的中国新媒体发展年会上，会议专门设置了"年度全国广电十佳 MCN 机构"奖项，湖南娱乐 MCN、浙江广电布噜文化、江苏广电荔星传媒 MCN、山东广电闪电 MCN 等机构入选[3]。

四、全媒体传播格局推动主流媒体影响力提升

"十三五"规划提出，要建设"内容 + 平台 + 终端"的媒体融合体系，国家从思维、技术、人才、布局、政策等方面对媒体融合提出了一系列要求和政策，新型主流媒体平台实现了转型升级，融媒体产品层出不穷，主流媒体影响力不断提升[4]。媒体融合注重价值取向与建立全媒体传播体系，其核心价值需要明确：以传播主流意识形态和主流价值观为主要任务，强化传统媒体在新兴传播领域

1　人民网 . 我国网络视听用户破 9 亿短视频推动行业变革［EB/OL］. 2020-10-12.

2　唐绪军，黄楚新，等 . 新媒体蓝皮书：中国新媒体发展报告 No.12（2021）［M］. 北京：社会科学文献出版社，2021，9：11.

3　济南网 . 2020 年度中国新媒体七大重磅榜单发布［EB/OL］. 2020-10-19.

4　李明德，赵琛 . 新媒体时代"四力"的突围与跨越——基于"十三五"时期中国新媒体发展的几个焦点［J］. 编辑之友，2021（1）：12-20.

的话语权，充分发挥信息核实、新闻把关、舆论引导的作用。2019 年 8 月，《新闻联播》正式入驻短视频平台抖音、快手；12 月 8 日，央视新闻正式入驻 B 站。传统媒体在新媒体上创作播放视频，被用户广泛关注和消费；传统媒体入局短视频等新媒体平台，有助于营造清朗网络空间，强化主流媒体的声音；利用短视频、直播等平台，与头部机构进行融媒体合作尝试，推动了主流媒体与头部新媒体平台影响力的合流。2020 年 4 月 6 日，央视主持人进行直播带货，据央视报道，这场公益直播累计观看人次达到 1.2 亿，共售出总价值约 4 041 万元人民币的商品。2020 年 5 月 1 日晚，被网友称为"央视 boys"的央视主持人康辉、撒贝宁、朱广权、尼格买提首次联合直播带货，此次活动全平台总销售额超 5 亿元人民币[1]。

与此同时，我国县级融媒体实现了跨越式发展，国家级、省级、地市级、县级融媒体矩阵基本形成，县级融媒体充分发挥了信息中转优势，借助融媒体平台，实现了信息的聚合和传播，推动了主流媒体影响力"触底"。2020 年县级融媒体初级量化层面的建设即将完成，疫情防控期间，河北通过"智慧大喇叭"与县级融媒体平台联通，完成了疫情防控期间信息传播的"最后一公里"，"大喇叭视频"引来各地仿效；上海区级融媒体和东方网共同打造的咨询服务类融媒体产品《抗击疫情，上海在行动》，通过信息播报和动态监测，利用区级融媒体服务引导基层群众。当下，媒体融合已走入质变阶段，推动媒体融合走向深度化，进一步提高主流媒体影响力是未来媒体融合的必然要求。

五、电商直播催生"直播 +"经济新模式

直播电商是新媒体传播力提升的重要平台。五年来，在我国网络直播用户规模不断增长的背景下，电商直播成为网络直播的重要力量。截至 2021 年 12 月，我国网络直播用户规模达 7.03 亿，较 2020 年 12 月增长 8 652 万，占网民整体的 68.2%。其中，电商直播用户规模为 4.64 亿，较 2020 年 12 月增长 7 579 万，占网民整体的 44.9%[2]，成为上半年增长最快的个人互联网应用。淘宝、小红书、拼多多、抖音等平台开始打造以视频和社交内容为主导的直播电商模式，"直播 + 电商"的模式使优质和多元内容成为新的流量入口，推动传统电商转型，实现了视频内容驱动和传统电商驱动在多元生态下的竞合。电商直播是指网络

1　黄楚新，王丹 . 聚焦"5G+"：中国新媒体发展现状与展望［J］. 科技与出版，2020（8）：9.
2　参见中国互联网络信息中心发布的第 49 次《中国互联网络发展状况统计报告》。

主播以直播的方式销售商品，主播"头部力量"的作用较为明显，专业带货主播已实现团队化运作。为提升优质主播数量和专业化素质，各平台通过多种方式对主播进行养成业务的培训。而直播渗透率的逐年增长意味着直播电商传播势头凸显，并逐步走向精细化，直播与电商交易的融合程度不断加深，直播带货已成为消费升级的新风口。

直播电商以直播的方式，通过 UGC、PUGC、PGC 等形式生成传播内容，充分挖掘用户和社群价值，以低成本和高效传播的优势，为传统电商获取新流量。同时借助短视频自身的发展，传统短视频平台也开始拓展电商产业，直播电商的传播广度进一步推动了"直播 +"经济的繁荣，直播平台融资能力强，垂直产品和直播平台边界不断拓宽。另外，随着对直播电商内容变现模式的成功探索，专业孵化培育和管理"网红"、进行专业化内容生产的 MCN 机构成为直播电商产业的"标配"。

Topklout 显示，2016 年至 2019 年 MCN 机构数量分别为 420 家、1 700 家、5 000 多家、20 000 多家，近三成头部 MCN 机构营收规模破亿。2020 年上半年各大电商平台、短视频平台陆续加大对电商直播的布局力度，2020 年 9 月抖音打造的电商达人带货活动"主播带货总动员"推出了一系列直播带货活动，抖音"主播带货总动员"话题总播放量突破 11 亿次 [1]。此外，"直播 + 电商"也深度嵌入媒体融合的进程，主流媒体纷纷加入直播带货，与电商直播平台合作，通过与"网红"的流量聚合进行内容生产，链接具有一定流量和影响力的新媒体平台，以直播带货的形式进行内容分发，实现"媒体 + 直播"带货的新形式，提升了主流媒体的传播力。这是媒体融合利用新媒体产业丰富自身商业模式与盈利模式，带动自身媒体经营转型的重要实践。电商和流量平台的扶持，有利于新形势下主流媒体自身流量的积累。电商直播通过各层次"网红"的流量效应和丰富多元的内容，打造了多维度的直播电商生态体系。但受流量、内容和资本等多重因素的影响，直播电商生态链依旧无法完全整合，流量池和商品池的适配受到供应链管理能力的制约，头部直播电商的地位较为突出，"马太效应"下的行业壁垒依旧存在。

六、短视频成为信息传播与流量聚合主流平台

自 2016 年起，短视频呈现井喷式发展，成为新媒体发展和投资业的风口，

---

1 环球网.加大行业布局抖音深耕直播带货［EB/OL］.2020-9-25.

同年 BAT 和今日头条开始进军短视频领域。经过几年的发展，短视频已从新风口走向"黄金时代"，以抖音、快手、微博、微信视频号、西瓜视频、B 站等为代表的短视频 APP，已发展成为集社交、新闻、电商、直播于一体的复合型平台，成为新媒体领域的"标配"。截至 2021 年 12 月，我国网络视频（含短视频）用户规模达 9.75 亿，较 2020 年 12 月增长 4 794 万，占网民整体的 94.5%；其中短视频用户规模为 9.34 亿，较 2020 年 12 月增长 6 080 万，占网民整体的 90.5%[1]。同时，短视频媒体化趋势明显，短视频利用流量聚集效应进行新闻内容的制作和分发，使新闻内容传播更具有时效性、通俗性，有利于新闻内容的广泛传播，提高了新媒体的传播力。目前，央视新闻、澎湃新闻等主流媒体抖音粉丝量均超 2 000 万。2019 年 7 月《主播说联播》播出，以短视频传播热点新闻，传递主流声音，频上微博热搜。但随着用户市场的下沉和群体范围的扩大，短视频内容质量和制作成本的矛盾凸显，引流和自身流量变现能力还将进一步开拓和增强。

在内容生产方面，头部账号纷纷机构化运营，影视、广告团队等专业力量进入后，短视频平台专注打造多元、垂直、专业、精细化的高质量内容，竞争更加激烈。而短视频平台也通过与专业领域团队合作、吸引专业领域人才入驻等方式从加强内容专业性层面提升用户黏性。2020 年 2 月，快手与清华大学的"学堂在线"达成战略合作，实现教学内容的社会化共享。抖音、西瓜视频、今日头条等字节跳动旗下产品也通过联合教育机构，加强平台知识短视频的吸引力。根据抖音发布的《2021 年抖音数据报告》，抖音已成中国领先的知识、艺术、非遗传播平台。2021 年知识走出象牙塔，92% 的双一流高校入驻抖音，开播场次 14 463 场，高校公开课总时长 145 万小时，相当于 24 万人上了一天课。1 557 个国家级非遗项目抖音覆盖率达 99.42%，最受观众欢迎的非遗项目是河南豫剧。

随着智能手机和短视频录制软件的优化，Vlog 以短视频的记录方式日益受到媒体及用户青睐，成为新闻报道、信息传播、生活分享的热门应用。与长视频相比，Vlog 制作更加简单，可以随时随地进行拍摄与个性化剪辑。简易上手的制作方式与个性鲜明的画面语言成为 Vlog 流行的重要因素。与 Vlog 相比，Plog 成为社交媒体与电商的新宠。Plog 即图片制作分享，用户以图片的形式记录与分享内容[2]。Plog 的风格多样化，用户可根据自己喜好编辑图片，添加表情、滤镜、

1 参见中国互联网络信息中心发布的第 49 次《中国互联网络发展状况统计报告》。
2 研线网．解析中国新媒体发展报告系列总报告：5G+ 中国新媒体发展的新起点［EB/OL］．2020-9-3.

模式等不同元素。Plog 因图文并茂的美观性和丰富信息量深受用户喜爱。目前，用户在微博、小红书、淘宝等 APP 上使用 Plog 较为广泛，微博上专门设有"Plog 超话"。《2020 女性 Plog 行为研究报告》显示，在女性 Plog 行为背后的心理画像中，记录与分享生活的生活派占比最高，为 52%；追逐时尚热点潮流生活方式的潮流族占比紧随其后，为 23%。女性用户最爱浏览与最爱发布的内容类别均为美妆 [1]。因此，Plog 也成为当前淘宝卖家、美妆或时尚博主等进行商品推广的重要方式。

七、5G 时代新媒体展望

（一）科技赋能新媒体内容生产

媒介技术的发展促使新媒体内容生产进入标准化、规模化阶段。人机协同的数据汇聚、智能标引、算法挖掘、机器生成等新内容生产方式正逐步被推广应用 [2]。伴随生产力的激发，新媒体进入工业化内容生产时代，人工智能技术等在视频制作领域开始大量运用。技术赋能还丰富了媒体报道的形式，出现了虚拟主播，让媒体能够承载更加多元化的功能。

（二）网络安全建设越来越重要

网络安全是新媒体发展的前提和保障。网络安全工作需要有法可依，尽快完善在线服务、智能家居、5G 等新技术安全、远程应用软件等新热点和新问题相关配套规定，提供有利于技术发展的制度保障。面对数据分享与保护等新领域工作，做好安全风险与行业发展之间的平衡。

（三）MCN 激发众包式生产活力

由"单打独斗"向"抱团出海"转变是互联网新媒体传播的一个显著变化。许多机构媒体虽然拥有广泛的媒体影响力，但是单兵作战的形式在新媒体传播环境中显得形单影只。为此，一些机构媒体开始布局 MCN（Multi Channel Network）策略，通过培养子账号、与用户合作等形式，形成矩阵化的运营模式，扩充媒体发声量和影响力，同时也有利于为用户提供差异化服务。新媒体内容生产和分发逐渐形成 MCN 模式，MCN 形成内容的规模化、垂直化创作生态，通过工业化手段和流程控制，进行批量生产、质量把控、内容把关。

1　美图 . 2020 女性 Plog 行为研究报告［EB/OL］. 2020-2-4.
2　人民网 . 2019 中国新媒体大会召开，当前新媒体内容建设面临结构性矛盾［EB/OL］. 2019-12-2.

（四）专业用户生产者成为生力军

专业用户生产者的影响力不断增加，他们介于传统的职业生产者和一般网民之间，尽管没有媒体机构的专业身份，但有着专业的新媒体内容生产能力。专业用户生产者能带来大量一线报道视频和视频博客（Vlog），弥补了媒体记者的采访短板。专业用户生产内容（PUGC）模式为新闻报道提供了多元化的视角，影响着新媒体环境中受众的新闻接受习惯，具有社交化、情感化、现场化、个人化的特点。PUGC模式的出现是符合新媒体环境中个人化、全民化的传播特征的，这种现象的出现要求媒体机构改变发展策略，不但要发挥媒体自身记者的作用，更要成为平台与纽带，能够调动更多的媒体以外的个体来参与信息传播。

（五）新媒体内容IP体系正在形成

新媒体已经逐渐告别粗犷式内容抢夺的阶段，开始注重购买、培育、生产符合自己平台特色的内容。内容以IP形式聚合出现，IP成为内容选择的重要影响因素。部分平台已经开始形成自身的"IP宇宙"。当前，IP正在经历由量变向质变转变的过程。网络文化内容和平台不断"出圈"，线上线下影响力提升，围绕网络出版物的相关产业链成熟发展。

（六）短视频差异化内容生产格局日趋明显

随着抖音、快手日活跃用户数量屡创新高，微信和微博推出视频号，B站逐步突破二次元圈层，小红书APP在视频种草垂类发展迅速，短视频形成了"两超多强"的格局。短视频领域的竞争围绕着流量进行，直播平台更趋日常化、专业化和垂直化。各平台一方面大力发展垂直内容，增加在教育、音乐、影视娱乐、美食等领域的流量补贴，以优质内容保证用户黏性；另一方面通过与头部资源的联动，依托专家、明星的高影响力吸引用户。平台间的竞争为内容创作者的发展提供了契机，尤其是对垂直内容创作者和腰部作者，各个平台为其提供了大量流量红利，通过形式特色吸引差异化用户。

（七）新媒体与国际传播面临新的机遇和挑战

当前，互联网企业出海更加注重体系化布局和跨文化传播的效度。在国际环境影响下，受到信息安全的挑战，互联网企业面临风险。因此，国际传播也必须坚持媒体融合的理念，树立新媒体战略传播思维；努力塑造"中国形象"的产品媒介化和讲好"中国故事"的媒介产品化，能够有效提升新媒体国际传播的效度。

（八）"耳朵经济"和"她经济"迸发市场发展活力

随着智能媒体和虚拟技术的发展，智能语音交互系统的出现促使音频内容使用场景得到快速拓展，应用于新闻报道、移动音频、知识付费、智能音箱等多个领域，消费场景和模式不断多元化。与此同时，网络消费领域的垂直细分也迎来了"她经济"的繁荣，"她经济"证明了当今社会女性地位和消费能力的提升以及社会性别观念的进步。电商营销的方式多样化为"她经济"带来影响，明星主播、网红博主中的舆论领袖所生产的内容成为时下女性用户获取知识、学习美妆穿搭、种草品牌的重要来源。"她经济"出现的"她标签"所打造的消费品牌和场景注重提升产品销售的转化率，促进特色城市的建设和发展。

（九）"元宇宙"赋能未来传播领域

2021 年以来，元宇宙概念成为人们热议和关注的话题，知识共享、虚拟现实、沉浸体验成为数字社会未来形态的共同特点。"元宇宙 +"已经深入政治、经济、文化、非遗等各个领域，人工智能时代的来临出现了虚拟主播、写作机器人、ChatGPT 等，能够激发用户内容生产与聚合的时空创意思维和多样化潜能，促进元宇宙社会的文明表达。

第二节　新媒体的技术依托

一、新媒体的数字技术依托

（一）数字技术的原理与发展

1. 数字技术原理

数字技术（Digital Technology），是一项与电子计算机相伴相生的科学技术，它是指借助一定的设备将各种信息，包括图、文、声等，转化为电子计算机能识别的二进制数字"0"和"1"后进行运算、加工、存储、传送、传播、还原的技术[1]。它在运算、存储等环节中需要借助计算机对信息进行编码、压缩、解码等，因此也称为数码技术、计算机数字技术、数字控制技术。

---

[1] 王南.浅谈数字水墨中的传统水墨文化运用［J］.辽宁经济管理干部学院（辽宁经济职业技术学院学报），2010（5）：65.

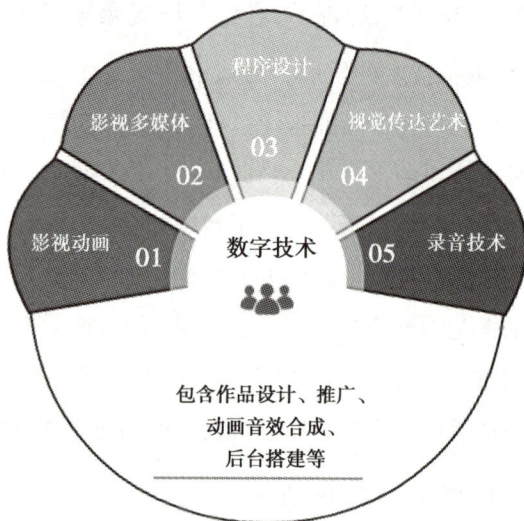

图 1-1　数字媒体应用技术

2.数字技术对新媒体的基础性作用

数字技术为新媒体的出现提供了可能,首先数字技术促进多种媒体的融合,通过数字技术可以制作、分发和管理内容;其次数字技术使得信息的采集、传递和接收系统实现了技术上的统一;最后数字技术是软件技术和智能技术的基础,软件技术是所有电子设备的核心,各类软件的开发都是在数字技术基础上完成的,最终出现数字内容的实现终端。数字时代的到来,是媒介发展史上令人瞩目的里程碑。

3.数字技术的发展

数字技术包括流媒体技术(Streaming Media Technology)、大数据技术(Big Data Technology)、云计算技术(Cloud Computing Technology)。所谓流媒体技术就是把连续的影像和声音信息经过压缩处理后放入网站服务器,让用户一边下载一边观看收听,而不用等整个压缩文件下载到自己的计算机上才可以观看的网络传输技术[1]。它采用流式传输技术在网络上连续实时播放的媒体格式,如音频、视频或多媒体文件。流媒体技术也称流式媒体技术。

1　张秉军,邢杰,卜洁.高校图书馆地域文化特色数据库建设与研究:以天津文化艺术特色数据库为例[J].图书馆工作与研究,2014(6):46-48.

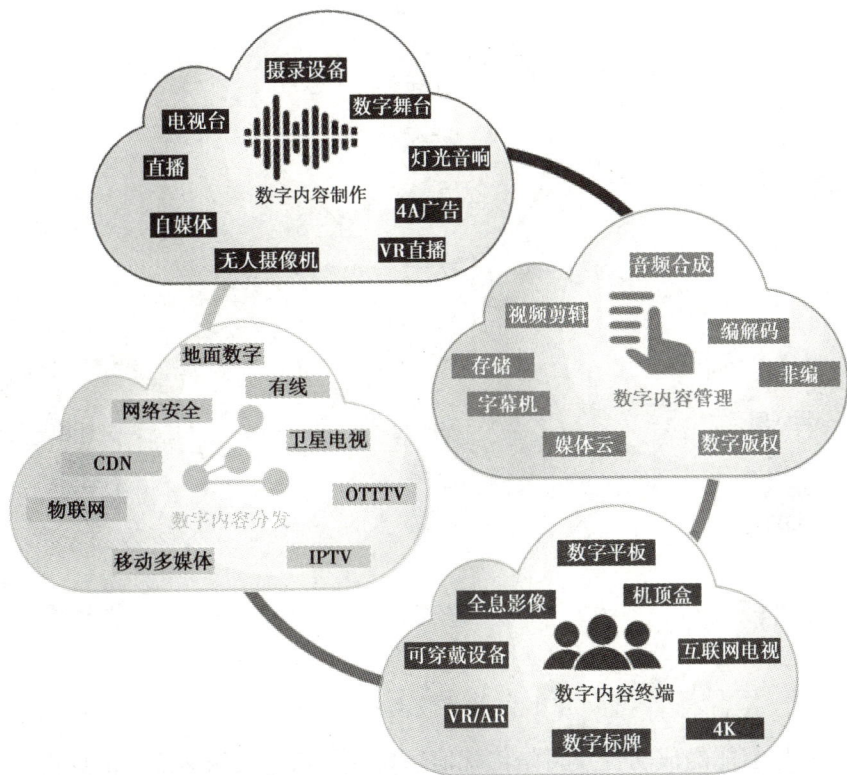

图1-2　数字技术内容运用场景

大数据（Big Data），IT 行业术语，是指无法在一定时间范围内用常规软件工具进行捕捉、管理和处理的数据集合，是需要新处理模式才能具有更强的决策力、洞察发现力和流程优化能力的海量、高增长率和多样化的信息资产。从技术角度讲，移动互联网属于物联网技术范畴，物联网的发展不只是让人和智能手机作为数据生产者，更是能让越来越多的机器、电子设备、传感器互联，甚至道路建筑本身都是数据发生器，万物互联数字化的深度和广度在进一步拓展。移动互联网的兴起是大数据时代的分水岭。移动互联网之前的 PC 互联网时代，传统的企业信息化系统也多是小数据或结构化大数据[1]；进入移动互联网时代后，特别是智能手机的普及，让每个人都成了数据生产器，甚至不需要输入，个人的位置、关注、社交等都一直在产生海量的数据，越来越广泛的企业移动应用产生的数据量也十分惊人，可以说没有移动互联网的普及我们就无法进入大数据时代。

1　陈舒，倪民军.大数据与人工智能在行业中的发展：以会计行业为例［J］.商业会计，2020（7）：124-126.

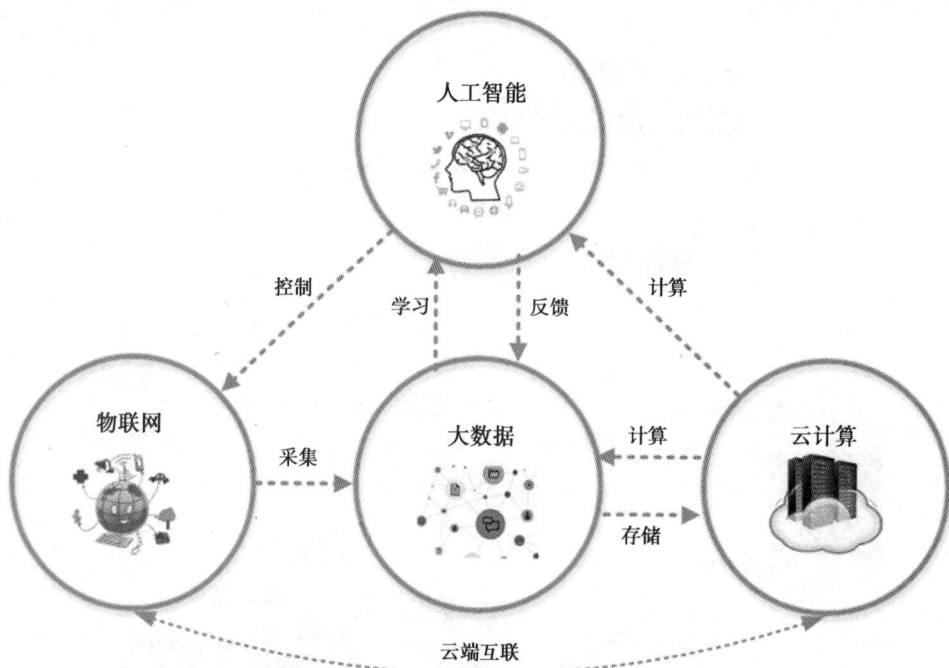

图 1-3 数字技术关系图谱

大数据智能的成功普及将是传统信息化的终点，换句话说，信息化走向智能化之后，整个信息技术相关的产业链（包括传统产业的升级）都会产生质的变化，最终走向普适的人机智能融合。

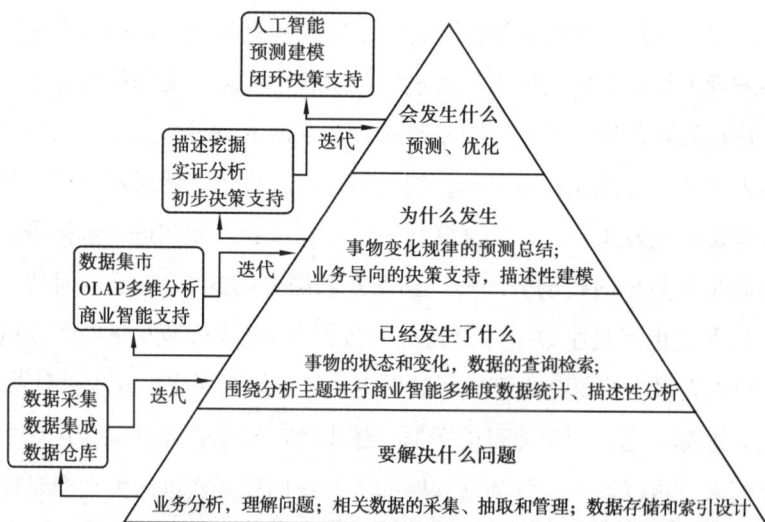

图 1-4 大数据智能应用的四个关键问题

云计算是与信息技术、软件、互联网相关的一种服务，通过软件实现自动化管理，只需要很少的人参与，就能让资源被快速提供。云计算是基于互联网的相关服务的增加、使用和交付模式，通常涉及通过互联网来提供动态易扩展且经常是虚拟化的资源。"云"是网络、互联网的一种比喻说法。过去往往用"云"来表示电信网，后来也用来表示互联网和底层基础设施的抽象[1]。云计算（Cloud Computing）是分布式计算（Distributed Computing）、效用计算（Utility Computing）、网络存储（Network Storage Technologies）、虚拟化（Virtualization）等传统计算机和网络技术发展融合的产物。

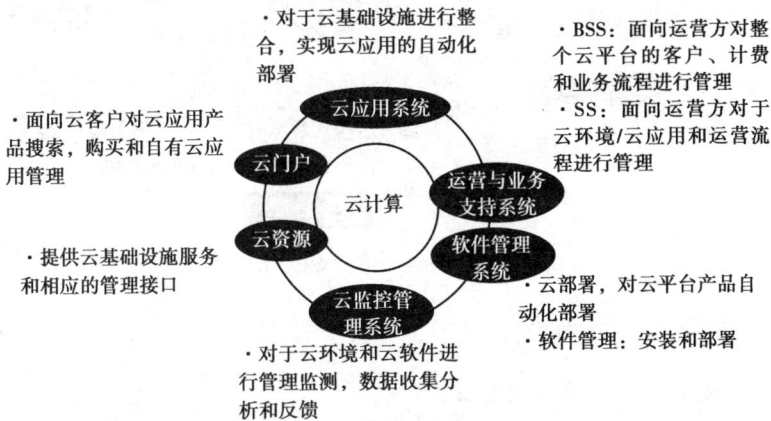

图 1-5　云计算系统图

目前，新媒体发展力求多角度构建全球数字内容生态圈的国际平台。构建全球数字内容生态圈，是指融合最新的科学技术在大数据、云计算、人工智能和物联网架构下，促成新科技与媒体的结合，进而衍生出的新型媒体形态，最终实现智能终端互联的生态发展体系。

4. 数字转型

数字转型是目前数字化发展的新阶段，指数字化不仅能扩展新的经济发展空间，促进经济可持续发展，而且能推动传统产业转型升级，促进整个社会转型发展。

1　吴俊. 交流电机和 RFID 标签在医教模型中的设计［D］. 天津：天津科技大学，2013：49.

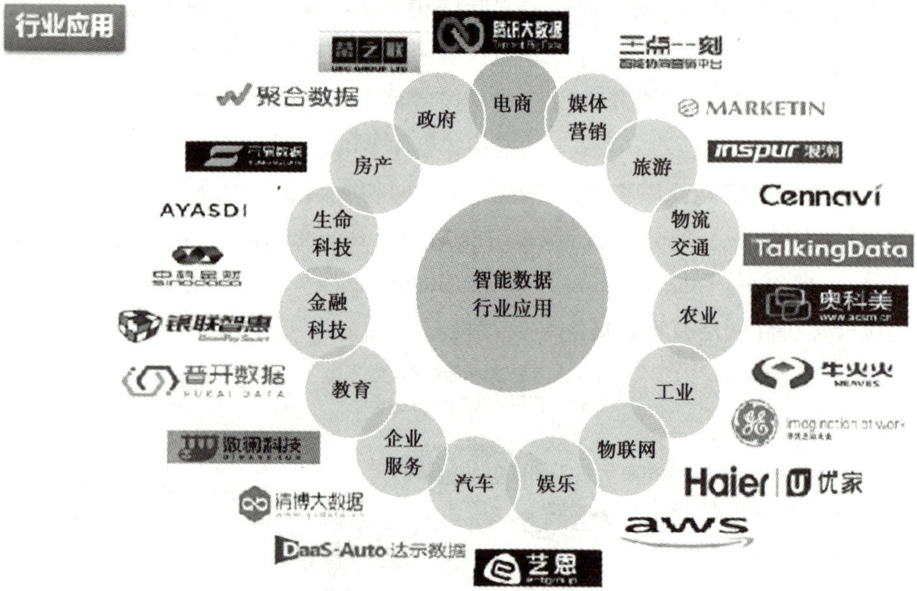

图 1-6 数字融合应用企业生态圈

（二）数字技术的影响力

1.数字技术对媒体的影响范围

在数字技术的影响下，媒体发展衍生了许多新的现象。

数字媒体： 基于数字化的媒体形式和内容。

数字媒体产品： 工业产品、教育产品、民用信息产品、数字娱乐产品、信息服务业产品……

数字媒体设计： 设计师针对数字媒体产品的外观、表现、形式、界面和内容进行设计的过程[1]。

数字媒体的核心技术： 信息技术和 CG 技术。

---

1 李四达.数字媒体艺术简史［M］.2 版.北京：清华大学出版社，2017：23-24.

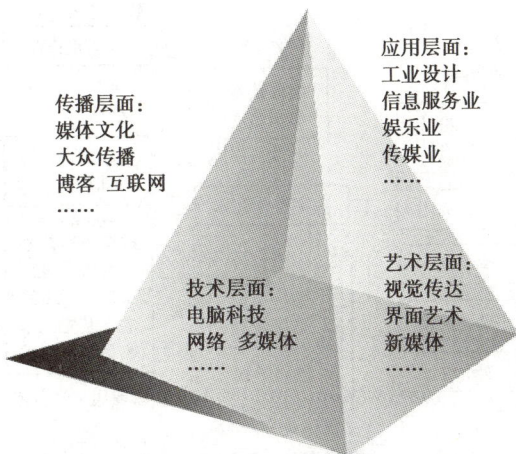

传播层面：
媒体文化
大众传播
博客　互联网
……

应用层面：
工业设计
信息服务业
娱乐业
传媒业
……

艺术层面：
视觉传达
界面艺术
新媒体

技术层面：
电脑科技
网络　多媒体
……

图 1-7　数字技术对媒体发展层面的影响

2. 数字技术对媒体层次和人才结构的影响

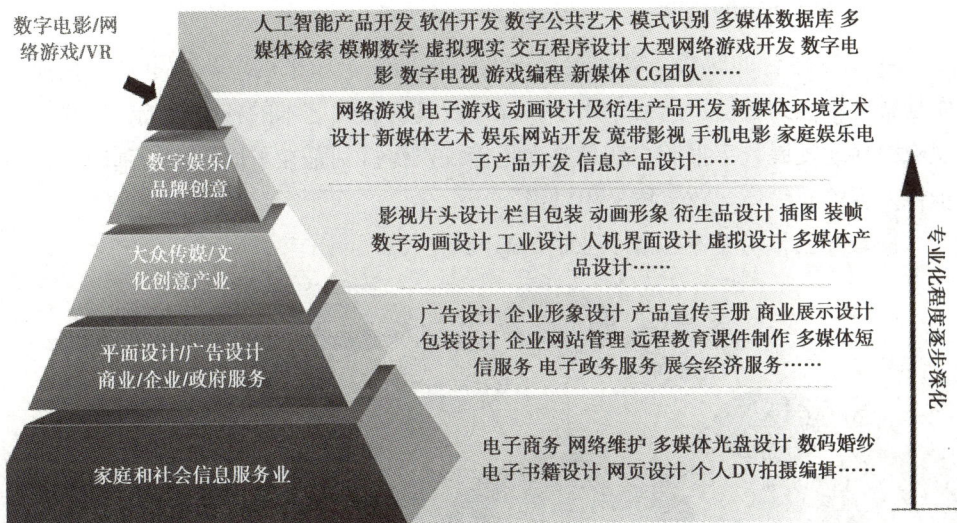

数字电影/网络游戏/VR

数字娱乐/品牌创意

大众传媒/文化创意产业

平面设计/广告设计商业/企业/政府服务

家庭和社会信息服务业

人工智能产品开发 软件开发 数字公共艺术 模式识别 多媒体数据库 多媒体检索 模糊数学 虚拟现实 交互程序设计 大型网络游戏开发 数字电影 数字电视 游戏编程 新媒体 CG团队……

网络游戏 电子游戏 动画设计及衍生产品开发 新媒体环境艺术设计 新媒体艺术 娱乐网站开发 宽带影视 手机电影 家庭娱乐电子产品开发 信息产品设计……

影视片头设计 栏目包装 动画形象 衍生品设计 插图 装帧数字动画设计 工业设计 人机界面设计 虚拟设计 多媒体产品设计……

广告设计 企业形象设计 产品宣传手册 商业展示设计包装设计 企业网站管理 远程教育课件制作 多媒体短信服务 电子政务服务 展会经济服务……

电子商务 网络维护 多媒体光盘设计 数码婚纱电子书籍设计 网页设计 个人DV拍摄编辑……

专业化程度逐步深化

图 1-8　数字技术对媒体层次和人才结构的影响

3. 数字技术对媒体与社会服务业基本关系的影响

数字技术创造及服务的重点就业行业：工业设计、平面设计、影视、游戏、广告、网络、新媒体、信息服务……

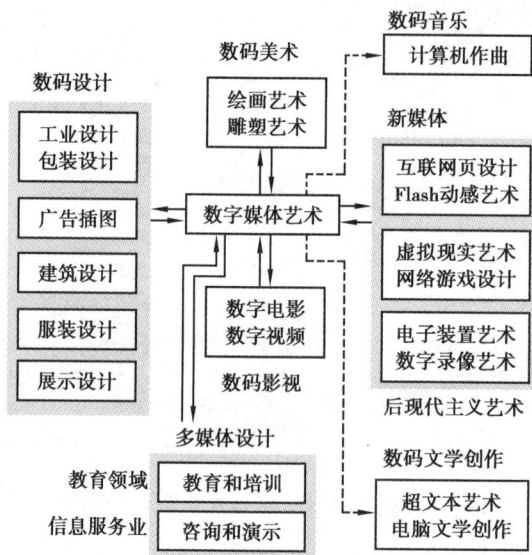

图 1-9　数字技术对媒体与社会服务业基本关系的影响

4. 数字技术对媒体内容产业的影响

在三网融合的时代，数字内容产业不再局限于原来的电影、电视、报业，而是融合重组到通信、网络、娱乐、媒体及传统文化艺术的各个领域；传媒企业积极稳妥地发展数字报业，就是要立足传统媒体特别是在平面媒体的基础上，稳步将内容资源优势与数字技术相对接。

5. 数字技术对整个传媒产业链的影响

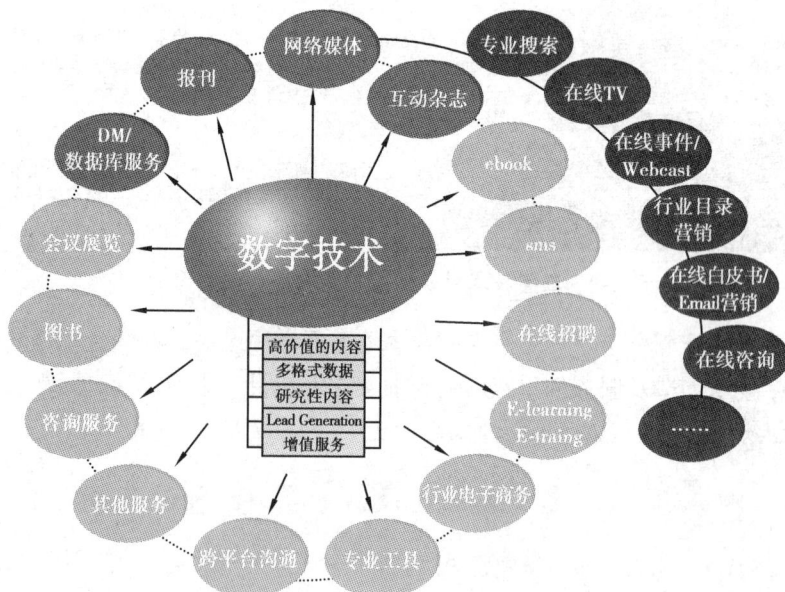

图 1-10　数字技术对整个传媒产业链的影响

二、新媒体的网络技术依托

计算机及互联网的发展趋势是从大型机到小型机，从个人电脑到手提电脑，从 PC 端到移动端，这是科技发展的必然趋势。互联网发展的三个阶段，分别为 1.0 时代（PC 互联网）、2.0 时代（移动互联网）、3.0 时代（智能互联网）。新媒体领域网络技术发展重点为 Wi-Fi 6 技术、物联网技术、区块链技术。媒体被广泛应用于信息传递、娱乐、教育以及其他领域，在网络信息高速发展的今天，我们必须全面地分析新媒体发展的方向和模式，才能获得市场竞争力。

（一）Wi-Fi 6 技术

Wi-Fi 6 被视作 5G 的竞争对手。其通过 MU-MIMO 技术允许路由器同时与多个设备进行通信（最多 8 个），而不是一次通信，再结合 OFDMA 和发射波束成形技术，提高网络效率和网络容量，最终实现高达 9.6 Gbps 的传输速度。和上一代 Wi-Fi 技术相比，Wi-Fi 6 的数据传输速度提高了四成，能够支持增强现实和虚拟现实（AR/VR），扩大了网络容量。在传输速率、功耗、空间、性能等方面，Wi-Fi 6 都有着较大提升。目前新生产的智能手机都支持 Wi-Fi 6，未来所有的手机也都将支持 Wi-Fi 6 技术，这也是最近越来越多手机厂商开始宣传 Wi-Fi 6 的原因。

500 M 以上的网络带宽、家庭中有多款 Wi-Fi 6 设备是部署 Wi-Fi 6 网络的最理想环境，但实际上，即便网络带宽没有达到 500 M，家庭中没有太多 Wi-Fi 6 设备，Wi-Fi 6 同样能够给日常体验带来改善。随着 Wi-Fi 6 的普及，对于各类新媒体终端的使用和链接，Wi-Fi 6 技术将提供极为强大的网络支持，提升新媒体使用的场景体验。

（二）物联网技术

物联网起源于传媒领域，是信息科技产业的第三次革命。物联网是指通过信息传感设备，按约定的协议，将任何物体与网络相连接，物体通过信息传播媒介进行信息交换和通信，以实现智能化识别、定位、跟踪、监管等功能[1]。

2005 年国际电信联盟（ITU）发布《ITU 互联网报告 2005：物联网》，报告指出，无所不在的"物联网"通信时代即将来临，世界上所有的物体从轮胎到

1　姚林青 . 移动技术推动下的传媒变局［J］. 人民论坛，2019（11）：22-24.

牙刷、从房屋到纸巾都可以通过互联网主动进行交换。射频识别技术（RFID）、传感器技术、纳米技术、智能嵌入技术将得到更加广泛的应用[1]。

智能家居是利用先进的计算机、嵌入式系统、无线模块和网络通信，将家庭中的各种设备（如照明、环境控制、安防系统、网络家电）透过家庭网络连接到一起。一方面，智能家居让用户可以更方便地使用家庭设备；另一方面，智能家居内的各种设备相互间可以通信，且不需要人为操作，自组织地为用户服务。

物联网的出现给全面革新信息采集方式带来了新的发展机遇，对传媒行业真正实现智能化传播、互动化传播和高效率传播具有重要意义。物联网将进一步优化媒体资源的融合和共享，各类终端及其承载的媒介内容将无缝对接。物联网技术结合其他媒介技术产生的多元信息表达方式，将创造新的媒体形态，形成包括物基媒体、物向媒体在内的物联网媒体。"万物皆媒"时代，万物互联环境下人在传播过程中的角色将进一步转化，媒介信息环境与客观环境进一步融合。

（三）区块链技术

区块链的定义是一种分布式数据库，通过去中心化、去信任的方式，集体维护一个可靠数据库。分布式数据库相当于是放弃了 UD 操作，也就是放弃更新和删除，换来"无法篡改"和"不可抵赖"两个重要特点。依托区块链技术，改变了现有的交易模式。在传统交易中，商家和消费者彼此不信任，因此需要国家信用背书或企业背书的第三方机构。基于区块链，逐步实现去中心化、去中介的过程，实现消费者和商家之间直接支付，极大地提升了交易效率,降低了交易成本。

区块链技术包括以下组成部分：共享账本——一种分布式记录系统，只能向其中追加记录，而不可篡改；在业务网络中共享记录，使交易对所有参与者均透明可见；智能合同——业务条款嵌入交易数据库，并在适用的交易中执行；隐私——交易可靠、经过认证而且可验证；信任——交易获得各方参与者的认可；透明——整个网络中的所有参与者均了解会对自己产生影响的全部交易。

区块链技术在媒体行业的应用越来越普遍，透过广告消息如何传递给消费者这样的简单示例，可以了解区块链如何让各方受益。可以考虑一个简化的数字化广告投放价值链，由广告投放方、广告代理商、需求侧提供商、广告交易平台、提供商和发行商共同构成。每个参与者持有一个或多个账本，不断进行更新以记

---

1 陶培亚.面向网络渗透的扫描技术研究［D］.青岛：中国石油大学，2011，11：10.

录发生的业务交易。由于存在大量重复工作和合同，以及赚取服务费用的中介机构，因此这种传统方法成本较高，且效率低下。此外，这种系统还十分脆弱。如果某个事件导致中央系统瘫痪，则整个业务网络都会受到影响。由于区块链具有多方共识、交易溯源、不可篡改、最终确定的特征，因此有助于媒体和娱乐企业在其业务网络中实现更高效的运营。对媒体和娱乐企业而言，可实现的效益包括节省时间（缩短交易时间）、降低成本（减少行政支出和中介费用）以及减少篡改和欺诈行为区块链。此外，区块链还可提高数据质量，增强信任和减少纠纷。区块链通过标准化的"智能合同"跟踪交易事实的能力，已对业务模式产生重大影响。例如，如果广告印象和可见性指标的达成值得信赖而且可以跟踪，那么就可能根据明确的条款进行自动化对账和支付。与此类似，如果可通过可信的记录系统跟踪表现和发行权利，那么就能根据智能合同进行自动化对账和支付。目前，媒体和娱乐高管已确认"与技术供应商合作"的重要性，只有这样，才能确保企业将区块链技术商业规模化，为将来做好准备。成功开发和交付真正相关的行业解决方案，与行业领先的区块链技术供应商合作至关重要。当然，与监管方以及其他参与方合作也同样重要，因为区块链涉及反盗版和数据保护等法规。越来越多的国家开始重视区块链，联合国社会发展部报告《加密货币以及区块链技术在建立稳定金融体系中的作用》，提出了关于利用区块链技术构建一个更加稳固的金融体系的想法，并认为区块链技术在改善国际汇兑、国际结算、国际经济合作等领域有着很大的应用发展空间；国际货币基金组织也针对各国关注的数字货币问题发布报告《关于加密货币的探讨》，对基于区块链技术的加密货币的未来发展进行了具体的分析和阐述。

我国的区块链产业主要围绕算力基础设施，辐射数字货币，衍生至区块链应用这样一个渗透过程。基础设施包括芯片矿机、矿池和云算力，数字货币、钱包和交易所构成货币体系，资产鉴证、金融服务、慈善等形成了丰富的应用生态。

三、新媒体的移动通信技术依托

（一）移动通信技术的发展

从人类社会诞生以来，更加快捷高效的通信就成为人类矢志不渝的追求。在古代，人类通过道路相告、飞鸽传书、烽火狼烟方式传递信息，这些传递信息的方式效率极低，而且受到地理环境、气象条件的极大限制。1844年，美国人莫尔斯（S. B. Morse）发明了莫尔斯电码，并在电报机上传递了第一条电报，开创了人类使用"电"来传递信息的先河，人类传递信息的速度得到极大提升，从此拉开了现代通信的序幕。1876 年赫兹用实验证实了电磁波的存在，1896 年意大利人马可尼第一次用电磁波进行了长距离通信实验，人类开始以宇宙的极限速度——光速来传递信息，从此世界进入了无线电通信的新时代。

移动通信是进行无线通信的现代化技术，这种技术是电子计算机与移动互联网发展的重要成果之一。移动通信技术经过第一代、第二代、第三代、第四代技术的发展，目前，已经迈入了第五代发展的时代（5G 移动通信技术），这也是目前改变世界的几种主要技术之一。现代移动通信技术主要可以分为低频、中频、高频、甚高频和特高频几个频段，在这几个频段之中，技术人员可以利用移动平台技术、基站技术、移动交换技术，对移动通信网络内的终端设备进行连接，满足人们的移动通信需求。从模拟制式的移动通信系统、数字蜂窝通信系统、移动多媒体通信系统，到目前的高速移动通信系统，移动通信技术的速度不断提升，延时与误码现象减少，技术的稳定性与可靠性不断提升，为人们的生产生活提供了多种灵活的通信方式。移动通信的发展对人们生活的各个方面都产生了深刻的影响，无人机、智能家居、网络视频、网上购物等均已实现。尤其到了 5G 时代，它是更高速率、更大带宽、更强能力的通信技术，是一个多业务、多技术融合的网络，更是面向业务应用和用户体验的智能网络，最终打造以用户为中心的信息生态系统。随着移动通信系统带宽和能力的增加，移动网络的速率也飞速提升，从 2G 时代的每秒 10 Kb，发展到 4G 时代的每秒 1 Gb，足足增长了 10 万倍。历代移动通信的发展，都以典型的技术特征为代表，同时诞生出新的业务和应用场景。5G 突破时空限制，提供交互体验，虚拟现实为用户带来身临其境的信息体验，实现人与万物的智能互联。因此，5G 不只是几秒钟下载完一部电影这么简单，还意味着机器将更加自动化，虚拟现实、物联网、人工智能、智慧城市等一系列操作，有了更强大的 5G 以后，都将迎来广阔的应用空间。

（二）移动通信技术对媒体的影响

其一，移动通信技术推动传统媒体转型发展，传统媒体面临危机。4G 应用之后，人们使用移动媒体时间更多，便携性、实时性和交互性的优势导致传统媒体危机重重。一部分传统媒体关停，另一部分主动进军移动终端。其二，网络媒体向移动互联网迁移，网络媒体获得发展机遇。移动互联网是国家信息化建设的重要组成部分。移动互联网能让用户在移动中获得各种应用或服务，网络媒体通过移动互联网获得了更多的发展机遇，其中的发展不只是简单的迁移，也伴随着功能的升级和用户交互体验的变化。最后，丰富和扩充新媒体形态，信息传播方式革新。移动通信技术产生了一批新的媒体形态，促进了新媒体形态数量的快速增长。一些媒体是由传统媒体演变而来，如移动音频、手机电视、手机游戏；另一些是由移动互联网发展出的全新媒体形态，如客户端、微信。

四、新媒体技术发展趋势

未来新媒体的发展，会更加依赖于科技，主要包括网络技术（5G 通信技术）、人工智能技术、虚拟现实与增强现实技术、大数据技术等。5G 通信技术对于新媒体的发展是必不可少的，大量的数据传输如何在短时间内完成，这对于网络环境的要求非常高。5G 是开始，未来 6G、7G 将延续这种优势。

（一）人工智能技术

2017 年被称为"人工智能"元年。皮埃罗·斯加鲁菲（Piero Scaruffi）曾指出，人工智能与机器人写作是未来媒体十大发展趋势之一。现阶段，人工智能技术在传媒业的应用主要体现在新闻生产和新闻分发方面。在新闻生产方面，"机器人写作""智能化新闻"等是人工智能深入新闻行业的具体表现。目前，智能化在新闻行业的运用还处于初级阶段，机器人从事的工作也是简单重复的基础工作，其不具备价值判断能力[1]。但随着人工智能技术的发展和机器自我学习能力的提升，未来的"机器人写作"能力将不断提高。在新闻分发方面，机器算法的智能分发和个性化推荐是人工智能技术对传统内容分发的变革，未来机器算法还会参与创作、审核、互动过程，机器算法所拥有的强大力量也使以受众为导向的新闻、信息生产趋势正在形成。值得注意的是，尽管机器算法提高了信息整合与传播的效率，其中潜藏的问题如信息茧房、信息偏见与不均衡也不应忽视。所谓"信息茧房"，是指人们的信息领域会习惯性地被自己的兴趣引导，从而使人们将自己的生活桎梏于像蚕茧一般的"茧房"中的现象。虽然信息技术提供了更自我的思

1　杨秀，余静.2017 年我国新媒体研究综述［J］.今传媒，2018，26（5）：20-23.

想空间和诸多领域的巨量知识，但一些人避世的态度会令受众逐渐失去对外界的全面感知。

（二）虚拟现实、增强现实、混合现实、扩展现实技术

虚拟现实（Virtual Reality，VR）、增强现实（Augmented Reality，AR）、混合现实（Mixed Reality，MR）、扩展现实（Extended Reality，XR）技术创造了三维虚拟世界。媒体运用 VR/AR/MR/XR 技术所生产的"沉浸式新闻"，为受众营造了一种"身临其境"的现场感。VR/AR/MR/XR 技术在迈向逐步成熟的过程中，利用 VR/AR/MR/XR 技术进行视觉传播的新媒体报道也逐步得到受众的认可。但是，它所产生的信息安全、信息失真等风险，易陷入伦理困境，需要理性对待。

（三）大数据技术

大数据，或称巨量资料，指的是所涉及的资料数量规模巨大到人们无法通过目前的主流软件工具在一定的时间内进行撷取、管理、处理的数据集合[1]，是需要采用新的模式进行处理才能整理成为帮助企业进行经营决策、产生更佳效果的资讯。大数据具有 4V 特点：Volume（大量）、Velocity（高速）、Variety（多样）、Value（价值）。在新媒体领域，企业通过庞大的数据库，对数据进行处理，得到受众的行为数据，更加精确地进行产品投放和推荐产品。

总的来说，未来出现的新媒体技术正推动着传媒生态、业态的重构，但人们的技术焦虑也随之产生。技术的发展不会停止，相对于"焦虑"而言，重要的是要在技术创新中彰显"人的主体价值"。

第三节　媒体融合政策及价值赋能

2014 年以来，媒体融合上升至国家战略层面，推动了传统媒体与新媒体间形态阻隔的打破。在此期间，提升主流媒体传播力、公信力、影响力，坚持技术支持、内容建设为根本是不变的基调。同时，随着新闻传播大趋势的发展，政府对于移动端建设、科技支撑、管理体系机制改革的强调力度不断加大，并随着2019 年新型主流媒体概念正式登场，对于主流媒体的大众传播提出了掌握主动

1　董向东. 大数据技术初探［J］. 软件导刊（教育技术），2015，14（2）：75-77.

权、主导权的更高要求。2014 年 8 月，中央深改委通过《关于推动传统媒体和新兴媒体融合发展的指导意见》；2016 年 7 月，国家新闻出版广电总局发布《关于进一步加快广播电视媒体与新兴媒体融合发展的意见》；2017 年 1 月，中共中央办公厅、国务院办公厅印发《关于促进移动互联网健康有序发展的意见》；2018 年 11 月，中央深改委第五次会议审议通过了《关于加强县级融媒体中心建设的意见》；2018 年 12 月，国务院办公厅印发《关于推进政务新媒体健康有序发展的意见》；2020 年 9 月，中共中央办公厅、国务院办公厅印发《关于加快推进媒体深度融合发展的意见》……一系列政策的出台以及习近平总书记多次重要讲话都显示出国家对推进媒体融合发展、建设县级融媒体中心、加强媒体公信力、建设全媒体矩阵的决心。

我国 5G 发展相关政策已进入网络建设和应用开发并举的阶段，通过梳理近年来的 5G 政策变化历程，我们可以发现 5G 政策经历两个阶段：第一阶段（2018年以前）主要侧重于鼓励企业从事 5G 技术和标准研发；第二阶段（2018 年至今）同时鼓励 5G 网络建设及 5G 应用的开发。随着 5G 网络建设的不断推进，未来5G 相关政策将会偏重 5G 应用的开发。

一、媒体融合的价值功能

"媒体融合"（Media Convergence），最早由尼古拉斯·尼葛洛庞蒂提出，美国马萨诸塞州理工大学教授浦尔在其著作《自由的技术》中提到媒介融合，是指各种媒介呈现多功能一体化的趋势[1]。

其概念包括狭义和广义两种，狭义的概念是指将不同的媒介形态"融合"在一起，会随之产生"质变"，形成一种新的媒介形态，如电子杂志、博客新闻等；而广义的"媒介融合"则范围广阔，包括一切媒介及其有关要素的结合、汇聚甚至融合，不仅包括媒介形态的融合，还包括媒介功能、传播手段、所有权、组织结构等要素的融合[2]。也就是说，"媒体融合"是信息传输通道的多元化下的新作业模式，是把报纸、电视台、电台等传统媒体，与互联网、手机、手持智能终端等新兴媒体传播通道有效结合起来，资源共享，集中处理，衍生出不同形式的信息产品，然后通过不同的平台传播给受众。

1　王之娟.5G 时代下的媒体融合创新［J］.中国发明与专利，2019，16（9）：41-47.
2　陈明.媒介融合背景下的新闻评论教学改革［J］.东南传播，2011（5）：92-93.

　　"媒体融合"是国际传媒大整合之下的必然走势，简单地说，就是把报纸、电视台、电台和互联网站的采编作业有效结合起来，资源共享，集中处理，衍生出不同形式的信息产品，然后通过不同的平台传播给受众。短视频、直播等移动应用的爆发，为流量的增长创造新的入口。自2019年开始，中国移动互联网接入流量和DOU增速同时下降。中国移动的数据显示，2020年5G用户的DOU相较于迁移前增长了23.7%[1]，相信随着我国5G网络及应用的不断发展，5G将成为我国移动互联网接入流量增长的新引擎。移动通信技术驱动移动互联网的发展，逐渐提升的网络速率为用户带来更丰富的移动互联网应用，从而改变了人们的生活和娱乐方式。

　　5G个人应用推动娱乐体验升级，3G时代以图文为代表的社交应用为主，尚不能支持视频的良好体验。4G网络速率得到了较大的提升，推动了视频类应用的高速发展。5G网络的大带宽、超可靠、低时延能保障云VR、云游戏及超高清视频对网络性能的需求，为用户带来极致的娱乐体验。云VR赛事直播、云VR游戏等应用能为用户带来沉浸式的体验，仿佛身临其境，具备多维度全方位的娱乐互动感受。相较于VR，云VR借助云端计算和渲染能力，摆脱终端束缚，节约购买成本，提升用户体验。云游戏用户可以更加方便、更加便宜地体验3A游戏大作。云游戏无须下载，即点即玩；在云端进行存储、计算及渲染，降低对硬件的需求，节约成本；凭借云端强大的算力，可体验更高清的画质。4K/8K超高清视频画质更加清晰、色彩更加逼真、视频动态更加细腻出彩，堪比影院大片的观感，为用户带来极致的视觉体验。内容的丰富程度对于5G个人应用的发展至关重要。在5G个人应用中，部分细分应用场景的内容较为丰富，发展速度较快。对于超高清视频与云VR来说，重大体育赛事及娱乐活动直播类的内容较为丰富，发展速度较快。对于云游戏来说，当前以益智类的端游和手游内容为主。云VR内容主要包括云VR影视、云VR直播、云VR游戏、云VR教育及其他行业类应用。

　　目前，短视频已经成为用户日常获取信息的重要方式。根据艾瑞2020年4月用户调研数据显示，用户在过去接触过的内容形式中，短视频位列首位。截至2020年6月，移动网民端短视频渗透率已达65.8%[2]，伴随5G网络的落地和加速普及，短视频用户规模预计仍将进一步增长。相较于传统图文形式，短视频声

1　5G个人应用发展研究报告2021年［A］.艾瑞咨询系列研究报告（2021年第7期）［C］.2021：12-51.
2　5G个人应用发展研究报告2021年［A］.艾瑞咨询系列研究报告（2021年第7期）［C］.2021：12-51.

画结合，信息表达更加生动形象，符合人们碎片化阅读和高效获取信息的习惯，尤其符合资讯类内容的传播需求。

在新媒体时代，短视频、直播独领风骚，其丰富的信息传播形式，成为主流媒体传播内容的重要途径。在政策推动下，传统媒体积极发展"两微一抖"的内容传播，短视频成为其重点发展领域。以抖音平台为例，截至 2020 年 8 月，"时事"标签下，粉丝量超过一千万的主流媒体账号已达 31 个[1]。短视频多元化的形式为严肃刻板的传统媒体带来新的启发，拓宽了资讯的内容边界，诞生出除"硬新闻"外的更多反映社会经济和民生的资讯短视频。2016 年，独立资讯短视频平台梨视频的成立，标志着传统媒体对短视频内容形式的初步探索，抖音等短视频平台的成熟发展以及社交平台对短视频内容的探索，加速了短视频平台的发展，使其内容日益丰富。诸多主流媒体建立独立的短视频品牌，通过不同网络渠道分发优质短视频内容；短视频平台同时加速探索各类商业化模式，通过视频版权售卖、流量广告变现等方式，反哺内容生产。

媒体融合在互联网技术的驱使下，已形成"内容—平台—终端—用户"这一较为完善的产业链，优质的内容生产与传播模式、拓展新品业务、持续研发信息化技术等，增强了新媒体资源在政治、经济、文化方面的社会影响力和服务力。顺应用户核心的互联网思维，结合主流媒体自身属性及使命，着重建设新型主流媒体发展综合评价体系，是媒体融合的重要任务。

移动互联网全面渗透深化的时代，初期的流量红利已逐渐消散，产品间已经转向进一步的服务质量、产品体验、运营效率之间的比拼，以抓住并固化用户，形成影响力，提升变现能力。而进入互联网的主流媒体，尤其是在当前大环境下，其输出的产品形态亦为一款互联网内容产品，因此，其综合能力的体现，亦在自身的内容、技术、运营、商业化方面。同时，新型主流媒体在作为一款互联网内容产品之上，党媒的属性使其相较其他互联网原生平台，肩负着扩声权威发布、塑造意识形态、服务社会等职责；新型主流媒体的产生亦是为了在新兴新闻资讯传播渠道互联网上弘扬这一使命。因此，社会综合影响力亦为衡量新型主流媒体发展的核心方面之一。

1　中国资讯短视频市场洞察白皮书 2020 年［A］. 艾瑞咨询系列研究报告（2020 年第 10 期）［C］. 2020：386-438.

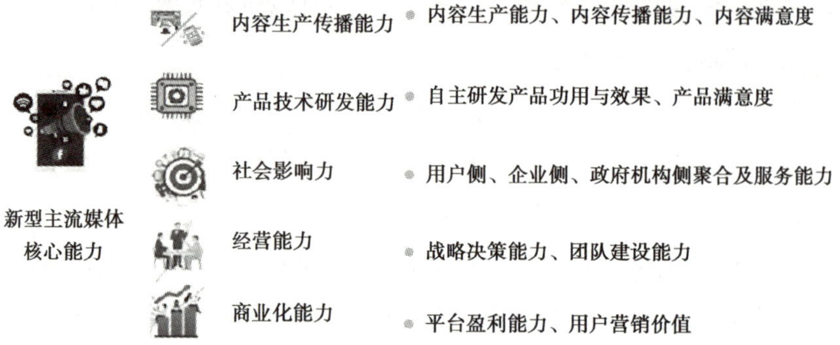

内容生产传播能力 • 内容生产能力、内容传播能力、内容满意度

产品技术研发能力 • 自主研发产品功用与效果、产品满意度

新型主流媒体
核心能力

社会影响力 • 用户侧、企业侧、政府机构侧聚合及服务能力

经营能力 • 战略决策能力、团队建设能力

商业化能力 • 平台盈利能力、用户营销价值

图 1-11　新型主流媒体核心能力发展评价模型

二、新媒体的社会功能

媒体的社会功能一直受到人们的关注，广大学者对传统媒体社会功能的研究已有很多成果。郭庆光在《传播学教程》一书中，系统地梳理了有关观点。其中包括拉斯韦尔的三功能说：监测环境、协调社会各部门、传递社会遗产；施拉姆的传播功能说：守望者的功能、决策的功能、教导的功能、娱乐的功能、商业的功能；另外，拉扎斯菲尔德等学者对媒体麻醉功能等消极作用进行了批判。

我们如今探讨新媒体的社会功能，依然离不开前人的思考和启发。因为新媒体的社会功能既包括其自身具有的独特功能，也包括媒体功能在新媒体领域的体现。概括来说，新媒体应该具有以下社会功能。

（一）信息传递功能

媒体的基本功能是传递信息，但传递的信息应该是满足人们生产生活需要的有用信息。现在，人们对信息越来越依赖，好的信息具有实用价值、思想价值或审美价值，对人的作用或帮助很大。如果媒体提供的信息是低价值、无价值的，甚至是负价值的"垃圾信息"，那对人们的损害是很大的，对社会资源的浪费也是很大的。

值得关注的是，新媒体的快速发展在丰富人们生活的同时，也产生着大量"快餐式""碎片化"的无逻辑、低价值信息和内容，带来了一些社会问题。根据《中国移动互联网 2018 半年报告》，中国移动互联网用户平均每人每天上网时长高达 5 小时，已经赶上互联网从业人员每天睡眠时长；短视频更是"魅力无穷"，人们看短视频的总时长持续增长。

（二）教育沟通功能

除学校和家庭外，以媒体为代表的社会文化机构承担着很重要的社会教育功能。媒体通过提供健康有益的文化产品，持续地对社会成员进行教育和熏陶，达到培养人、塑造人的目的。除了社会知识教育和社会角色培养外，媒体还有社会文化遗产传承的责任。如今大量青少年都是新媒体的深度使用者，新媒体在这方面的作用更加显著。与此同时，新媒体还承担着社会沟通功能，通过经济、政治、社会、科技和生活方方面面信息的传递，促进人们交换知识、交流信息、借鉴经验，进行人际思想互动，加强整个社会的信息流动和有效沟通。

（三）社会治理功能

媒体的社会治理功能是指媒体积极承担媒介责任，提供民众与政府互动的平台，为社会公众服务。相对于传统媒体，新媒体社会治理主体的功能得到更大彰显，集中体现在推动实现公共领域秩序或规则的构建，为政府和社会搭建对等沟通和互动交流的舞台，促进社会的和谐等。新媒体具有广泛性、及时性等特点，能够很好地发挥"社会瞭望者"的作用。

（四）娱乐消遣功能

新媒体提供的文化、休闲、娱乐、游戏等服务和产品，有助于人们缓解紧张情绪，获得艺术享受和精神满足。唱歌、跳舞、登山、滑雪、越野、健身等实体活动，在新媒体时代，也可以通过媒体再现和传播，强化社会参与，成为人们娱乐消遣的重要形式。

案例分析▶▶

传统主流媒体《南方报业》媒体融合价值体系赋能

1. "南方+"客户端基本情况概览

"南方+"客户端是南方报业移动媒体集群的核心产品，且被赋予广东省政府的权威信息发布平台职能。自2015年10月底上线以来，经过五年的发展，目前已建成集APP、手机站、小程序、数字报、两微于一体的移动产品矩阵，累计下载量超7 000万。移动互联网时代下，"南方+"客户端充分利用互联网思维优化资源配置，运用先进技术提高优质内容供给，创新服务形式，提升传播影响力，逐渐强化主流媒体立体传播战略；背靠南方报业集团，打造内容、用户、传播聚合力（图1-12）。

创新发展多元立体产品矩阵
先进技术驱动新型主流媒体深度融合

内容、技术、经营一体化发展
党媒职责+互联网思维形成聚合力

APP客户端

手机站

数字报

小程序

5年时间
7千万+下载用户

7 000家入驻机构
1.5万新媒体运营人员

总发稿量260万条
总点击量近50亿

软件著作权13项
专利2项

300+垂类频道

7 000+南方号

图 1-12　南方报业媒体融合示意图

2.内容生产传播能力

（1）搭建内容开放生产模式，原创文章占比高，输出专业内容

"南方+"整合南方报业旗下丰富的媒体内容资源，并采用"采编策划发动、矩阵联合供稿、'南方+'统筹传播"的内容开放生产模式，生产并聚合优质内容，2020年前三季度，"南方+"客户端共发布稿件89.9万篇，原创稿件40.4万篇，占比45%；截至2020年第三季度，平台共有118个媒体人及媒体机构入驻[1]，共同为用户提供优质内容。

（2）布局新内容形式，立足党媒属性，传播权威资讯

"南方+"紧跟互联网内容传播形式的发展节奏，积极布局直播、短视频等新内容形式。2020年前三季度，"南方+"客户端发表1.3万个短视频作品，累计举办近2 500场直播；同时，代表性反腐短视频脱口秀《武松来了》第三季收获超1亿点击量。"南方+"利用新的内容形式，充分发挥视频内容的优势，更加直接和高效地传达资讯，满足用户需求，特别是在疫情防控期间，累计举办70场新闻发布会，扩声权威发布，凸显社会价值[2]。

（3）用户内容满意度较高，且满意度普遍较刚使用时有所提升

在衡量新闻资讯内容用户满意度的6项维度体系中，"南方+"客户端各项用户平均满意度均超过8分，且对于各个方面，较刚开始使用时更为满意的用户占比均超七成，体现较高的内容满意水平与提升能力。具体来看，"南方+"用

1　中国新型主流媒体发展案例研究报告 2020 年［A］.艾瑞咨询系列研究报告（2021 年第 1 期）［C］.2021：242-285.

2　中国新型主流媒体发展案例研究报告 2020 年［A］.艾瑞咨询系列研究报告（2021 年第 1 期）［C］.2021：242-285.

户更看重媒体产品的内容准确性和权威度，同时"南方+"凭借多年专业媒体内容输出能力，以及基于党媒属性的权威性，给予了用户良好的体验（图 1-13）。

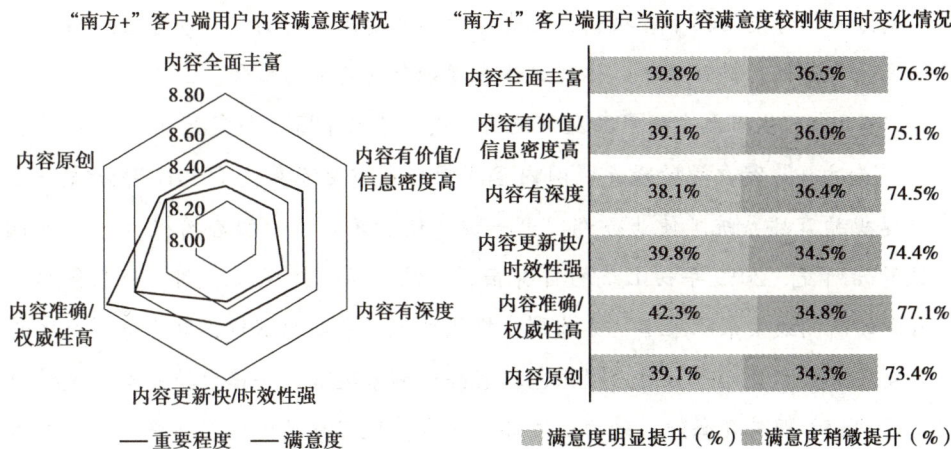

"南方+"客户端用户内容满意度情况

内容全面丰富 8.80
内容原创 8.60 内容有价值/信息密度高
8.40
8.20
8.00
内容准确/权威性高 内容有深度
内容更新快/时效性强

—— 重要程度 —— 满意度

"南方+"客户端用户当前内容满意度较刚使用时变化情况

内容全面丰富	39.8%	36.5%	76.3%
内容有价值/信息密度高	39.1%	36.0%	75.1%
内容有深度	38.1%	36.4%	74.5%
内容更新快/时效性强	39.8%	34.5%	74.4%
内容准确/权威性高	42.3%	34.8%	77.1%
内容原创	39.1%	34.3%	73.4%

■ 满意度明显提升（%） ■ 满意度稍微提升（%）

注：样本 N=1 060，于 2020 年 12 月通过"南方+"客户端与艾瑞社区调研获得。

图 1-13 "南方+"客户端用户内容满意度情况

（4）客户端下载量和点击量高涨

用户是基于互联网的新媒体的服务之本与价值核心。截至 2020 年，"南方+"客户端累计下载量超 7 000 万，且在疫情防控期间，"南方+"紧跟疫情发展动态，扩声权威发布，其原创内容累计全网点击量达 40 多亿，彰显主流媒体于复杂社会环境中的社会价值。

（5）建立全网传播合作矩阵，收获互联网主要传播平台好评

传播力是衡量媒体价值的重要指标，在全网媒体用户注意力争夺激烈的背景下，"南方+"联合诸多行业主流平台，共同开发优质内容，并相互借助流量资源，扩大媒体价值的传播，截至目前，已与今日头条、腾讯新闻、新浪微博、抖音、人民网、快手、央视频等 13 家互联网主要媒体达成合作。"南方+"优质专业的内容在行业内获得诸多好评，合作伙伴相关负责人给予"南方+"如"内容专业、强传播性、时效性强、有趣、专业、实用"等特色亮点评价。

3. 技术及产品研发能力

（1）从平台架构到产品转化到业务支撑一体化自主研发

互联网时代下，产品开发能力是客户端发展的重要驱动力。在客户端创立之初，"南方+"便秉持形成自主可控的技术能力的战略目标，并构建自身产品技术团队。5 年发展期间，"南方+"逐渐形成了从平台架构，到产品转化，再

到业务支撑的技术研发体系，助力"南方+"在内容生产分发核心领域的新玩法拓展，与社会服务能力的开发延伸。此外，南方报业集团建设的三套中台系统，使"南方+"与集团旗下各报刊、记者站内部的资源与能力进一步整合，减少产品研发的重复性，提升效率，体现媒体深度融合的意义与价值。

（2）内容生产：自研产品及系统助力内容维度丰富性与交互性

"南方+"客户端紧跟互联网内容消费形式演变节奏，于2016年研发并上线自建视频直播系统，使业务部门可一键实现于客户端中的直播报道；于2018年底开始研发、2019年初上线的自有拍客系统，抓住短视频浪潮，为业务部门开辟新的新闻线索来源渠道，亦为群众提供曝光、求助的窗口，助力深耕地域的整体发展策略。直播平台对内提供包括直播视频采集端、导播台控制端、直播内容展示端的管理工具套组，助力业务部门一键实现客户端中的直播报道；对外用户可通过客户端直接获取多样直播内容，并进行互动。视频、语音、文字三流实时播报，一个界面满足用户不同需求。直播内容专门用户互动界面，方便用户快速发表实时感想，提升交互感与观看体验。拍客系统对内为业务部门开拓征集线索、高质量图片及视频等多角度、多形式新闻素材来源的渠道，增强与用户的连接；对外充当内容过滤器，推送多视角的优质内容，为用户提供更丰富的内容及参与专业新闻发布的渠道，为专业拍客提升个人作品曝光渠道，并支持稿费在线发放。

（3）内容开发：搭建"官方发布集合器"精准连接地方政企与群众

2016年10月，"南方+"客户端研发筹建"南方号"内容开发生产平台，聚合广东省具有权威发布职能的政务及机构官方新媒体资源，为入驻机构提供内容生产及发布平台。打造差异化、特色化内容，服务广东地方政企有效、高效、实效地连接、触达群众，助力政府单位的新媒体内容生产及运营能力的学习与提升，在有利于权威发布互联网内容生产传播生态的构建的同时，亦为用户提供聚合型的官方发布入口，便于信息的精准获取。搭建政企官方账号矩阵，一方面从地域矩阵入手，覆盖两广21个地级市，分类细化至区县精准连接地方政府与群众，服务政务的有效、高效传播；另一方面创建系统矩阵，品类细化至22个细分维度，覆盖政务、商务、社会生活全品类，精准连接政府部门、机构、企业与群众，促进权威信息的有效、高效传播。

```
                                        ┌─ 内容生产 ── 传播平台
                        ┌─ 产品助力内容生产 ─┼─ 经营创新 ── 服务平台
                        │                  └─ 运营推广 ── 管理平台
                        │                  ┌─ 业务中台
            技术能力矩阵 ─┼─ 产品助力内容开发 ─┼─ 数据中台
                        │                  └─ 技术中台
                        │
                        └─ 多种应用业务模块 ── ◆大数据智能推荐系统◆视频直
                                             播平台◆拍客爆料系统◆南方号
                                             政务新媒体平台◆智慧党建系统
                                             ◆南方融媒系统◆智能校对管理
                                             系统◆南方版权管理系统

                        ┌─ 产品助力内容生产 ─┬─ 自研直播平台及拍客系统
                        │                  └─ 助力内容维度丰富性与交互性
                        │
            特色产品矩阵 ─┼─ 产品助力内容开发 ─┬─ 搭建官方发布集合器——南方号
                        │                  └─ 精准连接地方政企与群众
                        │
                        └─ 产品助力社会服务 ─┬─ "在+"系列搭建社会服务平台
                                           └─ 拓宽业务边界，提升社会服务能力
```

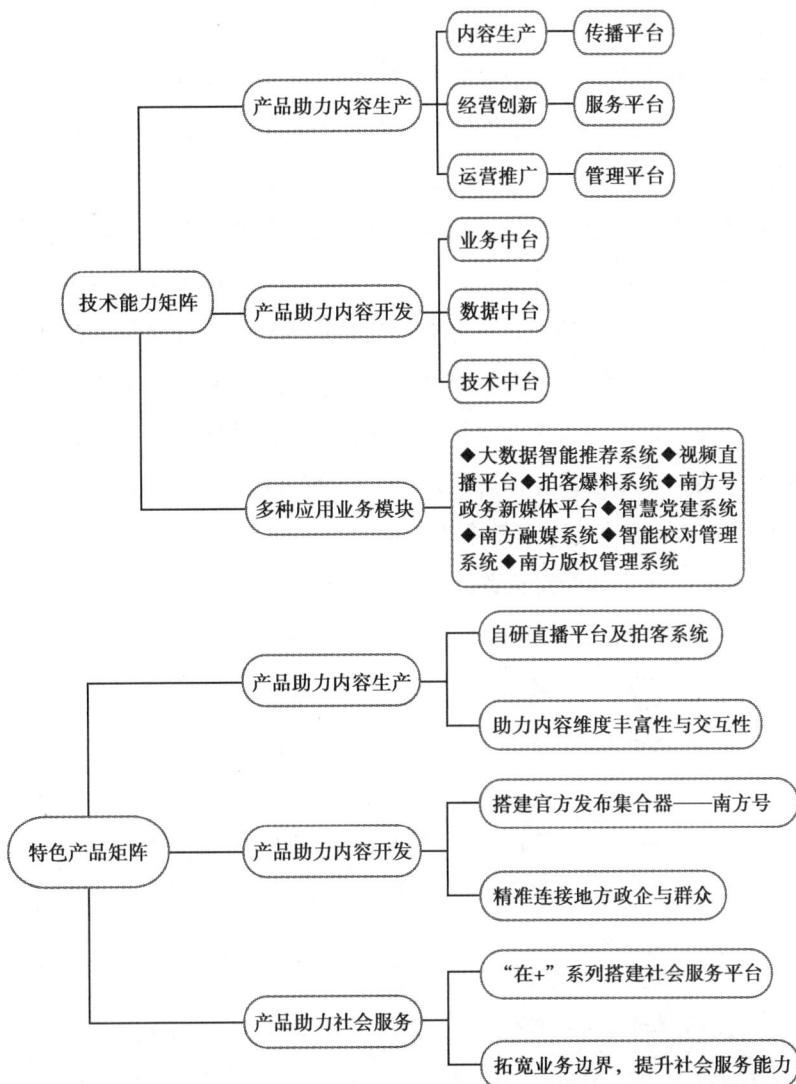

图 1-14 "南方+"技术及产品矩阵

（4）服务功能："在+"系列产品矩阵拓宽边界，提升社会服务能力

"南方+"客户端"在+"系列产品矩阵从2018年开始探索搭建，产品维度不断丰富，逐渐形成矩阵，积极发挥自身职能，拓宽业务边界，丰富自身业务模式，提升抗风险能力，并打造、构建社会服务能力。目前，该系列产品已陆续覆盖以文创及扶贫助农为主体的电商服务、教育服务、招考招聘服务、在线看展服务等版块，不断地积累使"南方+"客户端在面对如新冠疫情的突发情况中，

彰显其作为新型主流媒体的社会价值。例如："在＋上课"，广东中小学空中云课堂平台助力教育系统，实现疫情防控期间广东中小学停课不停学，云课堂总点击量超1.2亿；疫情防控期间中小学每日在广州电视课堂上进行全天课程直播、回放、录播回看，由名校名师优质教育资源云释放。"在＋咨询"，广东高校招考信息咨询平台助力教育系统，精准对接学校、机构，与考生及家长每年开展数十场线下咨询活动及线上直播，广东各地各类高校全面覆盖，实现官方服务中心、招生办与考生及家长的一对一即时沟通，通达权威、准确招考信息。"在＋看展"，线上360°博物馆、美术馆云看展服务助力本地生活及文教发展，聚合省内博物馆、美术馆展会资源，以技术支持为用户提供贴近线下观感的足不出户的免费观展体验；展厅展区可以自由切换，视角自由选择，展品详细信息收录。"在＋购物"，APP内自有电商服务平台助力扶贫助农，提供农产品、文创产品、书籍、报刊订阅等多元的电商服务，打造南方报业IP系列、我爱广东地域系列、鳌鱼IP学习用品系列IP，探索新业务场景。

教育	公安	健康	人社	三农
河长	旅游	司法	检察	法院
税务	文化	智库	金融	国资
党建	交警	应急管理	市场监管	企业
体育	招考			

图1-15 22个新业务场景细分维度

4.社会影响力

（1）用户互动量持续提升，疫情防控期间增速加快

"南方＋"客户端结合其背靠南方报业于媒体领域多年深耕积累的用户资源，

以及自身 5 年发展秉持互联网思维对于用户聚合力的持续探索，通过推文、海报、开屏、焦点图、H5、小视频、小游戏、在线投票等用户运营策略矩阵，吸引用户，并增进自身体系的交互性。2016—2020 年，用户参与讨论、自发转发内容的热情不断提升，体现了"南方 +"客户端不断深化的用户端社会影响力。

（2）"权威、有深度、可信、主流"为核心品牌印象

在 5 年发展中，"南方 +"为用户留下了"权威、有深度、可信、主流"的核心品牌印象，凸显其作为广东省政府权威移动发布平台的初步成效与价值。另一方面，用户调研结果显示，"南方 +"客户端用户体现出其较好口碑积累。

（3）立足两广地区，加大对当地经济的媒体宣传力

"南方 +"立足于两广地区，积极发挥媒体对于当地经济的宣传和促进作用。其中 2020 年前三季度，"南方 +"共表了 26 万篇企业稿件，累计共报道 21 万家企业。除此之外，"南方 +"发挥媒体融合发展的力量，利用自身传播力，积极传播和支持企业创新发展，如 2016—2019 年，南方集团与中国建设银行连续主办了 4 届 FIT 粤科创先锋大赛，"南方 +"客户端对大赛进行持续系列专项报道，形式包括专题稿件、动画、H5、互动长图、短视频等，累计流量超 5 000 万。

（4）坚守主流价值，关注党政要闻，突出党媒属性的差异化特色

"南方 +"平台共入驻约三千多个政府类官方号，其中代表账号如"广东发布""广东教育"等。"南方 +"作为党媒属性的平台，拥有诸多政府媒体官方号，极大提高了媒体的专业性、权威性和及时性，特别是在 2020 年抗疫报道中，"南方 +"客户端充分发挥党端引领作用，及时传递疫情最新信息，并上线诸多疫情服务功能，如疫情地图实时查询功能、战疫频道、"在 + 上课"、"在 + 看展"、直播带货等，新闻与服务并重，更好地发挥主流媒体社会价值。例如，广东健康头条就是"南方 +"典型的政务垂直类官方账号。2020 年 8 月 14 日广东再次出现本土新增病例，"南方 +"连夜推出《广东昨日新增本土无症状感染者 5 例，专家：出现散发病例不必恐慌》，次日又采访钟南山院士，"南方 +"理性回应群众关切，快速答疑释惑，及时引导热点，在全网形成亿级传播效应。

5. 商业化能力

（1）营业收入破亿，经营状况持续向好

正式开始运营的 5 年来，"南方 +"商业化能力迅速提升，营业收入从 2016 年的 880 万元提升至 2019 年的 274 百万元，年复合增长率达 214.7%；2020

年前三季度实现营收 252 百万元，年营收规模向 3 亿量级冲刺，规模化变现能力逐渐成形。

（2）用户高净值、高广告接受度、高消费决策力，体现高营销价值

"南方+"广告合作收入约占总营收比例七成，2019 年广告收入 187 百万元，2020 年前三季度广告收入 177 百万元，且合作形式逐渐覆盖信息流、开屏、贴片、专题、直播、新媒体制作等多元模式，同时，典型广告主覆盖汽车、家电、金融、通信、地产、教育、3C、电商、医药、美妆等多行业的头部企业，广告业务版块持续规模化、体系化。并且，用户整体广告接受度高，且具有良好的潜在转化可能。77% 的"南方+"用户对 APP 内出现的广告持正面态度，其中，45% 的用户对广告的接受度与认同度高；85% 的"南方+"用户在看到广告后会形成不同程度的正向反馈，其中，约 15% 具有直接转化购买的潜在可能。二者体现了"南方+"客户端较高的广告营销价值，从用户端为平台的可持续商业化发展提供基石。用户整体具备较高净值，且多在购物中承担核心决策角色。调研结果显示，45.1% 的"南方+"客户端用户个人月均收入在 10 000 元以上，58.9% 的用户个人日常衣食住行月均消费支出超 3 000 元。在消费观与消费决策力方面，"南方+"客户端用户普遍看重质量与性价比，习惯做足功课，且对喜爱的商品较为执着；96.5% 的用户在家庭购物中参与决策，78.1% 拥有核心决策权。用户整体的较高净值及良好的消费观与消费力，体现了"南方+"客户端较高的营销价值，从用户端为平台的可持续商业化发展提供基石。

6. 经营发展能力

深化机制体系改革，秉持互联网思维，积极布局新内容、新技术、新产品、新业态。2015 年，南方报业集团顺应两办推动传统媒体与新媒体融合思路，积极利用集团自身社会资源整合能力及专业内容采编能力，以打造自主可控平台、建立主流媒体于互联网新闻资讯传播力及影响力为战略，以南方日报为基础建设"南方+"客户端。五年发展期间，"南方+"不断从底层推动内容供给侧结构性改革，积极布局基于互联网时代的新闻内容生产传播新形态，搭建自身技术研发平台，探索新业务丰富自身产品矩阵，提升地方政务、社会民生服务能力，打造新型主流媒体。2019 年以来，在机制体系建设方面，成立由集团各单位采编骨干组成的"南方+"编委会，促进各端内容生产、综合运营深度融合；在内容生产传播方面，开拓 UGC 模式，组建拍客团队，丰富内容维度，提升交互性；

在技术研发支持方面，推出提供党建一体化解决方案的智慧党建南方云服务平台；在产品业务拓展方面，推出高考招生线上咨询服务，助力志愿填报；打造小南报料平台，并同时上线拍客报料微信小程序版本。

　　总之，"南方+"不断深化融媒一体化建设，力求全方位提升综合能力，发挥互联网赋能作用，转变过去主流媒体"传者中心"的思考逻辑，围绕用户积极发挥其党媒属性与社会服务价值，满足差异化需求。同时积极布局自身技术及产品体系搭建，形成内容生产传播平台、经营创新服务平台、运营推广管理平台三套系统的布局，自主可控、全方位支撑融合业务。此外，重点布局用户运营，一方面，积极利用南方报业多年深耕所积累的行业及用户资源，实现用户转化；另一方面，通过打造多维度互联网产品和服务矩阵，满足用户不同场景需求，优化用户使用体验，提升活跃度。从上线之初，"南方+"就被赋予了"广东省委省政府第一权威移动发布平台"的重要职责，此定位在5年的建设实践中不断强化。定位党端媒体，坚守主流价值，打造权威内容生产与传播平台；关注国计民生，联合各地权威媒体，发挥社会服务职能；整合南方报业旗下丰富的优质媒体内容，并采用"采编策划发动、矩阵联合供稿、'南方+'统筹传播"的内容开放生产模式，同时调动地方行政资源，积极利用自身资源发挥政务新媒体整合力。"南方+"客户端持续响应国家媒体深度融合发展政策，通过继续深化体系改革，持续输出高质量内容，突出自身党媒属性的差异化特色，发挥党媒对于社会的服务性职能。未来将继续重点打造优质内容开放共享平台，和多主流平台合作共赢，持续提高媒体传播掌控力；深化体系改革，创新机制体系建设，优化内容生产与传播模式、拓展新品业务、持续研发信息化技术等，秉持一体化思维，不断提升自身内容、技术、服务等能力，向打造新型主流媒体的发展目标持续推进。

第二章　新媒体的本质及特征

第一节　新媒体之"新"

一、新媒体的概念和内涵

"新媒体"一词最早出现于 20 世纪五六十年代。麦克卢汉（McLuhan）将所有"篡夺了印刷术长达 500 年的君主统治"的媒介都称为新媒体。1967 年美国哥伦比亚公司技术研究所所长 P. 戈尔德马克（P. Goldmark）的商品开发计划中提出"New Media"。1969 年，时任美国传播政策总统特别委员会主席的 E. 罗斯托（E. Rostow）在向时任美国总统尼克松提交的报告书中也多处使用了这个概念。当时，新媒体一词更多指向电子媒体中的创新性应用。早期，联合国教科文组织对新媒体下了定义：新媒体即网络媒体。与之类似的认为新媒体是"以数字技术为基础，以网络为载体进行信息传播的媒介"[1]。2016 年，新媒体在新闻传播学界较新且较为权威的定义是："基于数字技术、网络技术及其他现代信息技术或通信技术的，具有互动性、融合性的媒介形态和平台。其主要包括网络媒体、手机媒体及其两者融合形成的移动互联网，以及其他具有互动性的数字媒体形式"[2]。中国传媒大学宫承波在《新媒体概论》一书中提到新媒体是一个技术性概念。当下的新媒体指的是依托数字技术、网络技术、移动通信技术、智能技术等基础技术或新兴科技而产生向用户提供信息服务的一系列新的手段或工具。从传播学视角看，又分为新兴媒体和新型媒体两大类。

新兴媒体： 网络媒体、移动媒体、互动性电视媒体为代表（新媒体典型形态，业界发展前景好）。

新型媒体： 户外新媒体、楼宇电视、车载电视等（终端以电视呈现）[3]。

任何时代都会有新媒体的出现，纸媒时代广播的出现就算是新媒体，视听

1　陶丹，张浩达 . 新媒介与网络广告 [M]. 北京：科学出版社，2001：前言 3.

2　沈阳，冯杰，闫佳琦，等 . 网络连接观：类型划分、演化逻辑及风险防范 [J]. 西安交通大学学报（社会科学版），2020，40（3）：126-131，141.

3　宫承波 . 新媒体概论 [M].9 版 . 北京：中国广播影视出版社，2021，8：3.

时代互联网较广播电视而言就算新媒体，新媒体只是在与旧媒体的对照中所产生的时间性、历史性的概念。在移动互联网日益普及的状况下，再出现的新媒体形式也会不断丰富和拓展新媒体的内涵。广义而言，新媒体可以是一种研究范畴，研究对象并非仅是一种新的媒体，而是伴随社会发展不断进入媒体范畴内的新技术、新形态、新分类、新概念。

我们可以从胡森林等人编著的《新媒体写作》中提到的五个层面理解本书所界定的新媒体概念。

技术层面：利用数字技术、网络技术和移动通信技术。

渠道层面：通过互联网、宽带局域网、无线通信网和微信等渠道。

终端层面：以计算机、智能手机、数字屏幕等设备为主要输出终端。

内容层面：提供文字图片、视频、音频、数据服务、连线游戏、远程教育等集成信息和娱乐服务。

服务层面：机构或个人经营的媒体平台提供的服务是公益或商业性质的，并具有不同于传统媒体的新商业模式[1]。

当下，依托互联网，与新媒体直接相关的概念还有浸媒体、湿媒体、融媒体、流媒体、全媒体、智媒体等。

浸媒体——2016 年 10 月 25 日，新浪召开未来媒体峰会，题为"迎接浸媒体时代"，其中的"浸"，指沉浸。进一步来看，浸媒体指的是沉浸在媒体中。谁沉浸？受众。为什么沉浸？受众对媒介的依赖程度加深，越来越离不开媒介，最终形成从被动到主动的沉浸。因此，这一概念指向了人与媒介的关系。

湿媒体——英国艺术家罗伊·阿斯科特提出的湿媒体指"干性数字媒体和湿性生物系统的融合正在产生我们称之为湿媒体的东西"[2]。物理属性和技术属性兼备的媒体与活生生的人类之间形成关联，反映出人与媒介之间关系越来越紧密的现实，以及我们对媒体的依赖程度正指向媒体与人类合一的事实。

融媒体——融合体现出传统与现代在当下新媒体发展环境中无法割裂的现实。媒体的融合主要体现在传统媒体向新媒体的转变，如报纸、电视节目等拥有自己的微信客户端，广播也有 APP 应用软件新形态等，这些都是将媒体置于"融"

1　胡森林，傅玉辉，高明勇，等.新媒体写作［M］.北京：人民邮电出版社，2021，1：11.

2　罗伊·阿斯科特，袁小潆.未来就是现在：艺术、技术和意识［M］.周凌，任爱凡，译.北京：金城出版社，2012：128.

的概念之中。因此，理解这个词的关键在于如何理解"融"。需要思考的是，新媒体之间也存在融合的问题，如微信、微博均为新媒体社交网络平台，其融合能够有效为大 V、"网红"等媒介使用者实现营销落地。

流媒体——这个词与媒体传输技术相关，又叫流式媒体（Streaming Media），指的是边传边播的传输模式，也是互联网时代最为重要的传输方式，信息生产者借助网络传输内容的同时，受众也在获得信息，这个过程是同步的。实现流式传输有两种方法：实时流式传输（Realtime Streaming）和顺序流式传输（Progressive Streaming）[1]。目前，主流的流媒体技术有三种，分别是 Real Networks 公司的 Real Media、微软公司的 Windows Media Technology 和苹果公司的 Quick Time。需要特别注意和区分的是，"流"指的是传输的过程，而非媒体本身。

全媒体——全媒体指的是基于当下媒介形态的"全"，既有报刊、广播电视、出版等传统媒体形态，又有两微一端等新兴媒体形态[2]。以具体的职位（记者）为例，全媒体记者应具备采写编评的全面能力，不再按传统策划、编辑、记者等分类。但随着互联网时代的不断变革，互联网以其较快、较易完成的技术属性，促使全媒体不再成为被关注的焦点，大家的重点放在"如何实现'融'""如何把握'智'"的领域。

智媒体——有研究者认为："全媒体、融媒体等只是媒体发展进程中的过渡形态，互联网媒体将是未来一段时间内的主导媒体形态，而智媒体将是互联网媒体的未来形态……所谓智媒体，是指立足于共享经济，充分发挥个人的认知盈余，基于移动互联、大数据、虚拟现实、人机交互等新技术的自强化的生态系统，形成了多元化、可持续的商业模式和盈利模式，实现信息与用户需求的智能匹配的媒体形态。智媒体的本质主要体现在三个方面：首先，智慧，即具有高尚的价值观。媒体作为社会的良心和真相的记录者、传播者，应具有优秀的价值观，避免作恶。具有智慧的媒体可以利用技术手段来甄别假新闻和为用户提供更多、更优质的信息，并避免为了达到给自己赚取利益的目的而利用技术手段欺骗用户。其次，智能，即能够实现信息智能匹配。在信息过载的时代，用户需要个性化、定制化、精准化的信息，而智媒体能够利用大数据和人工智能等技术手段更好地满足用户的需求。最后，智力，即智媒体本身能够不断自我演化和发展。智媒体

1　钱国富.常见流媒体解决方案的比较研究 [J].图书馆学研究，2003（2）：37-40.
2　郭全中.智媒体的特点及其构建 [J].新闻与写作，2016（3）：59-62.

基于机器学习等人工智能技术，具备较高程度的智力，这种智力能够帮助媒体自身自我进化、自我完善、自我发展"[1]。对于未来的媒体形态来说，智慧是人类实现智能的根本，因此，我们可以把智媒体理解为智慧与智能的结合，人类在由AI主导的智媒体的未来将实现更大的、梦想与现实的对接。

二、相近概念辨析

（一）"新兴媒体"和"新型媒体"

新兴媒体：强调改变传播形态、强调体验和互动、内容生产日趋分散化和个性化，以网络媒体、移动媒体和互动性电视媒体为代表。

新型媒体：在传统媒体的基础上依托新技术衍生的，传播形态并未发生根本改变，信息质量获得提高，范围更加广，达到以前无法覆盖的区域，以户外新媒体、楼宇电视和车载移动电视为代表[2]。

（二）"媒介"和"媒体"

1. 媒体

媒体（Media）一词来源于拉丁语"Medius"，意为两者之间。媒体是传播信息的媒介，是指人借助用来传递信息与获取信息的工具、渠道、载体、中介物或技术手段，也指传送文字、声音等信息的工具和手段。媒体也可看作是实现信息从信息源传递到受信者的一切技术手段。媒体具有两种含义：一是信息传播的工具和手段，既可以指抽象的符号，如文字、图像、视频等，也可以指承载着信息的物质实体，如报纸、书籍、电话、电视、电脑等；二是指从事信息采集、加工、制作、传播的机构，即我们常说的"新闻媒体"。国际电话电报咨询委员会CCITT（Consultative Committee on International Telephone and Telegraph）把媒体分成5类：

①感觉媒体：指直接作用于人的感觉器官，使人产生直接感觉的媒体。如引起听觉反应的声音，引起视觉反应的图像等。

②表示媒体：指传输感觉媒体的中介媒体，即用于数据交换的编码。如图像编码（JPEG、MPEG等）、文本编码（ASCII码、GB/T 2312—1980等）和声音编码等。

1　郭全中.智媒体的特点及其构建［J］.新闻与写作，2016（3）：59-62.

2　宫承波等.新媒体概论［M］.9版.北京：中国广播影视出版社，2021，8：3.

③表现媒体：又名"显示媒体"，指进行信息输入和输出的媒体。如键盘、鼠标、扫描仪、话筒、摄像机等为输入媒体；显示器、打印机、喇叭等为输出媒体。

④存储媒体：指用于存储表示媒体的物理介质。如硬盘、软盘、磁盘、光盘、ROM 及 RAM 等。

⑤传输媒体：指传输表示媒体的物理介质。如电缆、光缆等。

2. 媒介

广义的媒介（Medium）即能使人与人、人与事物或事物与事物之间产生联系或发生关系的物质。在传播学意义上（狭义上）媒介是广告媒介，指利用媒质存储和传播信息的物质工具。加拿大文学批评家、传播学家麦克卢汉说："媒介即信息"。同时"媒介"也成了一个职位，媒介专员、媒介策划、商务媒介等职位。在麦克卢汉的笔下，媒介即万物，万物皆媒介，而所有媒介都可以与人体发生某种联系，如石斧是手的延伸，车轮是脚的延伸，书籍是眼的延伸，广播是耳的延伸，衣服是皮肤的延伸等。媒介无时不有，无处不在[1]。

媒介包括两方面要素：一是包容媒质所携带信息或内容的容器，如书、相片、录音磁带、电影胶片、录像带、影音光盘等；二是用以传播信息的技术设备、组织形式或社会机制，包括通信类（驿马、电报、电话、传真、电子邮件、可视电话、移动电话等），广播类（布告、报纸、杂志、无线电、电视等）和网络类三大类。在当代社会，一般而言，媒介指机械印刷书籍、报纸、杂志、无线电、电视和国际互联网等，它们都是用以向大众传播消息或影响大众意见的大众传播工具，都是传播信息的媒介。

（三）"新媒体"与"自媒体"

自媒体是近年来随着新技术的发展而出现的一种传播形态。自媒体（We Media）概念最早在 2002 年左右由硅谷专栏作家丹·吉尔默（Dan Gillmor）提出，意指私人化、平民化、普泛化、自主化的传播者，以现代化、电子化手段，向不特定大多数人或特定个人传递规范性及非规范性信息的新媒体总称[2]，也被称作"个人媒体"。

自媒体有两个基本要素：一是运用互联网等新技术，依托特定的自媒体平台进行自主信息发布，如博客、微博、微信、贴吧、论坛等网络社区；二是个人

1　马歇尔·麦克卢汉. 理解媒介：论人的延伸［M］. 何道宽，译. 南京：译林出版社，2011，7：4-9.

2　高莹. 浅谈自媒体时代传统媒体的内容重构［J］. 出版广角，2018（5）：44-46.

作为传播主体。用一句话概括：自媒体＝自媒体平台＋平台上的自媒体创作者。

从广义上说，新媒体和自媒体都是依赖新技术的新型媒体形态，但两者既有联系又有区别。

①从侧重点来说，两者既相互依存又指向不同，新媒体更侧重介质或载体，自媒体更侧重内容。例如，各网站平台是新媒体，而为这些网站平台提供内容的创作者则是自媒体。

②从范围和包含关系来说，自媒体从属于新媒体，是具有独特个性的新媒体类型。自媒体的本质是依附于新媒体技术背景的"信息共享的即时交互平台"，因为有了新媒体这种媒介形态，自媒体才有了发展的可能。

③从对应的概念来说，新媒体对应的是传统媒体，指的是区别于传统媒体的新型传播形态；自媒体对应的是机构媒体，指的是以个人为主体的信息传播方式，区别于以往由官方批准、专业机构主导的组织化传播方式。当传统媒体或企业等组织在网络平台上发布信息时，只能说它们是新媒体，而不能称其为自媒体。

与自媒体相关联的还有另一个概念，社会化媒体（Social Media），2007年最早出现在安东尼·梅菲尔德（Antony Mayfield）出版的一本名为《什么是社会化媒体》的书中。简单来说，社会化媒体是指一种给予用户极大参与空间的新型在线媒体，具有参与、公开、交流、对话、社区化、连通性等特征[1]。

社会化媒体也叫社交媒体，当自媒体平台创建一个受众交流、分享、互动的社交网络时，它们就成了社交媒体，如基于兴趣社交的微博，基于熟人社交的微信，基于知识社交的知乎等。近年来，社交媒体蓬勃发展，爆发出惊人的能量，其传播的信息已成为人们消费新媒体的重要内容。

（四）"新媒体"与"网络媒体（数字媒体）"

网络媒体是指依托互联网技术，在网络环境中进行传播信息的媒体形态，其中包括使用移动互联网技术和智能手机终端的手机媒体或移动媒体，其共同特点是以数字形式来进行信息传播，所以也称为数字媒体。

网络媒体是基于互联网进行信息传播的，而新媒体则不仅指互联网传播途径，还包括卫星、数字电视机等终端设备。因此，从包含关系上来说，新媒体的范畴比网络媒体要大，网络媒体也属于新媒体的一种。

1　朱艺静.新浪微博的商业模式研究［D］.上海：复旦大学，2014：8.

（五）"新媒体"与"融媒体"

融媒体是指实现视频、音频、文字、图片等多种媒体形态在报纸、微博、微信、客户端等不同媒介中的立体传播。它充分利用综合的媒介载体，把具有互补性的不同媒体内容进行全面整合，实现资源、内容、宣传、利益的互通。

融媒体的核心是一个"融"字，是传播内容、媒体介质、传播手段、人员等方面的深度融合，它是在全媒体的基础上发展起来的，代表了媒体融合的新阶段。"融媒体"不仅包括"全媒体"所追求的技术融合，还包括内容、组织架构、人员设置、管理运营等层面的融合。现实中，融媒体既被看作媒体的一个新种类，又被看作打通媒体壁垒、实现媒体融合发展的手段和模式。融媒体更体现了理念创新，意味着人们对传统媒介及其产业链的新认识。

融媒体与新媒体的区别在于，新媒体侧重于传播形态，融媒体侧重于媒体融合理念与相应的机制。在融媒体中，传统媒体和新媒体有效结合、优势互补，更加突出新媒体的引领作用。

融媒体机制下，受众面对的不再是简单的文字表述，而是能通过这一平台下设的各个子媒来获取更多的内容。例如人民日报社的"中央厨房"存在波纹效应，也就是一个素材能够分别从"快、全、深"三个方面进行报道，通过不同终端及受众特性的不同来分发，实现了资源的融通，也降低了成本。

三、关于新媒体之"新"的解读

（一）新媒体之"新"的相对性

相对性指的是新媒体相对于报纸、杂志、电视、广播等传统媒体形态的"新"，与互联网技术密切相关。马克·波斯特将互联网技术出现之前的媒介称为"第一媒介时代"，互联网媒介成为"第二媒介时代"[1]，可见互联网对于改变媒介的重要性。

（二）新媒体之"新"的流动性

流动性体现在生产、传播的双重过程中，首先与流媒体的信号传输、信息生产过程对应；其次，受众在传播过程中表现出病毒营销、水军等形态，转发和评价是受众在信息传播过程中流动性的最明显表现。

---

1 王静.新媒体技术的哲学反思［D］.长春：东北师范大学，2019：3.

（三）新媒体之"新"的多样性

多样性与内容的创意、创新对应，这也是对当下媒体工作者，尤其是视听新媒体工作者提出的要求和挑战。从业者需要在具体实践过程中，实现观念、思维和作品的创新，同时，又要注意温故而知新，将传统与现代结合，尤其当下对传统文化的宣传和传承明显缺失，因此这一点更显得重要。以流行的短视频为例，如何将纪录片与短视频形态结合？这将成为传统纪录片维持热度的关键，也能够为准入门槛较低的短视频提供专业内容保证和文化输出的正确价值观导向。因此，对"新"多样性的理解，需要具备联系的、发展的和互通的眼光。

（四）新媒体之"新"的互动性

当下，我们能够借助网络直播实现主播与受众的交流，借助社交媒体平台（微信、微博等）实现明星与粉丝的交流，也能够在观看视频内容的同时发送弹幕实现观众与观众之间的交流。因此，相比传统单向的媒体传播，互动性成为新媒体之"新"的一大特色。我们现在可以借助各种终端媒介，实现足不出户的互动，当然，这种互动可以是与你认识的人，也可以是与虚拟平台。后者是不是真实的，是男是女，做什么工作？这些都被"新"带来的新鲜感消解。

四、我国网民及互联网结构的新变化

（一）我国网民规模及互联网普及率

截至 2022 年 12 月，我国网民规模为 10.67 亿，较 2021 年 12 月新增网民3 549 万，互联网普及率达 75.6%，较 2021 年 12 月提升 2.6 个百分点[1]。

（二）我国手机网民规模及其占网民比例

截至 2022 年 12 月，我国手机网民规模为 10.65 亿，较 2021 年 12 月新增手机网民 3 636 万，网民中使用手机上网的比例为 99.8%[2]。

（三）城乡网民规模

截至 2022 年 12 月，我国农村网民规模为 3.08 亿，占网民整体的 28.9%；城镇网民规模为 7.59 亿，较 2021 年 12 月增长 1 100 万，占网民整体的 71.1%。

1　参见中国互联网络信息中心发布的第 51 次《中国互联网络发展状况统计报告》。
2　参见中国互联网络信息中心发布的第 51 次《中国互联网络发展状况统计报告》。

截至 2022 年 12 月，我国城镇地区互联网普及率为 83.1%，农村地区互联网普及率为 61.9%[1]。

（四）互联网用户使用规模及消费情况

2022 年，我国各类个人互联网应用持续发展。即时通信的用户规模保持第一，较 2021 年 12 月增长 3 141 万，使用率达 97.2%；互联网医疗、线上办公的用户规模较 2021 年 12 月分别增长 6 466 万、7 078 万，增长率分别为 21.7%、15.1%。截至 2022 年 12 月，基础应用类应用中，我国网络新闻用户规模达 7.83 亿，较 2021 年 12 月增长 1 216 万；2022 年，网络新闻行业围绕重点新闻事件开展宣传报道，提升人民群众对国际国内重大事件的理解认知。与此同时，新闻信息获取渠道更加多样，短视频、生活平台已成为网民在"两微一端"之外获取新闻信息的重要渠道。商业交易类应用中，网络支付、网络购物、在线旅行预订的用户规模较 2021 年 12 月分别增长 781 万、319 万、2 561 万；网络娱乐类应用中，网络视频（含短视频）、网络游戏、网络直播、在线健身用户规模较 2021 年 12 月都有数量上的增长。

十亿网民开启"十四五"数字经济发展新篇章。庞大的网民规模为推动我国经济高质量发展提供强大内生动力，加速我国数字新基建建设、打通国内大循环、促进数字政府服务水平提升。一是数字新基建加速建设，为网民增长夯实基础。据工业和信息化部的数据统计，我国 5G 网络建设及应用持续有序推进，主要城市 5G 覆盖不断加快。截至 2021 年 6 月，我国已建成全球规模最大 5G 独立组网网络，累计开通 5G 基站 96.1 万个，覆盖全国所有地级以上城市，5G 终端连接数达 3.65 亿户。二是数字消费有效稳定疫情冲击，推动国民经济持续稳定增长。一方面，以电商为代表的数字化服务向四五线城市及乡村下沉，带来城乡双向消费交流互动，在提升下沉市场数字化便利的同时，带来经济增长新引擎；另一方面，随着低龄及高龄网民群体规模不断增长、消费能力不断提升，拉动如医疗健康、二次元、电竞等特定领域消费需求，构成新消费格局。三是数字政府建设有力提升政务服务水平，不断增进人民福祉。政务服务"好差评"制度体系全面建设，进一步提升企业和群众办事的便利度和获得感、拓展服务途径，落实以人民为中心的服务理念。一方面，全国一体化政务服务平台在疫情防控期间推出返岗

1　参见中国互联网络信息中心发布的第 51 次《中国互联网络发展状况统计报告》。

就业、在线招聘、网上办税等高频办事服务 700 余项，加大政务信息化建设统筹力度[1]；另一方面，各省市推动政务服务向移动端延伸，不断加强地方政务信息化建设，提升地方政务信息系统的快速部署和弹性扩展能力。

2021 年上半年，我国数字乡村建设工作不断推进，带动农村互联网普及率进一步提升。一是农村互联网基础设施建设不断完善。"十三五"期间，工业和信息化部联合财政部组织实施了六批电信普遍服务试点，支持 13 万个行政村通光纤和 5 万个 4G 基站建设，农村互联网基础设施的不断完善，让城乡互联网接入鸿沟逐步消弭。

表 2-1　2021 年 12 月至 2022 年 12 月各类互联网应用用户规模和网民使用率

应用	2021 年 12 月		2022 年 12 月		增长率
	用户规模（万）	网民使用率	用户规模（万）	网民使用率	
即时通信	100 666	97.5%	103 807	97.2%	3.1%
网络视频（含短视频）	97 471	94.5%	103 057	96.5%	5.7%
短视频	93 415	90.5%	101 185	94.8%	8.3%
网络支付	90 363	87.6%	91 144	85.4%	0.9%
网络购物	84 210	81.6%	84 529	79.2%	0.4%
网络新闻	77 109	74.7%	78 325	73.4%	1.6%
网络音乐	72 946	70.7%	68 420	64.1%	−6.2%
网络直播	70 337	68.2%	75 065	70.3%	6.7%
网络游戏	55 354	53.6%	52 168	48.9%	−5.8%
网络文学	50 159	48.6%	49 233	46.1%	−1.8%
网上外卖	54 416	52.7%	52 116	48.8%	−4.2%
线上办公	46 884	45.4%	53 962	50.6%	15.1%
网约车	45 261	43.9%	43 708	40.9%	−3.4%
在线旅行预订	39 710	38.5%	42 272	39.6%	6.5%
互联网医疗	29 788	28.9%	36 254	34.0%	21.7%
线上健身	—	—	37 990	35.6%	—

二是农村数字经济新业态不断形成。"互联网 +"农产品出村进城工程初见

---

[1]　参见中国互联网络信息中心发布的第 48 次《中国互联网络发展状况统计报告》。

成效，基本形成了政企协作、线上线下融合的农产品电商发展新机制，以直播电商为代表的互联网新模式发挥带货能力，成为引领农产品网络销售的出村新路径。同时，各地邮政管理部门充分挖掘邮政网络价值，截至 2020 年底，全国业务量超百万件的"一地一品"项目数量达到上百个，为农特产品进城发挥作用。

三是农村数字化治理效能不断提升，促进农业农村信息化建设。为落实《乡村振兴战略规划（2018—2022 年）》，各地区不断把"互联网 + 政务服务"平台加快延伸至乡镇，部分地区已建立较为完善的"电子村务"平台，方便村民随时随地关注和监督村务情况。为支持巩固脱贫攻坚成果，中共中央、国务院印发了《关于实现巩固拓展脱贫攻坚成果同乡村振兴有效衔接的意见》，提出要健全防止返贫动态监测和帮扶机制，采取有针对性的帮扶措施。加快推进农业数字化转型、大力谋划建设通信网络等基础设施，在支持脱贫地区乡村特色产业发展壮大和改善脱贫地区基础设施条件方面的作用持续深化。调查显示，网民认可互联网能让脱贫地区群众更方便地获取工作、社保、医疗等信息，认为通过远程教育为脱贫地区的孩子提供优质学习资源，认可互联网能通过电商帮助脱贫地区群众扩大农产品销售，且能汇集广大网民的力量为脱贫地区群众提供帮助。

中老年群体网民规模增速最快。2020 年以来，为有效解决互联网适老化问题，国家多措并举、全力推进，取得了显著进展。2021 年 2 月，《工业和信息化部关于切实解决老年人运用智能技术困难便利老年人使用智能化产品和服务的通知》明确开展适老化工作的总体要求和重点工作。2021 年 4 月，工业和信息化部发布了《互联网网站适老化通用设计规范》和《移动互联网应用（APP）适老化通用设计规范》，在服务原则、技术要求等方面进行了具体的要求，为中老年网民更加深入地融入互联网生活，共享互联网红利创造了便利条件。在政府、企业、社会各方的共同努力下，中老年网民群体在总体网民中的占比有了显著增长。截至 2022 年 12 月，50 岁及以上网民占比为 30.8%，较 2021 年 12 月增长 4 个百分点。青少年是国家的未来，互联网对青少年群体的不良影响也一直受到社会各方广泛关注。截至 2022 年 12 月，我国 6~19 岁网民规模占网民整体的 18.7%[1]。为更好地引导青少年上网，为青少年营造健康的上网环境，政府部门、群团组织、企业、学校等社会各界积极行动、持续发力。2021 年 2 月，教育部、工业和信息化部等五部门联合发布《关于大力加强中小学线上教育教学资源建设与应用的

---

[1]　参见中国互联网络信息中心发布的第 51 次《中国互联网络发展状况统计报告》。

意见》，回应了疫情防控常态化背景下社会对线上教育教学改革发展的关切，融合了以往教学资源建设的经验和疫情防控期间的宝贵经验，着眼教育现代化发展，着力解决丰富优质的资源建设问题、网络平台运行保障问题、线上资源与教育教学融合应用问题，为针对青少年群体的在线教育未来发展指明了方向。共青团中央维护青少年权益部连续三年发布《全国未成年人互联网使用情况研究报告》，重点关注未成年人互联网接入环境、互联网使用、网络素养教育、网络安全与防护等方面，展示了当前我国未成年人的互联网使用特点和网上生活状态，为有针对性地开展青少年上网保护提供了有益的参考。

第二节　新媒体的关键特征和主要属性

一、新媒体的关键特征

（一）超媒体性：多媒体与超文本联合构成

超媒体性是指在多媒体中非线性地组织和呈现信息。美国学者尼葛洛庞帝曾在《数字化生存》中指出：超媒体是超文本的延伸。所谓超文本，是一种按照信息之间关系非线性地储存、组织、管理和浏览信息的计算机技术[1]，主要表现为受众可以根据自己的兴趣和需求，通过点击链接，选择性地阅读文本信息内容。超文本是在早期网络只能传输文本信息的条件下提出的概念，而现在依靠数字技术对多媒介信息的整合，新媒体可以为信息使用者提供文本、图片、声音、影像等多媒体信息，这些多媒体信息同样按照超文本的方式组织，用户通过点击、滑动或扫描二维码等方式，不仅可以获得超文本信息，还可以获得相关音频、图像、视频、互动等信息，这便是新媒体的超媒体特性。

这种将多种媒体形式通过非线性剪辑的方式传播，非常符合人类多维的、活跃的思维活动。新媒体本身就是一种多媒体的传播，可以借助文本、图片、声音、影像中的任何一种或几种组合来进行内容创作和传播这种具有立体效应的多媒体传播组合，可以更加真实地反映所传递的对象，给用户带来逼真而生动的感觉。新媒体融合的多种媒体形式，克服了传统的文字媒介（如报刊）、声音媒介（如广播）或视觉媒介（如电视）之间难以逾越的障碍，可以表现出不同媒体交

1　应蓉珊.新媒体对大学生群体的影响研究［D］.重庆：重庆大学，2010：10.

叉融合的个性特征和共享便利。随着 5G 技术和宽带网的普及，多媒体的内容创作已经成为主要的表现方式。2016 年抖音的兴起就是一个典型的案例，抖音是一款可以拍短视频的音乐创意短视频社交软件，是一个专注年轻人音乐短视频社交平台。用户可以通过这款软件选择音乐，拍摄短视频，记录美好生活和创意想法。2020 年 8 月抖音的国内日活跃用户数突破 6 亿，海外版抖音于 2021 年 6 月以超过 6 500 万下载量，蝉联全球移动应用（非游戏）下载榜冠军，全球覆盖超过 150 个国家和地区。抖音的主力用户年龄集中于 35 岁以下，25~30 岁的用户在其中属于比例较高的组别。这些用户很容易对产品产生黏性，同时也是传播产品信息的主力军。

当前的电视节目制作也运用新媒体，呈现出超媒体性的特点。以 CCTV-1 热播的《中国诗词大会（第二季）》为例，该节目在央视频进行同网直播和点播，网络上有关于节目的海报、节目简介、单期内容介绍和视频，同时设置了点赞、收藏、评论、分享等互动环节，加之弹幕的实时交流，与节目内容进展同步，各种点评层出不穷，很好地起到了社交的功能。弹幕视频以图像、影像释义的表达方式满足了人们娱乐的需求，但不同的是弹幕网站加入了即时评论，这就增加了一种娱乐载体。以弹幕划过视频为传播手段，从一定程度上解构了网络视频文化的"主流存在"的态势。传统的视频网站的网络视频是以图像和影像文化为中心，而弹幕视频出现以文字、符号为主，从积极意义上讲，是文字与图像影像的融合，印证了旧的媒体不会消亡，只会以一种合适的方式融入新媒体，是一种"去中心化"的很好尝试。此外，新媒体改变了信息组合方式，它的魅力在于将分布于全世界的图文并茂的多媒体信息以链接的方式组合到一起，用户只要连接到一个网站，在链接词上用鼠标一点就可以访问相关的其他网页和内容，这种方式改变了传统的阅读方式，极大地方便了用户。央视频采用互联网的"超链接"概念，以超文本、超媒体方式来组织节目内容以及央视榜单的其他内容。节目视频中设置了小窗口、看点和精彩片段，用户在阅读节目时能按照自己的意愿和思路实现节目内容的跳转及表达方式的转换，更好地适应用户的主体地位及联想的思维规律。超文本结构是网络上信息的组织方式，大大增加了节目传播的综合性、多样性、信息量、选择性和自主性。

（二）交互性：新媒体区别于传统媒体的最突出特点

新媒体的交互性包括两层含义：信息发送者和接收者之间的信息交流是双向的；参与个体在信息交流过程中都拥有自主权。作为大众传播媒介的报刊、广播电视，其信息的传播具有单向性，信息反馈不方便，交互性比较差。而新媒体既可以单向传播，也可以双向（传授之间）或多向（传授之间、受众之间）传播。传播互动性强，网民之间利用BBS、网络电话、电子邮件等工具进行实时交流互动，可以随时发送语音或消息或网络视频会议讨论。例如：2022年冬奥会于正月初四开幕后，吉祥物冰墩墩一时间火爆全球，引起网民热捧和讨论。微博上出现了冰墩墩超话，43.9万粉丝发布了2.8万的帖子，包括央视新闻、中国日报、大象新闻等6家媒体发布了"冰墩墩DIY大赛"，截至2022年2月8日12时该话题总阅读次数达到2 956万次，总讨论次数包括原创微博和转发微博达6 137次，当日讨论为2 512次。所谓微博超话，指的是微博平台中的超级话题，是新浪微博推出的一项功能，拥有共同兴趣的人集合在一起形成的圈子，类似于QQ上的兴趣部落，主要以明星偶像为主。但微博环境的包容性和多元性滋生了微博超话的主体内涵的扩展，超话对象可以是明星偶像、热点事件或是虚拟形象等。而冰墩墩作为虚拟偶像形象，成为超话关注和热议的内容，吸粉和吸睛无数，甚至引发了"谁能拒绝冰墩墩呢"的微博话题。

（三）超时空性：实现零成本全球传播和零时间即时传播

新媒体利用互联网技术和通信卫星，完全打破了全球地理区域的限制，只要有相应的信息接收设备，在世界的任何角落都可以接收到新媒体传播的消息[1]。另外移动互联网的发展也使新媒体摆脱了有线网络的限制，提高了用户接收信息的及时性，新媒体大大缩短了信息交互传播的速度，实现了信息的零时间即时传播。传统大众媒体的信息交流是单向的，受众不能直接进行反馈，只能利用其他媒介进行反馈，其反馈也是相对延迟的。新媒体与之不同，无论是早期的网络社区，还是现在以微博、微信为代表的社交类媒体，都是信息的交互传播，突破了时空限制。在移动平台中，不同用户可以在其中发起线上讨论，还可以举行视频会议、多人网络授课，这就是新媒体突破时空限制进行信息传播与互动的代表。新媒体突破地域局限，而且跨国传播几乎是零成本，无论从传播者的角度还是从

1　应蓉珊.新媒体对大学生群体的影响研究［D］.重庆：重庆大学，2010：12.

受众的角度看，信息在网络上跨国传播与本地传播的成本和速度都是相同的，换言之新媒体的矩阵传播距离、范围与传播成本无关，这点与传统媒体截然不同，它打破了传统或者说物理上的空间概念，信息传播实现了无阻碍化，世界变成了地球村，真实的地理隔离不存在了。网络上的信息传播不是单一的文化而是跨文化的传播。互联网使不同国家之间的跨文化传播有了前所未有的方便与迅捷的信息交流渠道。

跨文化传播（Intercultural Communication）是传播学的一个重要分支，其创始人美国人类文化学者爱德华·霍尔于1959年在《无声的语言》中提出，20世纪70年代末期逐步发展成为一门独立学科。他奠定了跨文化传播研究的理论基础，指出"文化即传播、传播即文化"。跨文化传播研究的核心是跨文化传播力研究。它主要包括三个部分：为什么要研究跨文化传播的能力；什么是跨文化传播的能力；如何才能有效地进行。中西文化传播即属于跨文化传播。跨文化传播指处于不同文化背景的社会成员之间的人际交往与信息传播活动，也涉及各种文化要素在全球社会中迁移、扩散、变动的过程，及其对不同群体、文化、国家乃至全体人类的影响。

在逆全球化和全球化的双重发展格局中，中国提出的"人类命运共同体"理念正在成为多元文化的新兴价值表述。这一理念在跨文化传播实践中主要强调传播双方主动将本国人民利益与世界各国人民共同利益结合起来，在此过程中，中国传播更多地强调通过中国的努力实现人类社会整体进步。2018年9月1日起，《与非洲同行》（*Trade Winds between China and Africa*）大型纪录片的中文版和英文版通过央视综合频道、纪录频道和CGTN英语频道、CGTN-Documentary频道及新华社的Facebook、Twitter和YouTube官方账号在全球同步推出。该纪录片由中宣部"记录中国"项目发起，联合新华社出品，中国新华新闻电视网承制，分为上下两集，共涉及10个非洲国家，每集各包含5位非洲主人公。这些非洲朋友通过讲述自己的故事向全球观众展现他们身边的中非合作项目。纪录片大量叙述中国所实践的"大义"之举：在加纳扩建马特港项目时，为了确保海滩上的海龟蛋顺利孵化，中方特意聘请海龟保育员并且建造海龟孕育中心，充分展现中国以保护非洲生态环境为己任的"大义"；中国"光明行"医疗队前往纳米比亚义诊，带去医疗设备并且为200名白内障患者免费手术，表现了中非人民携手前行的真挚情感等。

《与非洲同行》全景式地展现了中非在基础设施建设、农业、贸易、卫生等各方面的合作，通过讲述中非合作项目中平凡人的故事，向世界树立中国作为一个负责任的文明大国形象。该片通过全媒体渠道向海内外用户传播，截至 2021 年 2 月，上下两集在 YouTube 上的播放量达到 50 万次，评论共计 1 660 条，评论内容表达出外国网友对中非友谊和合作关系的肯定、对中国的喜爱和赞扬，比如："@abdulahiDiallo：China is the best country in the world, they care and do.（中国是世界上最好的国家，他们关心世界并且言出必行。）" "@MukasaAbdulkareem：Chinas idea is win win for all sides.（中国的观念是保证各方的利益，实现共赢。）" "@Grace Antonio：I'm teary eyed. This is how peoples from different races should be—working together to improve lives. China is on the right path by doing this, it makes China a truly great country.（我的眼湿润了。这是来自不同种族的人们应该做的——共同努力，改善生活。中国走在正确的道路上，这使中国成为一个真正伟大的国家。）"。

（四）虚拟化：基于数字化信息，利用人工智能技术创造虚拟空间

文字、声音、影像互动场景等在内的数字化信息，都是由技术人员利用数字技术模拟真实世界信息制作出来的，近年来人工智能的概念从计算机科学的专业层面延伸至大众视野。机器人记者、主播正是新媒体虚拟性的一种表现，VR、AR、MR 和 XR 技术让人能够完全沉浸到虚拟环境或虚拟和现实复合的环境当中，将新媒体的虚拟化特点直观地呈现到人们面前。例如新华网出品、新华媒体创意工场创作的《MR 艺术舞蹈——舞动百年芳华》，团队采用虚拟制片影视工业流程，大胆挖掘这套技术流程的潜力，加入了无缝换装、子弹时间、一镜到底等效果，将舞台效果升级，大大提高了舞蹈表现力。MR 虚拟演播系统和 MOCO 设备联动作为该项目最大的技术亮点，两者结合产生了神奇的化学反应。MR 虚拟演播系统可以实时将提前设定好的虚拟场景呈现出来，无论摄像机在演播厅的任何位置，或是任何移动方式，拍摄出来的画面始终是以假乱真并且符合透视的虚拟空间。实时渲染能够让主创团队和演员看到真实的虚拟场景。这样的方式改变了创作方式，让不可能化作可能。MOCO 运动控制系统是另一个好莱坞电影中的王牌特效设备，让摄像机真正获得"运动自由"和"拍摄自由"，摄像机所在的位置和运动方式，完全在导演的掌控中，主创人员在创作前期会在三维软件中设定好摄像

机运动方式，在片场，MOCO 会精准按照设定好的运动轨迹进行拍摄，摄像机拍摄每一帧所在的位置都完全可控。MR 虚拟演播系统和 MOCO 设备的"梦幻"联动，让主创团队获得了一种只有动画创作中才有的掌控感。作为真人舞蹈与虚拟场景结合的短片，除了舞蹈，其中最重要的视觉元素就是虚拟场景。短片叙事跨越了百年，从旧社会到新中国，从写实的建筑场景到虚拟时空长廊，场景和其中的道具都承担了极其重要的叙事功能，特定的环境构成了情节的调性，场景和道具也需要在特定的时间完成入场、亮相、出场等动画效果。

根据 2022 年北京冬季奥运会主题，新华媒体创意工场结合 XR（扩展现实）数字技术，又制作推出了《XR 冬奥视界：一起向未来》《XR 创意视频 | 冰雪荧煌》等视频内容，给观众耳目一新的神奇体验。在 XR 技术的支持下，新华网冬奥 XR 推荐官曾舜晞沉浸式进入冬奥数字世界，带领几位伙伴展现一场"身"临其境的虚拟冬奥驰骋之旅。以运动员视角沉浸式体验：冬季两项、冰球、冰壶、滑雪等冬奥运动，让大家充分感受到冰雪运动令人血脉偾张的速度与激情。

此外，2022 年 6 月，新华网推出首个超写实数字人，即元宇宙中华文化推荐官筱竹，制作了二十四节气系列短视频，并与各大商业品牌建立合作。虚拟数字人的应用为传播中华优秀传统文化，打造更多应用场景和建立商业合作共赢奠定了基础。

图 2-1 《舞动百年芳华》拍摄现场

（五）平台化：交互性、个性化与社群化的延伸

新媒体并不局限于媒体的信息传播属性，它逐渐发展出了丰富多样的平台属性，在这个意义上讲，新媒体不仅是纯粹的信息传播平台，还可能带有学习教育、休闲娱乐、购物交易、移动办公、社会交往等平台属性。对于早期的论坛来说，人们在上面发布各种类型的内容，实质上就有了平台化的特征；而在当今的新媒体中，平台的入住者可以是人，也可以是组织，如新闻媒体企业行政机构，也可

能是某一虚拟形象与电视剧的角色。随着万物皆"媒"时代的到来，新媒体存在的场景将进一步拓展。直播的出现，使新媒体的平台化特征也越来越明显。例如小红书的上线极具代表性。小红书由一开始的跨境商品购物指导书转变为内容社区，接着由内容社区转变为社交电商平台。作为领先的互联网消费互动媒体，小红书延续了论坛"物以类聚、人以群分"的标签化属性，关注受众个性化的兴趣爱好，近几年随着很多用户的参与，小红书社区也逐渐向多元化的趋势发展，社区涉及的领域包括美妆、护理、宠物、美食、娱乐、影视、母婴、运动、搭配等多个领域，出现了多元化社区。除了推荐、直播和视频三个频道不能随意消除关注，其余频道可根据受众自己的喜好进行增减。小红书作为当代流行的社区生活服务平台，它的发展印证了当今互联网新媒体的社区性、分享性、互动性的发展趋势。新媒体社交平台的用户以网络为基础对文字、音频、视频等内容进行创作，并凭借互联网这个介质进行分享和传播，这种模式称作 UGC，即用户生成内容，表现的是互联网时代信息共享的特点。UGC 有两种表达方式，一种是用户生成内容，另一种则是社交电商平台中的虚拟社区。小红书把笔记内容和用户相结合起来，然后形成一个社区，用户可以在平台上分享、转发、评论、点赞、收藏和留言。借助平台的黏性，向有需求的用户分享生活经验和乐趣，介绍美好的事物和生活经验，成为小红书达人后，根据平台吸纳的粉丝流量和关注度进行产品推荐和营销，通过开设直播间的方式与粉丝互动，为粉丝开设福利优惠、抽奖活动，同时部分商品链接小红书商城，实现平台变现的目的。

二、新媒体的主要属性

（一）内容属性

这是新媒体的本质属性。不管新媒体的形态和传播手段如何变化，但万变不离其宗，它最终的立足点仍然是为受众提供信息内容服务。其提供的内容是否满足受众需求，是否具有差异化和高品质，也是新媒体的竞争力所在，特别是在海量信息高度同质化的情况下，"内容为王"依然是硬道理。

（二）技术属性

这是新媒体的物质属性。新媒体是互联网时代的产物，需要应用各种互联网技术和信息化新技术，其传播渠道和终端设备也都具有显著的技术化特征，硬件建设与软件开发对新媒体都十分重要。随着"云、大、物、移、智"等新技术的发展，新媒体的技术应用也日益广泛深入，包括基于云计算的基础平台和各种应用平台，以及满足受众需求的内容生产手段，如大数据分析、推荐算法等。技术属性是新媒体最活跃的属性，也是新媒体动态性的最大驱动力。

（三）文化属性

这是新媒体的价值属性。新媒体作为内容生产者，不可避免具有意识形态烙印和文化特征。在当今时代，新媒体已然成为社会文化建设的重要组成部分，也是人们文化消费的重要对象。从某种意义上来说，新媒体文化属性的内涵相比传统媒体而言更加丰富。无论是新媒体提供的内容，还是新媒体的传播手段和方式，以及社群化、网络化带来的社会文化生态的构建，都使新媒体成为当今一道显著的文化景观，也让人们对新媒体文化价值的考量增加了更多维度。

（四）平台属性

这是新媒体的外在属性。新媒体时代，信息提供者越来越从"新媒体机构"向"新媒体平台"方向发展。在我国，政策层面所指的新媒体机构，是指具有相应资质、与新闻信息服务相关的机构。根据 2005 年 9 月国务院新闻办公室与信息部颁布的《互联网新闻信息服务管理规定》，在中国，通过互联网登载新闻信息、提供时政类电子公告服务和向公众发送时政类通信信息 [1]，都称为新闻信息服务。到目前为止，这仍是中国新媒体新闻信息服务管理的主要法律依据。2014 年 8 月 7 日，国家互联网信息办公室颁布了《即时通信工具公众信息服务发展管理暂行规定》，将微信公众号也纳入新媒体新闻信息服务范畴进行管理。除此之外，还有数量众多的新媒体，它们既是信息平台，也是经营平台，还是受众的工作、生活、娱乐、社交平台，新媒体也因此具有了综合平台的属性。这也意味着现实空间与虚拟空间的界限越来越模糊，新媒体日益深入地渗透到我们的日常生活当中。随着新媒体在未来的发展，其被定位成平台是恰当的。

（五）产业属性

这是新媒体的经济属性。如今，新媒体早已成为一个规模庞大、受众众多、产品和服务层出不穷、经营手段不断翻新的产业，成为文化产业的一个新门类。

1　薛元琳.论媒介近用权的理论发展与演变［D］.武汉：华中科技大学，2009：25.

随着技术的发展和参与人数的增加，新媒体的产业链条还在不断延伸。新媒体的商业理念、经营手段、盈利模式与传统媒体相比，都有了颠覆性的变化。例如，新媒体可以提供更多满足垂直领域和个性化需求的服务。新媒体的快速发展给传统媒体带来了巨大的冲击，直接影响就是"分利"。与传统媒体主要依赖发行和广告盈利的模式不同，新媒体发展出了广告、电商、社群、内容收费、众筹甚至"赞赏"等众多盈利方式，盈利能力也大大提升，压缩了传统媒体的生存空间，使传统媒体被迫自我改造，奋起直追。

总之，新媒体的主要特征体现在四个方面：数字化、融合性、互动性、网络化。本书在已有的研究成果基础上认为，新媒体的特征主要还是体现在一个"新"字上，具体包括以下三个方面。

1. 新的信息组合

在新媒体时代，人们接触的往往是以全媒体方式呈现的信息组合，新媒体将传统媒体的优势集于一身，全方位满足受众的信息需求，受众可以获得视、听、读、动等多维体验。对受众来说，信息最终以何种载体形式出现，是文字、图片、声音还是图像，主要由受众根据自我偏好及接收条件来决定。新媒体在内容组合上是这样，在时间组合上也是如此。传统媒体有明确的发布时段，这决定了受众的关注也有时段性。而利用新媒体发布的信息随时随地都在"滚动"，海量信息带来的是受众的阅读时间被碎片化切割。

2. 新的传授关系

在传统媒体时代，由于技术的影响，传统媒体绝大部分是大众化的，也是起主导作用的，不同媒介之间的边界也非常清楚。而新媒体最大的特点是在很大程度上消除了媒体介质之间、地域之间，甚至传播者与接受者之间的界限。新媒体可以做到面向垂直细分的受众，乃至面向个人，这与传统媒体的受众只能被动接受毫无差别的内容有很大不同。

互动性强是新媒体的一个显著特点。尽管传统媒体也有受众反馈机制，但与新媒体相比，那种反馈是被动而微弱的。在使用新媒体的过程中，受众既是信息接收者，也随时可以转变成信息发布者，独特的网络介质使传授之间的关系更加扁平，且可以快速转换，受众通过新媒体的交互可以影响信息传播者，甚至出现受众主导的情况。

3. 新的使用场景

与传统媒体以内容和渠道为主不同，对于新媒体特别是移动互联网时代的新媒体而言，场景成为关注重点。传统媒体是"一对多"的传播格局，而新媒体更倾向于聚焦某一特定受众群体，由此带来受众对特定内容和特定场景的需求。正是因为有了新的信息组合、新的传播手段、新的传授关系，新媒体可以根据用户的场景需要即时地、无限地扩展内容，从而使内容变成"活物"，与具体的场景进行深度融合。特别是虚拟社区、网络社群、兴趣圈层等的出现，使新媒体个性化与社群化的特点更加突出，场景也日益多元化。

新媒体时代媒介形态的融合，除了渠道、内容、手段的融合外，还体现在大众传播、人际传播、群体传播、组织传播的融合等方面，一种传播行为有时兼具多种性质，面对不同的场景呈现不同的传播特点。

第三章　新媒体的形态发展演变

第一节　多元共生的新形态类型

新媒体从无到有、从小到大逐步发展壮大，在提供信息传播、引导社会舆论、反映民众心声、影响思想潮流等方面发挥着不可替代的作用，正在日益改变和深刻影响着人们的社会活动和生产方式。大体上，新媒体发展经历了三个阶段：以门户网站、新闻网站为载体的萌芽发展阶段，以博客、播客为载体的快速发展阶段，以及以两微一端一网为载体的融合发展阶段[1]。互联网的普及，依托新技术新媒体不断出现新的形态，给信息传播和人们的生活、工作带来极大便利。

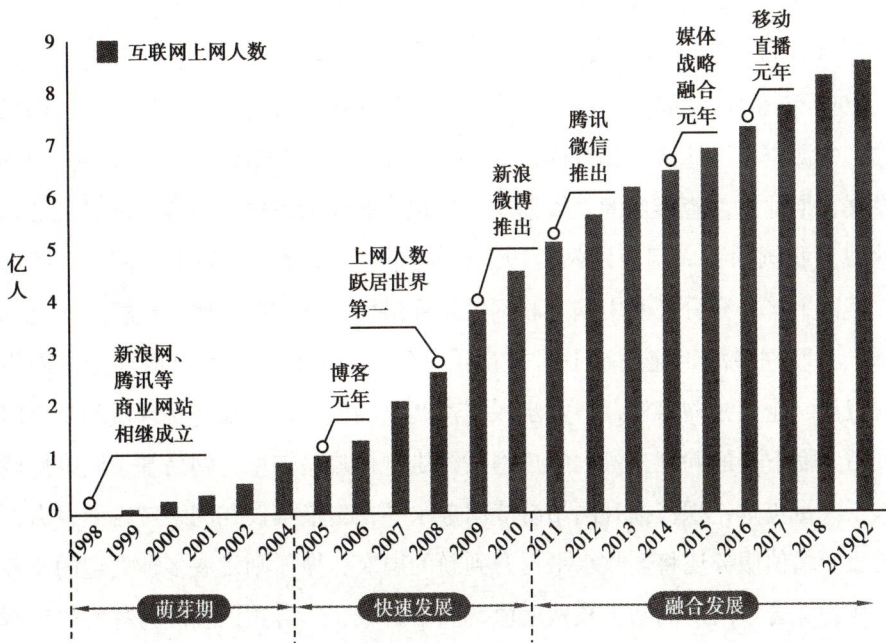

图 3-1　互联网使用及发展情况

1　参见国家信息中心发布的《2019 中国网络媒体社会价值白皮书》。

一、门户网站

1997 年，门户网站（Portalsite）的概念出现，"Portal"直译是"入口"的意思，换句话说，门户网站是用户利用网络的第一个关口。门户网站是将网络中的繁杂的信息进行收集、分类，并提供搜索服务，方便用户快速查询所需信息的网站[1]。门户网站是综合性的网站类型，涵盖新闻信息的传送、搜索、电子邮箱、网上购物，形成锁定（lock-in）效果。微软公司的专业词典上写道："门户网站提供新闻资讯、体育新闻、商业信息、旅游出行、搜索服务等信息。"1998 年，雅虎推出的搜索引擎业务得到了广泛认可，越来越多的综合类门户网站开始发展成为用户提供搜索引擎服务的网站。门户网站初期大多依靠广告收入来盈利，浏览量的提升是投资者所希望看到的。但从 2000 年 4 月开始，网络经济泡沫开始破裂，门户网站因为单一盈利模式的限制，总体市值表现不佳。在此情形下，门户网站对自己的发展方向重新定位。

（一）我国门户网站的进程

1997 年 6 月，网易成立；1998 年，搜索引擎类网站——搜狐出现；四通利方与"华渊资讯"达成合作意向，成立了中文网站"新浪网"。网易等门户网站在发展初期通过克隆雅虎的发展模式，实现了企业的发展。新浪、网易、搜狐也迅速成为我国的三大门户网站。1999—2001 年，中华网、新浪、网易、搜狐相继在美国上市，充分证明中国互联网的发展潜力。就在门户网站红极一时之际，全球的互联网泡沫迅速波及中国的互联网公司，2000 年底，互联网公司面临大量的裁员、企业并购事件，行业步入震荡调整的低潮期。如何实现盈利是中国门户网站急需解决的问题，各大门户网站纷纷进行战略转型：网易基于网络游戏端投入了大量资本，积极提升网站游戏服务水平；新浪不仅在网络广告上发力，提供的收费增值服务还将创收水平提升到新的层次；搜狐则发展多种类型的业务服务，成为综合性门户网站。收费增值、网络游戏、广告收入也成为各大门户网站发展的新模式，随后，门户网站进入稳定发展的阶段。

1　肖园园.我国门户网站体育新闻媒介公信力及品牌形象研究［D］.北京：北京体育大学，2015：12.

（二）我国的四大门户网站

1. 新浪

新浪是一家服务于中国及全球华人社群的网络媒体公司，通过门户网站新浪网、移动门户手机新浪网和社交网络服务新浪博客、新浪微博所组成的数字媒体网络，帮助广大用户通过互联网和移动设备获得专业媒体和用户自生成的多媒体内容并与用户进行分享。

2. 搜狐

搜狐是 2008 年北京奥运会互联网内容服务赞助商，是中国领先的新媒体、通信及移动增值服务公司，是中文世界最抢镜的互联网品牌之一[1]。

3. 网易

在开发互联网应用、服务及其他技术方面，网易始终保持在国内业界的领先地位，其强调人与人之间信息的交流和共享。

4. 腾讯

腾讯是中国浏览量最大的中文门户网站，是腾讯公司推出的集新闻信息、互动社区、娱乐产品和基础服务于一体的大型综合门户网站[2]。

总体而言，业务频道是门户网站的基本要素，门类齐全的频道方便用户使用，也是提升用户数量的基础工具。对比来看，虽然从频道数量上来说，新浪最多、划分得最细致，腾讯最少、划分得比较简明，但从基本功能上来说，是并没有什么差异的。从界面的排版上来看，经过数次的改版调整后，"门"型结构的布局是四大门户网站都热衷的。网站导航、网站导读、焦点内容、推荐部分，利用色彩、线条来划分区块，使网页结构合理，层次分明。并且，都采用了围绕 logo 而展开的配色。从网站的结构层次来看，除了腾讯一家门户网站是线性结构，其余三家均为网状结构。网状结构的互动性明显要好于线性结构，回环的交流可以给予受众更深入的体验。

（三）门户网站的移动化挑战

4G 技术的应用和推广，使传统互联网滞后于移动互联网的发展速度。"两微一端"成为时下流行的传播新方式，用户利用微图片、微视频形成信息的传送

1　兰辉. 中国与美国门户网站文化可用性比较研究［D］. 上海：上海交通大学，2007：26.

2　兰辉. 中国与美国门户网站文化可用性比较研究［D］. 上海：上海交通大学，2007：27.

和转发，提升了用户即时互动水平，微传播满足了用户的浅阅读需要，内容传播的数据化、可视化与微传播一脉相承。门户网站的移动化趋势明显增强，但依然要兼顾传统 PC 端的发展，从现状来看，没法完全替代主流网站的地位。所以不仅要着眼"两微一端"的平台发展，也要统筹两端、两网的平台建设和传播方式转变。"两网"既包括 PC 端的主网，也包含 Wap 网站建设，传统的 PC 端，频道类型多，信息数量多，在移动互联时代，仅仅依赖传统的大量信息堆砌无法带动流量和点击量的强劲增长，PC 端的快速增长必须依靠技术进步实现主网的轻便化、简明化，使读者浅阅读的需求得到满足。Wap 网站的建设是 PC 端和两微一端的重要一环，Wap 网站建设必须在四个方面实现：①焦点新闻占据 PC 端的主要位置；②实现主平台的分享功能；③与其他的客户端平台达成更多的技术标准协议，实现多平台发展；④形成自己网站的客户端，提升内容的发布效率。基于门户网站，从新媒体出发，形成两微一端的发展，定制化、数据化、移动化已经成为传统门户发展的未来趋势。

传统网站要求我们更多地注重首页要闻、重点版块，因此这对编辑的综合能力提出了更高的要求，不仅需要在技能方面提升，更要在思想的深度和厚度上提升综合能力；自媒体和各种类型的公众号，不断地充斥于各大网络平台，如何筛选出有效信息是我们需要面对的问题。PC 端转向移动端，将会带来更多的流量，技术与平台网站的结合，要求新闻平台必须走地域覆盖的道路。保持新闻的特点，提升线下增值服务的水平。移动端的重点在于客户端，但并不是说可以忽略微博、微信的存在。

二、搜索引擎

互联网的迅猛发展，意味着信息对个人或企业越来越重要。2022 年中国互联网信息中心《第 49 次中国互联网发展状况统计报告》显示，截至 2021 年 12 月，我国搜索引擎用户规模达 8.29 亿，较 2020 年 12 月增长 5 908 万，占网民整体的80.3%[1]。信息的如何收集越来越占据重要位置，个人在获取信息的方式中不仅局限于图书、期刊、报纸等纸质的传播媒介，更多时候也借助于 Web 搜索引擎工具，我国的网民使用的各类搜索引擎达到 6 种以上，例如百度、谷歌、必应等综合类搜索引擎，知网、万方、读秀等专门的学术搜索引擎，以及其他领域专业类的搜

1　参见中国互联网络信息中心发布的第 49 次《中国互联网络发展状况统计报告》。

索引擎，这些搜索引擎满足了用户检索信息的需求。

对于搜索引擎的概念，传统的观点认为搜索引擎主要是指从万维网的网页资源中，对信息进行有效收集、整理和分类，与其他类型的信息资源关系较小，但在互联网浪潮的带动下，传统概念的收集网页资源也逐渐地包含 FTP 信息资源等。搜索引擎的实现方式往往是用户在自有的设备界面上的文本框中，运用键盘输入相应的文字、数字或者问题，将问题交付给搜索引擎来解决，搜索引擎会自动地基于检索所提出的要求实现相应的回答，来供给用户所需的信息资源。搜索引擎的传播形态与微信类似，都是从最初的用户的主动行为出发，进行的信息的获取，而且搜索引擎的传播方式比微信更加封闭，信息的来源和收集完全基于用户自己，用户之间的交互性较差，只有主动输入信息，激发搜索引擎的功能才能实现信息的获取。

从搜索引擎的特征来看，搜索引擎功能的外延扩充了用户信息选择的范围，以百度为例，搜索服务从简单的网页搜索发展为视频搜索、软件搜索、翻译搜索等多种类型，用户完全可以从自己的需要出发，自由地选择所需的搜索方式和工具，以此减少我们花费在信息检索上的时间；搜索引擎技术水平提升了用户检索的效率，收集有效信息的难度明显降低，智能化的检索系统不同于第一代的目录检索和第二代的全网超链接检索，它能够将用户需求和自然语言有效结合，实现用户效应最大化和搜索成本的最小化；移动终端设备的出现扩大了搜索引擎的场景化空间，不仅在 PC 端能够实现信息的检索，智能手机上搜索引擎产品也日趋丰富，为了在用户量上保持行业优势，百度积极布局搜索的推广力度，不断提升用户体验，以此吸引越来越多智能手机的搜索引擎用户。

搜索引擎更新换代的速度，不仅为互联网的发展作出了贡献，也重新定义了搜索引擎自身的价值。搜索引擎的出现纠正了信息的不对称，并且深度挖掘了信息的价值。尽管搜索引擎的优势与之前几代相比已经有了很明显的提升，搜索引擎的缺点与不足仍然很突出，搜索的效率整体偏低，搜索的准确率和全面性仍然需要进一步优化，信息的更新时间较长；搜索引擎的检索选项范围较小，虽然从生活和学习方面都能利用搜索引擎，但高级检索的利用较困难，精细化、全面化的信息获取花费时间仍然较长。与外文搜索引擎比较来看，中文搜索引擎的性能较低，特别在搜索引擎的结果输出上，中文搜索引擎的进步空间还很大。

5G 时代搜索引擎的发展趋势，可以从几个方面来看：①检索结果的输出更加精细化和精准化，搜索引擎产品的性能优化和调整，方便用户和企业提高工作效率。②个性化的服务更突出，基于不同的用户需求，努力扩充用户的个性化需求，深度挖掘用户的浏览词汇和服务器记录的日志信息，根据用户的查询要求不断进行调整，适应用户的个性化需求，但与此同时，用户信息安全的风险性也进一步提高，需要相应立法进行解决。③多媒体信息的搜索服务的发展。当前搜索引擎技术仍然处于较落后的状态，不管是从实用性上还是理论阐述上看，通用性设计方面等问题需要解决。④智能化的搜索引擎将是未来的主要趋势。大数据和人工智能能够与搜索引擎很好结合，进一步优化搜索引擎的算法应用，构建用户需要的信息库系统，实现网络信息的广泛储存，提取任意节点的信息资源。

我们以百度公司的发展来剖析搜索引擎媒体业态。百度是全球最大的中文搜索引擎，百度的命名源自中文诗句"众里寻他千百度"。"百度"体现了对知识和理想的追求。百度发展迅猛的原因有以下几点：①百度的经营理念一直是让用户能够平等地获取信息，将用户方便获取信息放在首位，不断地扩大用户信息检索的范围。②坚持技术的创新，百度拥有世界上顶尖的工程师团队，使百度的用户使用量占到全国网民数量的97％以上，日均搜索次数上亿次，在搜索引擎越来越多的时代，百度依然占据着搜索引擎的领先位置。③和百度创新的搜索引擎的营销推广业务密不可分，借助自身的流量优势与其他行业的发展深度融合，推广有优势的品牌和行业领先者。④多元化的优势产品，包括百度百科、百度文库、百度知道等一系列关于知识分享与传播的开放平台，汇聚了优质人才，促进了知识的沟通与交流。

三、客户端

客户端（Client）或称为用户端，是指与服务器相对应，为客户提供本地服务的程序。除了一些只在本地运行的应用程序外，一般安装在普通的客户机上，需要与服务端互相配合运行[1]。互联网发展以后，较常用的用户端包括如万维网使用的网页浏览器，收寄电子邮件时的电子邮件客户端，以及即时通信的客户端软件等。对于这一类应用程序，需要网络中有相应的服务器和服务程序来提供相应的服务，如数据库服务、电子邮件服务等，这样在客户机和服务器端，需要建

1　余秀才.众媒时代的传播转向［M］.武汉：华中科技大学出版社，2017，2：177.

立特定的通信连接，来保证应用程序的正常运行[1]。

（一）新闻客户端

新闻客户端又称移动新闻客户端、内容阅读客户端或新闻APP，是随着智能手机、平板电脑的兴起而出现的适用于移动媒体终端的新闻资讯平台。新闻客户端由门户网站、传统媒体或其他内容提供商针对不同移动媒体的系统开发，由用户自主选择下载、安装，并具备小用户推送新闻资讯、发布评论、定制新闻、即时微博短信分享等功能。

新闻客户端一般分为门户网站新闻客户端、搜索引擎新闻客户端、专业新闻网站客户端以及传统报刊新闻客户端。新闻客户端具有以下几个特点：内容篇幅短小精悍且信息量大、准线性的杂志式阅读模式、用户交互性和社会化。

（二）新闻聚合客户端

随着新闻客户端的发展，出现了新闻聚合客户端。新闻聚合客户端又称聚合新闻客户端，各类媒体机构聚合传统媒体为主的新闻信息，以及自媒体平台热点信息源，结合受众信息化及浏览历史，基于受众主动搜索个性订阅等操作，对全平台信息展开精准推送的产品形式[2]。今日头条、一点资讯、天天快报就是典型的新闻聚合客户端。原本传统的新闻客户端人民日报、澎湃新闻、腾讯新闻等也开始纷纷加入推荐版块或个性化推荐功能，朝着新闻聚合方向发展，形成了一种全新的网络传播模式，既不同于门户时代的传播特点，又不同于其他类型的移动客户端传播形态，可以说此类型的个性推荐机制和计算机器算法与编辑互动的双重运营模式，符合了移动互联网的发展逻辑，开创了媒体信息生产与传播的新潮流，并逐步进入常态化的发展阶段。新闻聚合客户端的兴起依赖于技术推动下的媒介变革以及用户对价值内容的需求基础，其便利性和易操作性大大降低了网民接触媒介的难度，传播渠道在时空上加速了信息的爆炸式增长。本来用户难以在海量的信息中发现自己感兴趣的信息，但由于网络媒介让用户获取内容的资讯入口变得更加丰富，新闻聚合客户端成为帮助用户去筛选分析价值内容的新媒介手段。个性化、交互式和精准化的UGC生产模式和信息推荐途径，使得传统媒体与新媒体融合，在媒介融合中逐渐转型创新，开创了多元化的传播环境。

1　曲艳红.基于信息技术的教学方法［M］.哈尔滨：哈尔滨工业大学出版社，2015，1：250.
2　徐北春.聚合新闻客户端传播的五大变革：以"一点资讯"和"今日头条"为例［J］.传媒，2017（5）：47-49.

四、社交媒体

社交媒体指互联网上基于用户关系的内容生产与交换平台。社会化媒体是人们彼此之间用来分享意见、见解、经验和观点的工具和平台，现阶段主要包括社交网站、微博、微信、博客、论坛、播客等[1]。

（一）网络社区

网络社区（Network Community），是人类借助计算机技术和网络通信技术，利用互联网模式形成的新型特殊社区，社区的形成基于网民相同的兴趣爱好，通过互联网平台，构成网络空间，满足网民的各类需要。网络社区的类型包括网络论坛、贴吧、聊天室、在线聊天等网络空间形式[2]。

网络社区最初的发展始于 BBS（Bulletin Board System），直译就是"电子公告牌系统"。BBS 能够方便快捷地执行数据的上传下载，实现新闻的阅读，以及用户间的信息交流功能。互联网普及速度的加快，加上多媒体网页的出现，基于文字形式的 BBS 网络地位开始下降，越来越多的是 Web 站点的讨论空间。现在的 BBS 更多是指"网络论坛"，与最初文字形式传播的概念相距甚远。

我国的网络社区原始状态也是源于 BBS。在北京创建的长城站是最早的 BBS 论坛，当时日均访问量仅为十几人次，用户大部分是留学生。随后国家智能计算机研究中心开发出曙光 BBS 论坛，被誉为中国网络社区的开端，形成了我国最早的一批网民。BBS 发展初期的用户对象局限于科技研发人员和计算机发烧友，还有留学生，功能的使用上主要集中在新闻内容的制作和发布，信息的交流，互动式问答。互联网知识的普及催生了各类 BBS 站点，BBS 的优点也被后来出现的应用深度挖掘。大型的个人社区西祠胡同和 ChinaRen 开发出基于群组讨论的网络社区，这标志着中国网络社区又一里程碑事件的出现，ChinaRen 的功能应用更为强大，不仅涵盖游戏、邮件等多种应用程序，还提供主页、日志等一系列服务内容，群组讨论和聊天室的形式也成为当时网站所流行的应用。聊天室作为最早的网上聊天方式，以其便利性深受用户的喜爱。往后出现的"163 网易聊天室"，在线人数最多时达到近百万人。从早期的聊天室的功能应用来看，更多是基于用户的聊天需求。即时通信的出现丰富了沟通方式，传统的聊天室不能满足

1　吴平.网络视频的社会化分享［D］.黑龙江：黑龙江大学，2014：3.
2　王松，王洁.移动互联网时代的新媒体概论［M］.上海：上海交通大学出版社，2018：42.

人们的社交需求，随着信息技术的发展后期又出现了世纪佳缘、百合网等社区交往性质的聊天平台。此外，专业类领域的网络社区欣欣向荣，如以书评、影评、乐评为主的豆瓣网等。各类综合性和专业类网络社区共同发展，集聚了大量网民。

　　纵观全球网络社区，表现形态也呈现多样性的特点。根据主体不同，可以将网络社区分为媒体主办型社区（如《人民日报》旗下的"强国论坛"）、企业主办型社区（如"人人网""开心网"等）、个人主办型社区（国内这类社区大多已经关闭或者转为企业主办）；此外，国内高校通常还有校内 BBS 社区，如清华大学的"水木清华站"、上海交通大学的"饮水思源站"。根据功能的不同，可以把网络社区分为言论型社区（如"强国论坛""中新社区""天涯社区"），此类社区主要是表达个人观点；交易型社区（如"拍拍网""易趣""当当网"等）、SNS 交友型社区（如"人人网""开心网""校友录"等）、生活兴趣型社区（如摄影社区"色影无忌"、户外旅行社区"磨房"等）[1]。例如，天涯社区从 1999 年成立至今一直以其开放、多元的特点受到用户的追捧。天涯社区将博客、论坛作为基础的功能应用，涵盖了虚拟商店、问答个人空间等各类增值服务，已经发展成为综合性的虚拟网络社区和社交平台。天涯社区的精英人士用户群向泛大众化发展，也清楚地反映了中国互联网用户群的变化，越来越多的人成为网民，积极地参与网络话题的讨论，提供各类问题的解答。用户群体的多元化，实现了网络社区整体结构的调整和功能应用的突破，也进一步提升了网络社区价值。

（二）其他社交新媒体

　　Facebook 和 Twitter 的兴起，带动了 SNS 网站的一波热潮，同时其社交属性也促进了社交媒体的发展。Facebook 与 Twitter 在功能上各具特色：Twitter 是基于兴趣，能够让用户发现新资讯，了解最新的潮流趋势。而 Facebook 的重点是社交，能够与用户建立联系，像家人朋友一样交流。Facebook 的分享功能不如 Twitter 强大，广告主们需要更完整的营销活动策略来吸引 Facebook 用户的参与。

　　微信是我国当下使用最多的社交媒体。在这个意义上，我们把社交媒体分为以下几个大类：包括微信、微博、交友类社交媒体（如陌陌、珍爱网等）、通信社交类媒体（如 QQ、LINE、米聊、无秘等，不包括微信）、论坛类社交媒体（如百度贴吧、天涯、QQ 空间、豆瓣、人人、Facebook 等）、生活类社交媒体（如美团、

1　毛秋云.网络民意通道研究［D］.开封：河南大学，2009：13.

去哪儿、携程、大众点评等）、带有社交评论功能的新闻类媒体（如今日头条、腾讯新闻、网易新闻等可评论的新闻 APP）、带有社交评论功能的电商类媒体（如淘宝、京东、小红书等）、带有社交评论功能的视频或直播平台（如优酷、哔哩哔哩、斗鱼 TV 等）。

五、网络视频、网络出版、网络广播、网络游戏与网络直播

手机、掌上电脑等终端设备作为新媒体的主要载体，为视听变革提供最佳载体。智能化的设备，能够从硬件和软件两个角度保证视听内容的呈现效果。随着互联网技术的发展与普及，手机媒体成为网络媒体的延伸，具有网络媒体的优势，日常携带方便。特别是智能手机出现后，可以让受众自行安装软件、游戏、导航等服务商提供的程序，手机功能扩充，并可以通过移动通信网络来实现无线网络接入。手机媒体真正跨越了地域和计算机终端的限制，接收信息即时动态，受众的自主地位得到提高，受众可以自主选择和发布信息；人际传播向大众传播发展，实现了人际传播与大众传播的完美结合。人们通过手机可以通话、上网阅读新闻、收发邮件，进行游戏娱乐、商品订购等。一时间手机与互联网发展走向娱乐类应用服务属性，出现了网络视频、网络出版、网络广播、网络游戏、直播等新兴媒体形态。

（一）网络视频与网络直播

网络视频用户规模和市值不断增加，知名视频网站如腾讯、爱奇艺、优酷土豆、聚力 TV 等，以网络文学、网络动漫、网络影视、网络游戏及衍生品等全娱乐内容为平台，整合开发内容产业链。视频网站继续与其他媒体合作，不仅投资购买电影、电视剧、电视综艺的版权以求成为网络独家播出平台，而且投资用于网络电影、网络剧、网络综艺的制作，大资金、大投入、大制作是网络视频制作的新常规。互联网作为主流媒体的影响力日益突出。从人才聚集效应看，互联网以技术和资本的强大力量聚集了大量传统媒体人才，运营新媒体的人员许多来自传统纸质媒体。同样地，网络视频制作人、网络综艺节目主持人、制作人许多也多来自传统电视媒体。网络文创的核心是原创优质内容的开发和制作。网络视频的运营不是孤立运作的：一是与其他网络文创内容互通互联，合作投资开发，业务布局是全平台布局；二是在制作出品上，网络公司与影视公司、电视台合作出资、联合出品，发行商也采取联合发行、扩大声势的营销策略。网络剧播出渠

道突破互联网和移动互联网，传统媒体与互联网互相渗透，台网联播拓宽了网络剧的播出平台，如网络剧《老九门》《狂飙》，网络综艺《半熟恋人》《约吧大明星》《声声不息》等，在电视台播出的同时，腾讯视频、爱奇艺、芒果 TV 等网络平台提供付费剧集抢先看的业务，不仅台网联动，而且为剧集及时变现提供空间。在制作方面，传统媒体涉足网络视频制作，如中新社出品的《微世界》。各家电视台以及影视剧制作公司也纷纷"触网"，与视频网站联手，加入网络剧制作阵营。从 2016 年开始，流行网络小说变成大热 IP，根据热门 IP 改编的网剧十分抢手，付费观看习惯从网络文学市场迁移到网络视频市场。网络视频制作专业内容生产日益精良的同时，也促进了网络视频形态不断创新，手机媒体上的微视频、短视频、视频直播等形式迅速火爆。

2016 年是网络综艺元年，网络自制节目如网络综艺、网络直播、网络剧、网络电影等类型异彩纷呈，网络视频的形态之一网络直播服务形成网络景观。网络直播业务早期以 YY、六间房为代表，YY 早期以语音业务为主，运营大型多人在线角色扮演游戏聊天之后转向直播平台。2020 年，网络直播用户规模达到 3.88 亿。直播业务如火如荼，各互联网企业纷纷助力视频直播业务，如腾讯视频、爱奇艺、优酷等，细分类的网站如熊猫 TV、斗鱼、花椒等直播平台也杀入市场。

从网络直播的内容类别来看，游戏直播和真人秀直播用户使用率显著提升。视频直播平台内容一般包括电子竞技游戏类直播，娱乐体育节目如演唱会直播以及达人、"网红"直播秀，这类内容可以是"网红"才艺秀，也可以是日常生活秀，例如有主播直播旅游、直播日常生活百态等。诸多直播平台如 now 直播和虎牙直播等推出原创内容激励计划。直播平台专注于优质内容生产（PGC），网络直播的精品生产是发展趋势，而用户生成内容（UGC）制作专业程度低，节目定位难度大。直播平台可实现观众打赏，直播平台通常允许弹幕，允许观众自由评论，随意发表意见，实现用户之间、用户与主播之间实时互动，主播根据用户意见随时调整内容，更新节目。主播在直播空间圈粉丝，粉丝送虚拟礼物向主播点赞，虚拟礼物由真实货币购买。直播的兴盛体现了网民的围观心态，游戏等直播与欣赏比赛相似，有共同观看的乐趣，直播提供了网民了解他人生活的途径，满足了人的渴望关注和被关注的需求。

网络内容产业集中度较高，如腾讯是国内最大的网络游戏、网络文学、网络动漫的内容服务商。网络文学和网络动漫、网络游戏等是重要的 IP 来源。互联网影视制作公司发掘网络文学市场中沉淀已久的 IP，依靠明星团队，进行电视剧和电影的输出，这种商业模式打造了不少精品，热门 IP 意味着高流量，具有较大开发价值和市场价值，网络视频运作常采取影视剧联动方式，有的是先开发电视剧，再开发电影，有的正好相反；或是电视剧和电影由同一家影视公司开发，同期推向市场。例如，网络文学作品《三生三世十里桃花》先有电视剧版，由华策剧酷传播推出，一时走红，拥有大批观众，之后阿里影业推出电影版，并顺势推出与电视版不同的角色主演，引发观众的好奇心。文化内容生产与互联网相互渗透，实现内容产业的资源整合和资本运作。

（二）网络出版

2002 年新闻出版总署和信息产业部颁发了《互联网出版管理暂行规定》，对网络出版进行了明确界定。该规定所称的互联网出版也就是网络出版，是指互联网信息服务提供者将自己创作或他人创作的作品经过选择和编辑加工登载在互联网上，或者通过互联网发送到用户端供公众浏览、阅读、使用或者下载的在线传播行为。其作品主要包括：①已正式出版的图书、报纸、期刊、音像制品、电子出版物等出版物内容，或者在其他媒体上公开发表的作品；②经过编辑加工的文学艺术和自然科学、社会科学、工程技术等方面的作品[1]。

从广义上看，凡是通过互联网这一技术媒介，以文字、图片、音频、视频等形式传播知识、信息、观点的活动，都可以称为网络出版；从狭义上来讲，网络出版指的是那些具有合法出版资格的出版机构，以互联网为载体和流通渠道出版并销售数字出版物的行为，这一概念肯定了网络出版是传统出版手段在电子与网络时代的新形式，主体的合法性、作品的数字化、流通的网络化和交易的电子化，构成了网络出版的基本要素[2]。

网络出版中，最值得一提的是网络文学。网络文学主要是以传统手法创作出来、在网上发表的原创作品，包括在网上"发表"后又被传统出版物出版的文学作品；同时，网络文学也包括利用网络的多媒体和 Web 交互作用创作出来的文学作品，仅在互联网中存在，其代表有多媒体剧本、接龙小说、剧本杀剧本等。

1　宫承波.新媒体概论［M］.9版.北京：中国广播影视出版社，2021：43.
2　周荣庭.网络出版［M］.北京：科学出版社，2004：6.

（三）网络广播

网络广播是传统广播媒介和网络媒介联姻的产物，其形式分为直播和点播两种形式，前者按照固定的节目时间来播出音频节目，主要采取流媒体的技术来实现适用于一些重大活动和突发事件的在线即时报道；后者是将内容按照类别存放于服务器中，受众可根据标题或分类选择所喜爱的节目收听，这种形式节约资源，选择性和针对性强，能够合理地满足受众要求。

世界上最早进入互联网的广播电台是美国的 ABC 广播公司。它于 1995 年 8 月首先利用互联网全球播音，标志着网络广播的正式诞生。在世界网络广播发展热潮的带动下，我国的广播业也开始发展。1996 年 12 月，广东人民广播电台建立网站播出节目，这标志着中国网络广播的正式诞生[1]。随后各地广播电台竞相打造自己的网络平台，1998 年 8 月中央人民广播电台注册开通了网站后，正式更名为中国广播网（后改名为央广网）；1998 年底，中国国际广播电台开办国际在线新闻网站，主要提供新闻文化和经济类信息，以丰富音频节目为特色，提供各类广播在线服务。随着移动互联网时代的到来，网络广播遇到了新的机遇和挑战，一大批原生于移动端的 APP 应用如蜻蜓 FM、荔枝 FM、喜马拉雅 FM 等获得了用户的青睐，得到了很高的下载量和知名度。移动端的网络广播不仅更好地体现了网络广播原有的伴随性、流动性、亲密性等特点，为交通信息、音乐、新闻、有声读物等传统广播电台的专业机构生产内容提供了崭新的传播渠道，更增加了新媒体的 UGC 特性和分享型，为用户原创内容的传播注入了强大的活力，原本传统广播媒介传播的障碍被大众网络消解，个人博客和个人电台成为网络音频平台的利益内容来源。

2011 年 9 月蜻蜓 FM 应用问世，标志着移动音频发展的开端。此后喜马拉雅 FM、考拉 FM、荔枝 FM、懒人听书等应用纷纷上线，移动音频快速发展。各平台着力布局生态内容，移动音频内容矩阵包括有声书、音乐、相声、评书、情感故事、历史、商业财经、人文教育培训、二次元等多种品类。2016 年喜马拉雅率先开启音频知识付费，携手《奇葩说》推出了口才培训节目《好好说话》。喜马拉雅付费内容开设了涵盖外语、情感、商业、音乐等 11 个类别的付费课程，用知识付费为自己带来了巨大的收益增长。2016 年音频直播出现，荔枝 FM 率先

1　张潇誉.移动电台的 PUGC 生态模式探索与实践研究［D］.保定：河北大学，2016：11.

从移动电台转型为音频直播平台,之后喜马拉雅、蜻蜓FM纷纷上线音频直播功能。2018年荔枝FM正式更名为荔枝,完成了去FM化,主打语音直播,注重互动与社交,开发出多种如屏幕聊天、连麦互动、K歌对抗等娱乐模式,增强了观众的参与感和互动感。相比知识付费形式的在线音频,音频直播更注重主播和听众双方的信息和情感沟通,借鉴视频直播经验,音频直播将音频内容和社交互动有机结合,为用户提供了新型的消费内容,也为网络音频平台带来了新的商业模式。目前喜马拉雅等综合性音频平台提供包括音频节目内容、付费音频直播、网络电台有声读物等全品类的音频内容,未来移动音频将朝着付费化、直播化、多平台化和全场景化的方向发展。

(四)网络游戏

网络游戏又称在线游戏,简称"网游",是指以互联网为媒介,以游戏运营商服务器和用户计算机为处理终端,以游戏客户软件为信息交互窗口,可供多人同时参与的以娱乐休闲交流为目的的游戏项目。根据网络游戏的内容不同可分为七大类型:角色扮演类型、动作类、休闲类、策略类或战略类、棋牌类、模拟类以及运动类游戏。网络游戏已经成为资源整合的交互型媒体平台,包括实时聊天、游戏角色扮演、虚拟社区、虚拟财产交易,甚至游戏文化衍生等多种功能,从而为人们创造了一种具有时空压缩、无边界开放、自由匿名等特征的虚拟世界,让人们能够在其中从事探险、交往、竞争、互动、建构认同的社会行为[1]。

(五)网络动画

广义上的网络动画应该包括Flash动画、GIF动画以及通过调用类似Java APPlet这样的小程序由静态图片制作而成的动态画面等。伴随动画技术和相关软件工具的不断创新,网络动画也获得了良好的发展机会。1999年世界著名的动画独立创作者乔·希尔兹用Flash软件制作了一部动画短片叫《搅拌机里的青蛙》,可算是Flash动画的伊始。同年,在网络动画界赫赫有名的"边城浪子"率先提出了"闪客"这一概念。随着视频网站如风暴、B站的兴起,Flash动画热度不断下降,2009年闪客帝国关闭,促使很多独立制作人转战成为网络动画的中坚力量,曾经的闪客皮三于2011创作的《泡芙小姐》火爆网络。在国漫领域,腾讯企鹅影视自制国漫一路领跑,B战国创区的月活跃人数首次超过番剧区。网络

---

1 应蓉珊. 新媒体对大学生群体的影响研究 [D]. 重庆:重庆大学,2010:10.

动画整体呈现出多维度发展、受众从低龄化小到全龄化阶段发展的特点。

六、智能媒体

（一）智能可穿戴设备

1. 智能可穿戴设备的内涵

智能可穿戴设备是综合运用各类识别、传感技术、云服务等交互及存储技术实现用户交互、生活娱乐、人体监测等功能的智能设备。智能可穿戴设备行业按照应用领域可以划分为医疗与保健、健身与健康、工业与军事及信息娱乐等。智能可穿戴设备的功能覆盖健康管理、运动测量、社交互动、休闲游戏、影音娱乐等诸多领域。

2. 智能可穿戴设备的分类

智能可穿戴设备行业按照产品形态可分为智能眼镜、智能手表、智能手环、智能头盔等。可穿戴设备通过连接互联网，同时与各类软件应用相结合，使用户能够感知和监测自身所处环境的状况。

3. 未来可穿戴设备市场发展趋势预测

2021年仍将是市场发展的一年，市场探索期继续。可穿戴设备可开发空间无处不在，作用也不尽相同。但就目前的产品类别来看，手环数目少，且不具备能够影响未来市场发展的态势，所以多产品类型发展仍将继续。可穿戴设备及其衍生出的智能设备均可列入物联网范畴。从可穿戴设备概念提出至今并未有重量级产品问世，且设备所产生的辐射对人体危害也在进行多方评估。设备连接协议的多样化也使得设备之间的可连接性更强，未来发展将不会局限于现在主流的蓝牙连接形式，也不会限制在与手机连接的单一形式。智能手机与PC阵营企业将更倾向于可穿戴设备领域，互联网企业进一步支撑产业发展。可穿戴设备领域利润巨大，且面临着手机与PC市场的用户饱和，可穿戴设备领域拥有更多的发展空间；可穿戴设备领域的技术与连接避不开互联网企业的影响，当产业形成规模后，互联网企业更有可能主导未来产业发展趋势。

（二）智能音箱

智能音箱是在传统音箱基础上增加了智能化功能，这功能体现在两方面：其一，技术上具备Wi-Fi连接，可语音交互；其二，功能上可提供音乐、有声读物等内容服务、信息查询、外卖、O2O 等互联网服务，以及场景化智能家居控制功能。智能音箱需要具备语音交互能力，可提供内容服务、互联网服务以及场景化智能家居的控制能力。智能音箱因其作为"语音交互＋智能家居"结合的产物，目前风头正盛，但是未来物联网语音入口是否就一定是智能音箱，断言还为之过早。5G 带来新的交互方式及认知的改变，带来更多的新形态产品，可能是一面镜子，可能只是个屏幕，更可能是一种介质，是一种无形。中国智能音箱市场增长迅速，市场空间大。

智能音箱的发展呈现以下特点：①音乐版权、音视频内容和物联网技术是智能音箱厂商竞争重点；②线上渠道仍是主要的售卖渠道，出货量和激活率高于线下。

智能音箱未来发展趋势如下：

①智能音箱产品在往更加细分和更好体验的方向发展；

②作为入口的智能音箱能有更多机会通过交互实现算法优化，用大数据实现用户的精细运营，但目前仍处于探索阶段；

③智能音箱背后的未来是一个虚化的、带有科技感的、有趣的语音生活助手，产业正在形成新的竞合关系。

（三）写作机器人

写作机器人，顾名思义就是可以根据大数据算法在事件发生后的较短时间内迅速自动生成新闻稿，并且能够在第一时间内将新闻资讯推送给需要的用户的人工智能软件。写作机器人的写稿过程一般分为三部分，第一步是采集处理数据，然后是分析数据，最后是匹配模板。写作机器人最初是 2006 年在美国使用，撰写财经方面的新闻。我国使用这一技术应用起步较晚，始于 2015 年腾讯科技公司研发的财经机器人"Dreamwriter"。随后今日头条推出"xiaomingbot"，《南方都市报》的"小南"、新华社体育部的"快笔小新"、第一财经的"DT 稿王"也相继投入使用 [1]。2019 年 8 月，由中国科学报联合北京大学共同开发的写作机器人"小柯"也正式开启"写稿"生涯。

机器人写作是人工智能等技术与媒体实践结合形成的智能媒体实践之一。借助大数据、人工智能和自然语言处理等技术，写作机器人可以自行撰写某些类型的新闻稿件。应用于新闻传播领域的机器人写作，其作品亦称自动化新闻。自

1　刘平．人工智能与学术出版融合发展的机遇、挑战与应对［J］.贵州社会科学，2019（8）：162-168.

动化新闻、写稿机器人和机器人写作等概念的提法侧重点各不相同，分别从不同的主体去理解整个过程。

（四）ChatGPT 聊天机器人

ChatGPT（Chat Generative Pre-trained Transformer）是美国 OpenAI 研发的聊天机器人程序，于 2022 年 11 月 30 日发布。ChatGPT 是人工智能技术驱动的自然语言处理工具，它能够通过理解和学习人类的语言来进行对话，还能根据聊天的上下文进行互动，真正实现像人类一样聊天交流，甚至能完成撰写邮件、创作视频脚本、设计文案、文本翻译、编辑代码、修改论文等任务。截至 2023 年 2 月，这款新一代对话式人工智能在全球范围狂揽 1 亿名用户，并成功从科技界破圈，成为历史上增长最快的消费者应用程序。这类人工智能技术可能为商业和民生带来巨大的机遇。科大讯飞董事长刘庆峰提出，类 ChatGPT 可能是人工智能方面最大的技术跃迁，应当加快推进中国认知智能大模型建设，在自主可控的平台上让各行各业尽快享受 AI 红利，让每个人都有 AI 助手。但人工智能同时也伴随着风险，因此欧盟正在考虑设立规章制度，以确保规范使用，确保向用户提供高质量、有价值的信息和数据。

七、其他新媒体

（一）数字电视

数字电视是指从演播室到发射、传输、接收的所有环节都使用数字电视信号的全新电视系统，该系统所有的信号传播是通过由 0 和 1 数字串所构成的数字流来传播的。数字信号的传播速率是 19.39 兆字节 / 秒，如此大的数据流传递保证了数字电视的高清晰度，克服了模拟电视的先天不足[1]。

（二）户外新媒体

户外新媒体是指有别于传统的户外媒体形式（广告牌、灯箱、车体等）的新型户外媒体。户外新媒体以液晶电视为载体，如楼宇电视、公交电视、地铁电视、列车电视、航空电视、大型 LED 屏等，主要是新材料、新技术、新媒体、新设备的应用。它也可以是与传统的户外媒体形式的结合，从而使传统的户外媒体形式有质的提升。

1　肖永亮 . 文化创意产业中的电视业态［J］. 现代传播（中国传媒大学学报），2008（5）：7-9.

第二节　场景构建的新传播途径

移动互联网内容生态欣欣向荣，依托移动终端发展，不断孕育出新的形态内容，随着智能终端的发展和人们精神消费品质的不断升级，用户需求驱动着内容消费形式的不断革新，深刻地改变着移动互联网下的内容生产、分发、传播、消费全过程，不断拓宽原有应用场景和边界。内容作为直接的消费对象，以在线音乐、有声音频、长视频、短视频、动漫、在线阅读、社交网络、直播、资讯和游戏等典型类型为代表，共同构成当下丰富多样的移动互联网内容生态[1]。

马尔库塞在《单向发展的人》中描述："当技术成为物质生产的普遍形式时，它就制约着整个文化，它设计出一种历史总体——一个世界。"[2]随着虚拟和真实的深度渗透融合，未来信息产业和实体行业也将深度融合，我们不仅要看到 VR 在技术层面的功用，更应该注意到它本身所承担的信息传播载体和渠道等作为媒介的连接功能，不仅可以像传统媒介那样能连接人与信息、人与人，还可以连接人与物、现实世界与虚拟世界、人的物理世界和心理世界等。进一步讲，场景将决定未来技术的使用方式，企业也将通过场景触发用户的服务需求，并且让聚合各种资源的关键节点实现变现。

场景传播实际上是特定环境下的个性化传播和精准服务。场景作为一种人为构造且被建立的环境，其功能特性在于促进特定用户与用户，用户与生产者以及用户与产品（或服务）之间的连接、集合、协同及价值变现，因此是未来线上世界最为重要的市场变量和要素范畴。场景在连接社会资源方面发挥着社会功效。场景的本质并不止于在微观层面通过信息适配为受众提供更具想象力的服务，而且在宏观层面成为重构社会关系、开启新型关系赋权模式的重要力量和关键推手。

场景按界面划分为现实场景、虚拟场景、现实增强性场景；按功能划分为满足不同需求的使用功能场景和享乐功能场景。场景的本质是一种赋权模式，社会要素与表征要素共同影响场景，界面的形式与功能满足是划分的重要维度[3]。未来对于产品的研究中或许交叉学科将是一种趋势，从虚拟网络空间场景与用户交互性体验、虚拟网络空间场景产生的传播效果和用户信息接收习惯等方面着手，

1　参见腾讯网发布的《2020 年中国移动互联网内容生态洞察报告》。

2　马尔库塞.单向发展的人：发达工业社会意识形态研究［M］.刘继，译.上海：上海译文出版社，2014.

3　喻国明，曲慧.网络新媒体导论：微课版［M］.北京：人民邮电出版社，2021.4：89-90.

具有更深层次的实验和探讨。

场景对传播范式带来的变革主要有以下三个方面：其一是关于环境的建构，其二是关于第一人称主体的建构，其三是场景将成为重构人际关系的重要纽带。未来的场景发展会摆脱实体空间的场景局限，强调时间和空间一体化的实时体验，构建一个虚拟时空场景，突破了空间与环境的限制。在基于血缘、地缘性的群体以外，趣缘成为不断创造社会新群体的途径和方式[1]。差异性群体信息需求成为5G时代场景传播关注的重点，不同群体在不同场景下的特殊信息区别成为5G时代场景挖掘的方向。场景将以算法和数据为基础的人工智能变得更加有温度，它可以深刻洞察与理解人的实时需求并提供与之匹配的精准服务。

一、何为场景？

在罗伯特·斯考伯（Robert Scoble）和谢尔·伊斯雷尔（Shel Israel）合著的《即将到来的场景时代》首次提到"场景"。他们认为，场景时代的到来依托5大技术的支撑，即"场景五力"，分别是移动设备、社交媒体、大数据、传感器和定位系统[2]。彭兰对场景的概念及构成作出了初步的分析，一是认为场景一词应同时涵盖基于空间和行为心理的环境氛围，场景包括情境；二是总结出构成场景的4个要素即空间与环境、用户实时状态、用户生活习惯以及社交氛围[3]。场景可以承载内容、社交、游戏、用户分享等多种服务，为场景中的用户提供良好的用户体验。在实现商业变现的过程中，场景的作用通常有两种：一是在用户原来的诉求基础上提出解决方案；二是挖掘用户潜在的痛点，提出用户的深层次需求，构建一个新的场景来解决用户需求。归根结底场景的最大意义，其实还是发现用户需求，最大限度地服务和满足用户。例如微信的春节红包，在春节阖家团圆的场景中提供和满足用户的社交需求；智能语音阅读，在身体锻炼、家务劳动和驾车行驶的场景中解决用户繁忙之际获取信息的需求；滴滴等打车软件构建了服务场景，淘宝等购物软件构建了消费场景，快手等短视频构建了陌生人社交场景等。

5G时代的到来，数字革命性更迭为VR的市场发展和形态丰富提供了良好的基础性支撑。VR建构的场景属于虚拟性场景，模拟的是完全独立于现实世界

1　喻国明，曲慧.网络新媒体导论：微课版［M］.北京：人民邮电出版社，2021.4：90.

2　罗伯特·斯考伯，谢尔·伊斯雷尔.即将到来的场景时代［M］.赵乾坤，周宝曜，译.北京：北京联合出版社，2014，11.

3　彭兰.场景：移动时代媒体的新要素［J］.新闻记者，2015（3）：20-27.

的虚拟世界，通过隔绝式的音视频内容带来沉浸感体验，通过交互提高感官体验，强调的是感知交互和场景的融合。目前，VR 新零售也是场景汇聚商业资源实现变现的一大趋势。VR 应用开启了由传统零售业以零售商为中心向以消费者为中心转变的道路。人人可以足不出户感受到现实感更强的虚拟购物体验，从而有效弥补线上购物的缺陷，加速市场的智能化和自治化。从 2019 年开始，零售业成为 AR 和 VR 领域最大的投资者之一，场景在连接社会资源方面发挥了重要社会效应，它的本质并不在于微观层面上通过信息适配为用户提供更具想象力的服务，而是在宏观层面上成为重构社会关系、开启新型关系赋权模式的关键推手。未来，场景也将成为新媒体技术发展的主流。

二、场景的构建及传播

场景传播是指特定情景下的个性化传播和精准服务。场景传播可以分为两个阶段，第一阶段着重于"场"，即主要是在大众传播同质化信息的基础上，解决人们不同情境下的个性化信息需求和服务的精准适配，目前的技术发展正处于这一阶段，典型的场景技术是微信；第二阶段着重于"景"，是在解决人们不同情境下个性化信息和服务的适配后，产品技术将在视觉呈现和沉浸式体验方面迈进，典型的场景技术是 VR、AR、MR、XR 等。这些技术实现的虚拟场景构建，可以让受众在未来传播中不拘泥于现有的生活场景，而是根据自己的意愿去模拟真实世界，甚至创造出完全虚拟的世界，将生活中难以实现的特殊场景加以呈现。用户也可以自己设定虚拟场景、虚拟形象，可以将与自己交谈的对象及其所在的场景完全传输到交谈用户 VR、AR 等设备中，完成实时真实的交流。此外，通过这些技术建立的场景可以分享，甚至建立一种虚拟现实跟真实之间的无缝连接，这就是一种升维的表达形式，这种场景一定会对相当多的互联网产品有代替性。5G 的成熟在促进传播速度加快的同时，沉浸感方面也发生了革命性改变。伴随5G 时代的到来，VR、全息投影与可穿戴设备的普及，人类社会也迈入一个高度智能化与实时交互的沉浸传播时代，这将重新定义传统的传播形态。沉浸传播打破了传统意义上虚拟与现实的对立，带来了二者的无边界交融，势必会对人类的价值建构、认知行为、生活形态及社会根本性结构等产生重要而深远的影响。沉浸传播模式包含了一切过往的传播形态，将大众传播和人际传播更紧密地融为一体，正如麦克卢汉所说的"媒介即人的延伸"，沉浸传播时代万物皆媒介，人体自身也会成为传播过程中的重要介质，这将突破非沉浸传播时代受众在信息传播过程中的"不在场"。网络并不再处于一切媒介的中心点，而包括人体在内的各种媒介都可以找到连接内容和"身体在场"的重要位置。

三、场景构建的未来突破

5G 技术的发展推动了人工智能、大数据和物联网的发展，未来的场景建构主要会在空间环境、用户习惯与需求、算力算法三个方面寻求突破。

（一）空间环境

空间环境是物理层面上的概念，被学界认为是场景构成要素之一。在场景传播中，要求摆脱实体空间场景的局限，更强调时间与空间一体化的实时体验，例如网络直播构成的虚拟时空场景，突破了时空和环境的限制。随着 5G 的普及，虚拟时空场景搭建成本大大降低，新的媒介形态和形式将带来更多形式的新场景，与此同时，特定场景中环境空间的边界将变得越来越模糊。在 5G 时代，互联网与物联网发展融合过程中，对场景的划分变得极为困难，所有服务的提供都由线上和线下共同参与。

（二）用户习惯与需求

随着移动互联网的发展，社交软件激发了用户的社交属性，社交成为人们生活的基本需求，5G 的发展将带来社交沉浸式传播，以社交平台为依托，与不同属性的用户形成交互传播，使场景成为社区，基于群体的不同需求将其归为不同社区，适配于差异化场景之内进行社交传播。差异性的群体信息需求成了 5G 时代场景传播关注的重点。与 PC 时代互联网传播相比，移动时代场景的意义被大大强化，移动传播的本质是基于场景的服务，即对场景的感知及信息服务的适配。个体能量及需求成了资本追求的重点，未来个体的个性化需求与习惯将成为场景构建的热点。有些场景将完成对个体习惯性与偶然性需求的全方位感知、挖掘、适配和满足。未来的场景传播中技术给予个体足够的支持，使其可以在网络中兼有多重角色，在多维场景中来去自由。个体在不同时空身份的需求转变，将成为场景传播的挖掘重点，实现从内容到场景的精准服务。现在基于数据挖掘的平台和产品不在少数，但其推荐的精准性仍然集中在内容方面，通过对互联网中海量信息进行整合分类处理后，向不同群体的用户分发不同内容。5G 时代底层技术推动场景发展，定位系统实现实时精准反馈，传感器触点增多，数据的容纳能力、传输及计算速率均实现大幅提升，逐渐实现场景的精准化传播，兼顾用户所处时间、空间特征和兴趣、心理、情绪、意愿等多种需求，从而实现了精准传播从单线到多维、平面到立体、静态到动态的飞跃。未来在抓取用户个体习惯和需求时，更为重要的是识别其在不同场景中所属的不同群体，将群体性需求与个体需求相调适，以达到用户的最佳体验。

（三）算力算法

在社会化媒体时期，社会化分享和算法是信息分发的主要形式，算法的应用较为单一，主要体现在个性化分发上，典型的代表是今日头条、抖音。5G强大的连接力将万物万事连接在一起，并为万物之间的信息交换提供渠道支撑。随着物联网和传感器不断提供大量全范围的实时交互数据，未来的算法将拥有更加庞大的数据源来分析。媒介演化"人性化趋势"的理论表示：技术发展趋势是越来越人性化，技术在模仿甚至复制人体的某些功能，是在模仿或复制人的感知模式和认知模式。在5G时代用户的更多行为数据将得到分析，海量的数据将会使算法更加精准，智能算法将更加智能化、人性化，甚至可以变现。以算法和数据为基础的人工智能将向下一等级发展，变得更加有温度，它可以洞察和理解人的实时需求及当时场景中不同个体的实时氛围数据，并为其提供相匹配的精准服务。目前，算法已经不仅仅是信息分发的工具，也是洞悉用户需求，为用户提供适配场所的重要工具。算法将创新和深化人们当今的连接方式。人们不仅仅只是靠血缘、业缘、地缘的强关系，而是在网上的亲密关系通过算法将用户群体，从全社会的范围内连接起来，形成新的社区，未来可能会形成以算法为主导的社交场景，形成算法架构的社交氛围，出现新的媒介社交形态。目前有一些社交软件已经尝试了算法连接用户的模式，如社交软件Soul通过用户的测试数据分析出用户特点以及性格趋势，再通过智能算法及其匹配与自己适合度更高、更相似或者更默契的用户。在5G时代，通过对海量用户数据的分析，智能算法能更全面地抓取用户的网络行为与认知态度。算法将在全网络以及全社会中以兴趣爱好、实时需求等将人们划分为不同的社区，为其提供适宜的社交场景和氛围，未来将形成以智能算法为核心连接的社交氛围和社会结构。

第二篇

新生态:新媒体视听内容及艺术融合

　　新媒体的内容生产方式较之传统媒体已发生了重大变革,视听语言的传感性和交互性成为新艺术语言表达思想价值、审美价值和社会价值的前提和基础。新媒体如何在内容定位、语言特色、文化表征上彰显属于自己的独特魅力和技巧,并更好地为新媒体应用服务,在大众使用最多的微信、微博、短视频中发挥优势,并通过案例分析三大新媒体平台内容生态的特色和要素,这是本篇关注和介绍的重点。

第四章　新媒体的内容范式

第一节　新媒体的内容定位

探讨新媒体的内容定位，首先明确什么是定位？用市场营销学的专业术语来说，定位能使产品在消费者心中植根一个适当的位置，消费者产生需求时会第一时间想到它，从而产生购买行为。延伸到新媒体内容定位就是通过长期有价值的垂直内容输出，让受众有需求时就想到它，后期更容易实现变现。定位的目的就是确定内容方向，持续稳定且更高效地输出，将有价值的垂直内容输出给受众。通过定位，创作者能对目标受众有清晰的认识（用户是谁、有怎样的特点、对内容有怎样的需求和痛点），从而针对性地进行创作，有的放矢。

内容定位一般而言具有四大功能和作用，分别为：①指导新媒体内容创作的方向；②迅速捕捉和房获受众心理，使得后期变现更加容易；③有效地与其他竞品区分，实现差异化竞争；④确认目标受众，了解受众需求，针对性地进行营销。内容该如何定位？我们先来关注几个成功案例：李子柒的内容是"疏远的文化传统也可以零距离接触生活点滴"，熊本熊的内容是"二次元的贱萌也可以在三次元生活中温暖你"，钢铁侠的内容是"真正战胜敌人的不是外在强悍的钢体，而是柔软却强大的内心"……这些例子都在讲述一个能传达核心价值的故事，所以定位内容不是在编剧情，而是通过故事传达价值理念或体系。内容定位首先是让故事能包含价值核心，其次是让故事能和大众产生联系。而与内容定位紧密关联的场景定位、用户定位等，也是新媒体生产和运营环节中不可或缺的要素。

一、内容定位的原则

新媒体内容定位要遵循五大原则：①内容风格统一；②内容输出高频；③满足用户需求；④符合营销目的；⑤符合人设形象。

二、内容定位的流程

新媒体的内容定位首先是要把内容作为产品去思考，内容生产必须要考虑到与受众相关的关键词，从核心卖点剖析受众所面临的或亟待解决的问题；其次是内容要具备行业咨询信息科普的特点；最后要对内容进行精准化、专业化的包装。

（一）圈定目标人群

圈定目标人群是指圈定具有重要价值的用户群。原则上来讲，一个产品的目标用户范围通常比较广，而在这个大范围的用户群体中，并不是每一个用户都能为产品创造价值，用户对产品的接受度、了解度都会影响到最终的营销效果，企业不可能在每一位可能的用户身上投注成本，因此需要圈定核心目标用户，尽可能缩小投入范围，解析核心目标用户的消费方式、消费习惯和消费理念，挖掘他们的卖点和痛点，针对核心目标用户部署内容的营销策略，提高推广的精准性。

（二）确定营销模式

不同的产品和品牌、不同的营销目的、不同的营销途径，通常都会有各自适合的营销方式。比如很多知识型自媒体喜欢通过出书、发布热门文章的方式进行推广，一些知名的达人、公众人物喜欢通过演讲、直播的方式来进行宣传，很多网络红人喜欢通过拍视频的方式进行内容传播，更完整地对营销内容进行表达，或者该营销方式是比较擅长的领域，就可以针对所选择的营销方式进行专门的内容策划。

（三）寻找适合的媒介

新媒体为内容营销提供了非常更广阔的平台，每一个平台都有特点和优势，可以根据具体的营销策略选择适合自己的平台或者全平台进行推广。此外，还可以借助有影响力的人力因素进行推广，比如自由撰稿人、合作伙伴的推广渠道、行业意见领袖、高人气达人、忠实优质的粉丝等。

（四）对内容进行策划和包装

好内容需要好宣传，懂得适当地在不同时间段上反复使用、包装内容，可以有效增加内容传播的宽度和广度，同时保持内容在核心目标用户中的曝光度。

（五）打造内容亮点

在进行内容营销的过程中，往往难以保证每一个内容推广的亮点，但依然要将亮点作为内容营销的重点，要注重内容的关键词、视频封面的设定、品牌效应、账号价值和用户感受。

（六）设计便捷的转化入口

一般来说，用户刚接受信息的时候是转化的最佳时刻，时间间隔越久，入口操作越复杂，用户的转化行为就越低。内容营销的发布渠道很多，每个渠道都拥有不同的入口和功能，因此营销人员可以选择适合的渠道进行内容的营销和发布，也可以自己制作方便用户转化的二维码或导向链接。

（七）效果的追踪和反馈

衡量内容营销的质量和效果可以遵循内容制作效率、内容传播广度、内容传播次数、内容转化率等指标。根据各项指标的实际表现对内容营销的效果进行评价和判断，再对表现不佳的指标进行优化改善，从而获取更大的营销价值。

三、内容定位的误区

在信息泛滥的新媒体时代，要想在众多信息中脱颖而出，需要避免内容营销的一些误区，如脱离消费者的需求和心理、主创团队未进行系统规划、广告植入不当、忽视传播作用等，使内容更加精练、简洁，具有独特的艺术风格，更容易吸引受众点击阅读。

第二节　新媒体的艺术语言

将"语言"（Language）这一名词放入新媒体的研究视野，并不是说需要回到符号学的结构主义阶段来理解新媒体。新媒体的艺术语言主要指的是不断浮现的全新惯例、反复出现的设计样式以及新媒体的主要形式。新媒体的语言特性符合了语言自身的符号性、社会性和系统性，同时在不同的环境下，新媒体的语言传播具有社交功能、思维功能、文化功能和聚合功能。

一、新媒体语言的特性

新媒体的艺术语言兼具语言和网络的双重属性。网络是一个对话的场域，在这个场域中依靠语言和符号进行内容的及时传播和反馈。当语言符号遇上互联网，新媒体的超文本性促使用户脱离了传统语言语义结构的桎梏，使新媒体语言具有更加强大的创造性和超时空性。

新媒体的艺术语言更加注重数字化的呈现，具有技术和艺术的双重审美特性。新媒体对象即文化对象，因此，任何新媒体对象，不管是网站、计算机游戏还是数字影像，都可以被称作一种对外部所指的呈现或建构。外部所指包括客观存在的对象、历史信息、文化整体等。软件交互界面（包括操作系统和应用软件）如何成为一种呈现，通过特定的组织数据的方式，软件交互界面凸显了这个世界和人类主体的特定模式。例如，当下主要有两种管理计算机数据的方式——分级文件系统（1984 年麦金塔电脑带来的图形用户交互界面）和"平面的"、无层级的超链接网络（20 世纪 90 年代的万维网），它们以完全不同的方式呈现世界。分级文件系统认为世界可以被归纳为逻辑性的、有层级的秩序，其中每个客体都具有独特的、明确的位置。万维网模式认为每种个体具有同样的重要性，一切事物都是相互联系的，或者说是可以被相互联系起来的。交互界面也凸显了某些数据处理模式，而这些模式与特定的艺术或媒介技术有着传统的关联。因此，交互界面实际上是旧文化形式和旧媒体的"呈现"，它凸显了某些形式和媒体，以牺牲另一些形式和媒体为代价[1]。

所有的新媒体对象，无论是完全由计算机创建出来的，还是从其他的模拟媒体资源转化而来的，都是由数字符码构成的。这就是所谓的数值化呈现（Numerical Representation），这一事实带来了两个重要结果：①一个新媒体对象是可以用特定的形式（数学形式）来描述的；②新媒体对象受算法操控。由计算机创建的新媒体对象在本质上是以数字的形式呈现的，在这个过程中，数据最初具有连续性，将连续性数据转化为数值化呈现，这个过程就叫作"数字化"。数字化包含采样和量化两个步骤。首先，我们对数据进行采样。其次，我们对每一个样本进行"量化"，即赋予其一个特定范围内的数值。最后，数字化是重要的一步，它使得样本的量化得以实现。新媒体遵循的是另一套后工业社会的、完全不同的逻辑——个人定制，而不是大规模标准化，新媒体在这方面走在了时代前列。

二、新媒体语言的类型

新媒体的艺术语言类型是多样的，无论是文字、图片、声音、影像都承载着内容生产和价值表现的使命，甚至科技改变了传统语言思维，转向了全新的媒

1　列夫·马诺维奇.新媒体的语言［M］.车琳，译.贵阳：贵州人民出版社，2020，8：54.

体创作模式。现阶段，对新媒体语言的划分有广义的新媒体语言与狭义的新媒体语言两种。广义的新媒体语言指的是一个完整的传播系统，在新媒体行业中所使用到的一切可以传递信息、表达观点的事物，都可以称作新媒体语言。例如，个人手机短信、网站头条信息、淘宝图文结合的商品介绍等，它是一个广义的范畴。而狭义的新媒体语言指在新媒体环境下所使用的文字，图像，表情包等[1]。

当下，数字技术和互联网的发展带来了新媒体影像艺术的深刻改变。新媒介的变革产生了自己的"数字美学"或新媒介美学，也带来了媒介文化的巨大革命。现在似乎已经不能完全用图像文化时代来概括我们所处的时代了，媒介跟语言、形式、审美、思维，这些都是互相混杂在一起的。从2D绘画、3D影像和VR体验，一步一步从媒介到语言、到语法的变化，不断地深入发展至"沉浸"阶段[2]。随着人们眼界的拓展，一般的影视3D效果满足不了大众对三维立体成像视觉效果需求，全息影像技术、新型数字全息技术和水雾幕布等成像媒介的出现和发展，全息影像成为新媒体艺术的语言，与新媒体艺术相结合。借助全息影像艺术语言去创作艺术作品，利用光原理形成具有真实维度空间的立体影像，使观众能够看到浮显在空间中不断变幻的影像和图形，将全息影像技术融入艺术创作，把艺术作为立足点去进行再创造，运用其自身逼真性，立体三维与假定的虚拟性的特质可以给观众带来新的艺术体验，更能满足观众内心对幻觉的渴求。全息影像技术还会追求更高影像的色彩鲜艳，对比度、清晰度和三维成像技术，实现真正的空间成像，在艺术创作中加入媒体交互模块，融入了视觉、听觉、嗅觉、触觉的多种形式。采用全新的全息影像技术与新媒体艺术相结合，启迪艺术家的创作思路，创作出更好的艺术作品，彻底颠覆传统的被动观看展示作品的审美体验[3]。

新媒体UGC生产的方式导致新媒体语言除了有面向广大群体的通俗性、逻辑性、时效性表达，还有个体语言和自媒体语言的个性化、多元化表达。网民的个体语言没有明确且统一的风格，它主要取决于网民不同的兴趣偏好及文化素养。这种自发性的语言往往更具有生命力和情感表达力。在信息时代，受众具有双重身份，既是信息生产者，也是信息传播者和接受者。因此在信息的接受与传递的

1 明雨晴.新媒体语言的特征［J］.北方文学，2019（12）：245-246.
2 陈旭光，邱章红，车琳，等.新媒体、新影像、新语言：新技术赋能下的新媒介艺术［J］.视听理论与实践，2022（1）：3-14.
3 靳晓飞.全息影像作为新媒体艺术语言的研究［D］.大连：大连工业大学，2014：21.

过程中，新媒体语言充当了承载情绪的纽带。新词语表达的聚合产生与个别语义的转变，使得新媒体语言所赋予的信息文化有了时代特征。另外，如今微博"网红"团队、B站UP主、微信公众号等自媒体的发展，促使自媒体语言呈现多模态、多平台的特点。现阶段，微信、知乎、百度贴吧、微博、抖音都是自媒体团队的主要发展平台，多模态的发展模式不仅能增强消费性，还能够提高语言的传播效率。自媒体语言并不像传统媒体一样，以文字、图片为主，他们更倾向于采用视频、音频的方式，使语言存在于多个维度下，对标题夸大且进行精加工。自媒体语言风格灵活多变，力求语言风格的独立，根据某一类型人群的审美需求不断进行调整变化，努力在语言风格上形成自身特色，打造品牌效应。自媒体行业的标题以中短标题为主，且形式夸张，被戏称为"标题党"。例如，胡辛束团队"辛里有束"的客户群体相对年轻化，其公众号内容的核心关键词是：轻"污"、敏感、柔软、情绪化、好奇宝宝、永远十八岁。通过这些词语，吸引那些一、二线城市18~27岁且追求自我提升的女性。在微博上，胡辛束的创作方式主要是"辛束一句画"，用金句加漫画的形式，表达出恋爱的小巧思。在公众号上，她主打"一个人的少女心贩卖馆"，讲述自己或其他女生的小故事、小情绪，配着简约软萌的漫画小人，以一句晚安结尾。胡辛束的定位是"少女造梦机"，怀有少女心的女性往往对于情绪的要求很高，她们希望能够有一个载体，帮助她们来抓住某时某刻的情绪，并且去放大这种情绪，而胡辛束则通过文案、图片、视频实现了她们的需求。

胡辛束大事记

2013年3月，胡辛束因插画作品《我心中的10%先生》大火；

2015年1月，正式运营公众号"胡辛束"，广告成为江湖必杀技；

2015年3月，推送《像机器人一样爱你》，总阅读量达330万，转化粉丝3万；

2015年12月12日，出版第一本书《我想要两颗西柚》；

2016年3月，成立"辛里有束"公司，成为CEO；

2016年6月30日，"辛里有束"获真格基金、罗辑思维450万元天使投资；

2016年11月，出版了《世间不止悲伤与脂肪》；

2017年4月，胡辛束入选福布斯亚洲地区30岁以下最具影响力的名人榜单。

第三节　新媒体的文化形态

一、依托媒体的文化延伸

在不同时期，大众文化借助不同媒介进行传播和传承，能够在受众偏好和新媒体的双重助力下，实现较好的传播；流行文化的快速发展导致传统文化相对缺失，但在新媒体环境中，对传统文化的重视程度也在不断提升，优秀传统文化得以发扬光大。因此，媒体与文化之间的关系可谓相辅相成，文化是媒体内容生产和传播的保证，媒体是文化输出的重要渠道，二者缺一不可。

作为文化传输渠道的媒体，作为信息生产者和传播者的媒体人，作为媒介技术发明的科技人员和作为推动者的受众等，每一种角色都对文化起到至关重要的影响。这种影响并非线性的，而是双向的，文化能够成为潜在的媒体热点，而热点是当下媒体环境最偏好的话题目标之一。

二、大众文化走向分众文化

1964 年，理查德·霍加特在英国伯明翰大学成立"当代文化研究中心"（The Centre for Contemporary Cultural Studies，简称 CCCS），其研究内容主要涉及大众文化及与大众文化密切相关的大众日常生活，包括电视、电影、广播、报刊、广告、畅销书、儿童漫画、流行歌曲、室内装修、休闲方式等。值得思考的是，知识分子关注的焦点并非媒介本体，而是媒介所带来的大众思维方式的转变造成本雅明所谓"光晕"逐渐消失的事实[1]。人与人之间越来越平等，那么精英将何去何从？在当下流行文化勃发的时期，精英性逐渐被流行消解，这是大众文化的发展现状，也反映出文化从大众向分众转变的事实。

分众，与聚类对应。当下受众偏好较之以往而言发生了极大的转变。以中国影视受众为例，20 世纪 80 年代的集体回忆和疗伤早已过去，从 20 世纪 90 年代开始，商业化浪潮席卷而来，市场化也带来更多维的偏好度。垂直细分的电影类型的出现，就与这种多维偏好度对应。再如，在流行的二次元文化中，其中"宅"就可细分为技术宅、铁道宅等诸多属性，每一个属性与每一个聚类的受众群体对

1　宿志刚，谢辛 . 视听新媒体概论［M］. 北京：人民邮电出版社，2017：36.

应，而这些不同的小群体又组成以"宅"为核心的大群体，足以见得当下分众文化的力度与深度。未来，分众文化将以垂直细分的方式出现，这种细化在发展到某个阶段时，将受控于主流文化意识，又或者说，细化从一开始就指向主流文化形态。

三、文化形态的多样性

（一）通俗文化的物质性

当下，通俗文化与物质、商业、市场等词汇相契合，体现出强大的变现能力，这一切源自互联网媒介带来的更为广泛和深入的传播属性和变现潜力。

（二）传统文化的精神性

一直以来，传统文化与精神需求之间呈正向相关性，优秀的传统文化代表着几千年来的历史和文明积淀，等同于我们的精神内核和精神价值。

（三）文化的价值传承性

媒介化生存的现状，对文化价值和传承提出新的挑战。如何取其精华、去其糟粕？如何实现文化价值的有效、精准传承？如何借助媒介热点开启文化传承的大门？这些都是新媒体发展与文化形态关系间需要思考和平衡的问题。

（四）对文化的诟病与摒弃

与价值传承并存的是对文化的诟病，甚至摒弃。尤其对于流行文化而言，快销性决定其可能出现得快、消失得也快，刺激受众引发暂时的快感将无法使之具有永久性，如直播引发的"网红经济"文化、鬼畜文化等，其本身就不具备文化属性，却在大众范围流行开来，成为某个阶段的流行文化。只有真正具有文化内涵和价值的内容，才能够在当下时效性强的媒介环境中得以立足，最终实现长足生存。

四、创意时代促进新媒体形态的多样发展

当文化强国的政策逐渐深入生活的各个方面时，新媒体作为最有效的生产与传播工具，能够为文化大发展大繁荣提供切实有效的助力。而"科技"、"创新"和"创意"，最终将成为实现文化繁荣的重中之重。

　　文化创意产业基于全球化发展的现状，以创造力为核心，强调个人（团队）在文化领域的创意开发，包括广播影视、动漫、音像、视觉艺术、表演艺术、工艺与设计、雕塑、环境艺术、广告装潢、服装设计、软件和计算机服务等方面的创意群体[1]。创意时代的到来，为媒介内容尤其是视听内容生产与传播带来利好。电商发展的需要反映了"互联网+"对消费行业的影响逐渐加深，电商可谓是完全基于网络新媒体而生的，其发展本身就是一部文化创意书。

1　林东生.论文化创意产业发展与民俗文化资源整合［J］.中共济南市委党校学报，2012（6）：14-16.

第五章　主流新媒体应用实践

第一节　微　信

一、微信的概念

微信（WeChat）是腾讯公司开发的一款应用软件，英文名"WeChat"，拆开为"We（我）""Chat（聊天）"。它于2011年1月推出，具有实时对讲、图文发送等功能，一般采用手机移动数据或者链接Wi-Fi进行通信。同时微信还提供了消息推送、朋友圈以及公众号等服务，使用者只要输入微信号进行搜索便可以了解信息。

作为一款即时移动通信软件，微信的同类产品很多，目前在国外，用户规模较大的有Whats APP、LINE、Kik、TalkBox、Kakao Talk，国内有小米公司的米聊以及三大电信运营商推出的"飞聊""翼聊""沃友"等。微信通过提供语音短信、视频、图片等方式，为用户提供了良好体验，成为迄今为止最成功的APP。

二、微信的发展

（一）微信的发展历程

微信于2010年正式发行，2011年1月首个针对iOS系统的微信版本发布。当时微信的功能和界面都相对比较简单，1.0版本的微信只支持通过QQ号来导入现有的联系人资料，仅提供即时通信、分享照片和更新头像等简单功能。随后微信相继发布了1.1、1.2、1.3版本，也推出了安卓版本，支持与腾讯微博私信互通、添加"好友备注"以及多人会话等功能，同时下方新增了"微信、通讯录、找朋友、设置"四个选项栏。

2011年5月，微信快速迭代了2.0版本，支持语音对话，这是微信在移动互联网时代非常具有代表性的功能，人们在微信上可以通过文字、语音两种模式进行实时聊天。在之后的2.x版本中，微信又相继推出了"查找附近的人""emoji表情"等功能，并支持发送视频，支持手机号注册，新增了个性签名。

2011 年 10 月，微信 3.0 正式发布，增加了"摇一摇""漂流瓶"等功能。同时微信 3.0 版本增加了对港、澳、台地区及美、日的用户绑定手机号的支持，以便更多的用户能够使用微信。2011 年底，微信用户突破了 5 000 万人。

在微信 3.0 版本中，微信首次加入了对英文界面的支持，为未来的海外扩张做准备，同时支持透明背景的动画表情和自定义表情，对话中可以进行石头剪刀布和扔骰子游戏，对话页面支持自定义聊天背景等。2012 年 3 月，微信用户数突破 1 亿大关。

2012 年 4 月，微信 4.0 版本发布，新增了朋友圈功能。朋友圈的加入，可以说让微信从一个移动互联网时代新兴的即时通信工具，跃升成为了一个具有社交属性的移动 APP。在这个版本上，微信也首次开放了分享接口，支持用户将第三方的 APP 通过分享功能同步给通讯录好友。同年 7 月，微信在线视频通话功能上线，彻底颠覆了用户对于通信功能的认知。大家再也不用纠结于每个月的手机套餐中到底还剩下多少免费语音通话时长，可以用更便宜的网络流量给联系人打电话了。2012 年 8 月，微信公众平台正式向普通用户开放注册，这是微信公众号的基础。

2014 年 1 月，微信红包的上线是微信支付历史上的一座里程碑。微信红包上线后，微信"抢红包"迅速流行开来。同时，微信红包的上线也带动了微信支付业务的发展，2014 年也是微信支付大力发展的一年。

2014 年 9 月，为了给更多的用户提供微信支付电商平台，微信服务号申请微信支付功能将不再收取 2 万元保证金，开店门槛降低[1]。

2015 年 1 月，微信朋友圈第一次出现商业广告。

2015 年 6 月，腾讯公布了 2015 年业绩报告。截至 2015 年第一季度末，微信每月活跃用户已达到 5.49 亿，用户覆盖 200 多个国家、超过 20 种语言。此外，各品牌的微信公众号总数已经超过 800 万个，移动应用对接数量超过 85 000 个，微信支付用户则达到了 4 亿左右[2]。

2016 年 1 月，微信小程序亮相。小程序通过微信公众号为载体，实现了开发、获取用户和传播成本更低的应用模式。

2017 年 5 月，微信新版本更新，"微信实验室"上线，首批上线的两个功

1　丛海 . 微信的功能及对宣传工作的影响［J］. 数字传媒研究，2016，33（2）：39-42.

2　刘桢桢 . 河北省高校大学生使用微信的现状及传播效果调查［D］. 保定：河北大学，2016：9.

能分别为"看一看"和"搜一搜"。如今这两个功能已经成为微信的正式功能。

2017 年 12 月，随着微信 6.6.1 版本的更新，微信小游戏正式上线，首批微信小游戏共有 15 款，其中跳一跳小游戏受到了无数人喜爱。

2018 年 2 月，微信全球用户月活数突破 10 亿。

2020 年 1 月，微信宣布视频号进入内测阶段，入口仅次于发现页的二级菜单，在"朋友圈"的下方，可见微信对视频号的看重程度。

2020 年 6 月，微信推出微信支付分。支付分是用户在微信支付体系下的一个信用得分，是根据每一个用户的身份特质、支付行为、信用历史等情况，对个人信用的综合评分。达到一定的分值门槛，用户即可享受多项便捷服务。

2020 年 10 月，微信开启了视频号直播功能，用户可以在视频号功能内部发起直播，并通过视频号或朋友圈进行推广。同年 12 月，"微信豆"上线，使直播打赏变得更加直接。

（二）微信的发展特征

1. 技术特征：版本迭代加快，微信公众号异军突起

微信是技术更新最快的新媒体。短短 4 年间，微信已经从只有简单社交功能的 1.0 版本，发展到具有多媒体传播、多维社交、商业支付以及卡包等众多功能。从技术发展和产品延伸路径上看，微信的主要特征有以下三点：一是技术更新非常快，产品的使用周期短；二是更强调融媒体属性，致力于将微信打造为社交与商业于一体的综合媒体平台；三是更注重用户体验，强化线上与线下沟通的"社会同在感"[1]。微信发展的另一个特征是微信公众号的崛起。微信公众平台主要面向重点媒体、企业等机构合作推广业务，其中包括信息的发布、推送、自动维护、一对一交流等，各大品牌、商家、开发者纷纷抢注公众号账号，订阅号、服务号、企业号成为微信使用三大主流。

微信公众号不断增强用户体验，媒体微信号队伍不断壮大，"全媒触微"成为现实。2014 年，媒体微信号队伍不断壮大，传统媒介如报纸（如人民日报、南方都市报）、广播（如中央人民广播电台）、电视（如 CCTV），新媒介如新闻网站（如人民网）、商业门户网站（如百度新闻、搜狐新闻、网易新闻）、全媒体新闻中心（如南都全媒体）等纷纷开通公众号，与用户实时互动。与此同时，

---

1 余秀才，童石石. 微信的发展现状与传播问题［J］. 新闻与写作，2015（9）：31-35.

随着微信商业功能的进一步开拓，微店的商品推广信息持续刷屏，成为 2014 年微信朋友圈信息传播的典型现象。

2. 用户特征：国内一枝独秀，用户忠诚度高

微信具有发展速度快、用户规模大、覆盖率广的特点。截至 2014 年底，微信的用户规模已超过 6 亿人，覆盖全球 200 多个国家和地区，成为用户增长和覆盖面最宽的社交媒体，这凸显微信在移动互联网领域不断扩大地盘、提升影响力[1]。

微信不但发展快、覆盖率高，而且用户黏性和忠诚度强。在社交关系上，美国社会学家格兰诺维特认为人际关系网络可以分为强关系网络和弱关系网络两种，微信朋友圈格局以熟人关系为代表的"强关系网络"为主、以陌生人关系为代表的"弱关系网络"为辅。微信用户所关注的联系人通常为现实生活中的朋友、同学、同事、亲戚、老师和领导等熟人社交群体。

3. 使用特征：垂直应用多元化，微信支付带动线下消费

在用户体验方面，微信注重垂直应用的多元化发展，完善和增强 APP 应用之间的兼容链接，强化与多种移动应用端的嵌入式共同发展，为用户提供更加个性化、便捷的使用体验。如微信与腾讯新闻客户端的兼容发展，以前微信与腾讯新闻客户端相互独立，而现在用户可以停留在微信界面观看感兴趣的客户端新闻，也可以将客户端新闻转发分享至微信。垂直应用多元化的直接影响就是之前各自封闭的移动 APP 之间互通共融，满足用户的个性化需求。

随着微信支付功能日益完善，微信支付功能涉及生活、购物、彩票、话费充值、公益等方面。以微信支付平台为基础搭建起来的微信与线下实体消费平台，受到越来越多用户尤其是青少年的青睐，推动了其他垂直应用 APP 的快速发展。如微信支付与滴滴打车软件的合作，扩大了滴滴打车的市场份额。

三、微信的版块及功能介绍

（一）对话列表

人与人、人与组织沟通的内容和方式，兼有信息、服务获取的渠道性质。

1. 私聊

内容：文字、语音、表情、图片、语音 / 视频通话、短视频、位置、红包、转账、收藏内容、名片、文件。

1　余秀才，童石石. 微信的发展现状与传播问题［J］. 新闻与写作，2015（9）：31-35.

辅助功能：查看他人消息、查找聊天记录、消息免打扰、置顶聊天、强提醒、聊天背景设置、清空聊天记录、投诉。

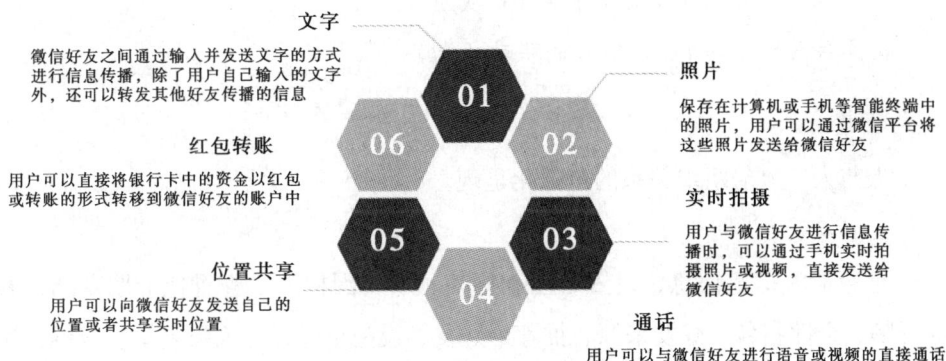

文字
微信好友之间通过输入并发送文字的方式进行信息传播，除了用户自己输入的文字外，还可以转发其他好友传播的信息

照片
保存在计算机或手机等智能终端中的照片，用户可以通过微信平台将这些照片发送给微信好友

红包转账
用户可以直接将银行卡中的资金以红包或转账的形式转移到微信好友的账户中

实时拍摄
用户与微信好友进行信息传播时，可以通过手机实时拍摄照片或视频，直接发送给微信好友

位置共享
用户可以向微信好友发送自己的位置或者共享实时位置

通话
用户可以与微信好友进行语音或视频的直接通话

01 02 03 04 05 06

图 5-1　微信的功能

2. 群聊

微信群是微信中的多人聊天交流平台，群成员可以通过网络快速发送图片、文字、语音、视频，微信好友之间的信息传播方式都能在微信群中进行。微信群与微信好友间进行信息交流最大的不同在于，微信群中的用户之间不一定都是微信好友，但至少有一个共同的微信好友。

内容：和私聊保持一致，需注意剔除转账。

辅助功能：成员增删、名称修改、二维码管理、发布公告、群管理（邀请确认、管理权转让、设置管理员）、保存到通讯录、我在本群昵称、显示群成员昵称、其他（与私聊雷同）。

3. 订阅号

订阅号的主要功能是发布和传播信息，用于展示个人或企业的个性、特色和理念，树立个人形象或品牌文化。订阅号主要偏向于为用户传达资讯，具有较大的宣传和传播空间，具有订阅消息列表、订阅号列表、搜索文章等功能区域。

4. 服务号

服务号具有管理用户和提供业务服务的功能，服务效率比较高，主要偏向于服务交互。

对话功能：简化版私聊（仅保留图片、位置、语音录入、收藏、档案、表情、文字）。

辅助功能：置顶公众号、推荐给朋友、投诉、设置（免打扰、推送设置、添加到桌面、清空内容）

5. 小程序（详细介绍见本书第 107 页）

6. 文件传输（同 PC 端微信的联动功能）

（二）通讯录

人与人、人与组织关系的具象化呈现。

1. 好友列表

查看他人基本信息、设置备注和标签、朋友圈权限、查看他的朋友圈、共同群聊、个性签名、好友来源、推荐给好友、设为星标、加入黑名单、投诉、添加到桌面。

2. 新的朋友

添加手机联系人、搜索、添加朋友（搜索账号、雷达加好友、面对面建群、扫码加好友、公众号、企业微信联系人）、添加记录。

3. 群聊

群列表、搜索群。

4. 标签管理

标签列表、新建标签。

5. 公众号

公众号列表、搜索、添加。

6. 企业关联

同企业微信的联动作用。

（三）发现

扩充人物关系、拓展内容、增加黏性和留存时间。

1. 朋友圈——好友动态

朋友圈具有强大的社交属性，用户可以通过朋友圈发表文字、图片或视频等信息内容，也可以通过其他软件或应用将各种类型的信息分享到朋友圈中。用户的微信好友可以对用户发布的内容"评论"或"点赞"，也可以将其转发给自己的其他微信好友，或者作为自己的朋友圈内容进行发布，由此实现信息的传播。

朋友圈是微信用户的自媒体，以前的媒体是广播、电视、报纸，主办者发布内容，听众（观众）可以收到这些消息内容。有了微信以后，我们可以向自己的微信好友发布精选过的内容与大家分享。所以，可以认为朋友圈就是自己的发布内容的"媒体"，收看者是自己的微信好友。

2. 视频号（详情见本书第 108 页）

3. 直播（详情见本书第 113 页）

4. 扫一扫

扫码、识别物品、翻译、我的二维码。

5. 摇一摇

人、歌曲和哼唱、电视。

6. 看一看

在看、热点、视频。

7. 搜一搜

版块：朋友圈、文章、公众号、小程序、音乐、表情、微信指数。

圈子：看一看、圈子探索。

8. 附近的人

在微信中进入"发现"页面后找到并点击"附近"，在进入到跳转页面后选择"附近的人"。在选择附近的人时，会弹出提示内容，查看附近的人将获取位置信息，在未动手清除的情况下，其位置信息会保留一段时间。此外，还直接嵌入同城直播的功能。

9. 购物

链接京东购物电商。

10. 游戏

微信小游戏。

11. 小程序

附近的小程序、我的小程序、最近使用、小程序订单。

（四）我

个人信息管理与服务聚合。

1. 个人信息

头像、昵称、微信号、二维码名片、其他（性别、地区、个性签名）、地址管理。

2. 服务

收付款（收款码、付款码、赞赏码、群收款、面对面红包、向银行卡或手机号转账）、钱包（零钱、零钱通、银行卡、亲属卡、银行储蓄、安全保障、账单）、腾讯服务（信用卡还款、微粒贷借钱、手机充值、理财通、生活缴费、Q币充值、城市服务、腾讯公益、医疗健康）、第三方服务（火车票机票、滴滴出行、京东购物、美团外卖、电影演出赛事、吃喝玩乐、拼多多、唯品会特卖、转转二手、贝壳找房）。

3. 收藏

内容列表、内容类型（图片与视频、链接、文件、音乐、聊天记录、语音、笔记、位置）。

4. 朋友圈、视频号

朋友圈相册、视频动态。

5. 卡包

票证、卡券。

6. 表情商店

朋友表情、更多表情、我的表情。

7. 设置

账号与安全、新消息提醒、勿扰模式、聊天管理、隐私、通用功能（群发功能在其中）、关于微信、帮助与反馈、插件、切换账号或退出微信。

（五）搜索

搜索内容：朋友圈、文章、公众号、小程序、音乐、表情。

（六）微信支付

微信支付是集成在微信客户端的支付功能，用户可以通过手机完成快速支付流程。微信支付以绑定银行卡的快捷支付为基础，向用户提供安全、快捷、高效的支付服务。微信支付的优势主要如下。

1. 带来便捷的交易与沟通

创新的产品功能（转账、红包、找零、会员等）不仅方便了用户的交易，提高了效率，还能让很多传统的生意和习俗更有新意，在交易同时，带来更多的乐趣，社交支付甚至成为情感交流、传达爱意的新方式。

2.智慧高效的生活体验

线上线下场景的覆盖，给用户提供零售、餐饮、出行、民生等生活方方面面高效智慧的体验，让用户拥有自在、有安全感的生活和出行，用户从此告别钱包、告别排队、告别假钱、告别硬币零钱。

3.帮助产业升级和商业价值输送

微信支付携手各行各业的商户共筑智慧生活，为传统行业带来智慧解决方案，帮助传统行业转型，让传统行业搭上"互联网+"的直通车，推动传统行业产业升级，带来新的机会和转变以及更多商业化价值输出，引领行业共建智慧生活圈。

微信支持支付的场景有微信公众平台支付、APP支付、二维码扫描支付。微信平台还为用户提供了微信支付功能，可以通过微信对话框里的红包或者转账功能来实现，在当下流行的微商中广为应用。用户绑定一张银行卡即可实现无现金支付，部分手机也可使用指纹支付。节日期间，朋友们可以通过微信互赠红包，也可提现，为用户增添了节日的气氛和乐趣，为用户提供更加便捷、高效、安全的支付环境。在新增的功能中，微信还可在平台内充值话费、参加团购、买电影票等。

（七）微信提现

微信提现是把微信里的钱转入自己的银行卡。

①微信里面有零钱功能，存的是个人微信里的钱，个人可以把微信绑定银行卡，然后就可以把微信里的钱转到个人的银行卡里，这个过程称为"提现"。

②微信零钱包中的钱来自充值、收红包、好友转账等途径。

③零钱包中的钱可以用于手机充值、支付水电气（已开通地区）、支持微信支付的超市进行付款等。

④零钱包中的钱可以提现到银行卡，但是需要先绑定一张或多张本人的银行卡。

⑤注意事项：部分银行卡不支持提现，如南京银行、邮政储蓄卡等。

（八）新增"拍一拍"功能

2020年6月17日，微信上线了"拍一拍"功能，支持用户在群聊和个人对话中提醒对方。8月12日，微信iOS版本进行了更新，其中包括了撤回"拍一拍"功能。

将微信升级至最新版本后，用户在群聊和个人对话中均可体验这一功能。

当用户双击对方头像后，能看到对方头像出现震动，手机有震动反馈，群聊中则文字显示"你拍了拍×××"。群聊中的用户都能在对话框看到文字提醒，但包括被拍对象在内的其他人，不论是否打开微信，都不会接收到"拍一拍"产生的震动反馈。这与QQ的窗口震动功能和微信群聊的"@"功能有所区别。而在个人对话中，用户使用"拍一拍"功能仅限于看到头像震动，被拍对象也不会收到提示，双击自己头像也会显示"你拍了拍自己"的提示。

（九）新增表情包功能

在iOS微信8.0.6版本中新增了互动特效表情包，需要双方触发互动表情，才能看到有趣的全屏表情包。该特效只能在手机端才有，电脑是没有这个效果的，而且表情不能带有文字，否则没有效果。在互联网流量触及天花板，新增用户不断减少的大环境下，微信为了增加用户的活跃度与延长使用时长，正不断加强曾经弱化的社交互动属性，上线拍一拍、炸一炸以及表情彩蛋等功能。

图 5-2　微信表情

如发送表情"爱心"，双方互相发送爱心表情即可成功触发，只要发送表情间隔的时间不久，即便超过3秒再发送也可以触发该互动表情，在触发之后，两个爱心融合成一个大爱心，随后炸开满屏显示小爱心。

四、微信的内容生产

内容生产，是以文字、图片、声音、视频等形式创作的原创性作品。微信内容定位必须清晰明确，定位决定内容，内容决定粉丝，粉丝决定价值。微信内容生产呈现形式：公众号、小程序、第三方合作商、微商等。

（一）微信公众号

微信公众号是开发者或商家在微信公众平台上申请的应用账号，是一种主流的线上线下微信互动营销方式。通过公众号，商家可在微信平台上实现和特定群体的文字、图片、语音、视频的全方位沟通、互动[1]。微信公众号可分为：订阅号、服务号、企业号。

订阅号：订阅号为媒体和个人提供一种新的信息传播方式，构建与读者之间更好的沟通与管理模式。

服务号：服务号给企业和组织提供更强大的业务服务与用户管理能力，帮助企业快速实现全新的公众号服务平台。

企业号：企业号为企业或组织提供移动应用入口，帮助企业建立与员工、上下游供应链及企业应用间的连接[2]。

表 5-1 微信公众号中订阅号与服务号功能差异

功能权限	普通订阅号	微信认证订阅号	普通服务号	微信认证服务号
消息直接显示在好友对话列表中			✓	✓
消息显示在"订阅号"文件夹中	✓	✓		
每天可以群发 1 条消息	✓	✓		
每个月可以群发 4 条消息			✓	✓
无限制群发				
保密消息禁止转发				
关注时验证身份				
基本的消息接收 / 运营接口	✓	✓	✓	✓
聊天界面底部，自定义菜单	✓	✓	✓	✓
定制应用				
高级接口能力		部分支持		✓
微信支付 - 商户功能		部分支持		✓

1 胡颖华.从微信公众号看纸媒与新媒体的融合：以人民日报微信公众号为例［D］.南宁：广西大学，2017（2）：2-6.
2 董思聪."985 工程"高校官方微信公众号传播研究［D］.湘潭：湘潭大学.2018（2）：9.

1. 微信公众号的发展现状

微信公众号诞生之初迅猛增长、乱象丛生的局面已经被"内容为王"取代。从微信公众号整体发展趋势来看，其有以下两个突出特征。

其一，微信公众号增长率下降，全民创作的浪潮和趋势已平稳。2012年微信公众号平台初上线，依托微信庞大的用户，很快吸引了众多自媒体用户入驻，五花八门的微信公众号如雨后春笋般迅速增长，近两年公众号数量上升平缓。抖音、快手、知乎等社交媒体平台的出现让用户和内容创作者有多样的渠道选择，此外，新的媒体平台的热潮一过，用户创作的热情就会消退，全民创作趋势逐渐呈现平稳的局面。

其二，微信公众号商业模式清晰，流量变现模式已经成熟。随着微信用户数及公众号粉丝数的增长，使得公众号从单纯内容输出向商业化、专业化转变。微信公众号已形成广告推广、电商、内容付费、付费打赏等清晰的商业模式，同时衍生出第三方运营企业专门负责公众号的商务合作等[1]。

2. 微信公众号的基本设置

名称：用户识别微信公众号的重要标志之一，微信公众号的名称设置应当遵循统一、简洁、便于搜索、注明功能等基本原则。

头像及二维码：每个微信公众号都有一个专属的二维码，对二维码进行分享和推广，可以让更多用户关注微信公众号。它们代表了微信公众号的个性和风格，还能方便用户对微信公众号进行识别，以 Logo、个人照片、卡通形象和文字等为主。

功能介绍：功能介绍必须突出重点、便于理解，让用户可以通过该介绍快速了解微信公众号提供的服务和价值等。

3. 微信公众号的应用方向

微信公众号主要应用于信息传播、品牌宣传、客户服务、开展调研、政务服务、电子商务六个方面。

4. 微信公众号的特点

熟人网络、小众传播、传播有效性更高；可以随时随地提供信息和服务，信息和服务能够到达的时间更长。借助移动端的优势，微信的社交优势给商家的营销带来很大的便利；营销和服务的定位更准确，通过微信公众平台对用户进行分组，获取用户属性；媒体内容丰富，便于分享；一对多传播，信息达到率高。

1　尤佳．新媒体视域下中国当代育儿焦虑研究［D］.保定：河北大学，2019（8）：52-53.

5. 微信公众号的传播特性

语音传播是微信公众号独具特色的传播方式，语音传播较于图文传播更为直观，较于视频耗费的移动流量较少，拉近了与用户之间的距离，减少了获取信息的成本。诸如"安般兰若"，将优美杂诗和散文用简短的语音形式定期发送，充分发挥了语音传播的优势。"为你读诗"，为用户定时推送来自不同行业特邀嘉宾朗读的动人诗篇。"罗辑思维"设置"罗胖60秒"栏目，回复关键词便可出现一篇特色文章，为用户推送消息，其中包括生活感受、读书心得和商品介绍。这三个风格迥异的公众号，因知识资源聚集用户，有着相同的属性和诉求，靠语音特性收获忠实粉丝，悄然建立并稳固了品牌形象。

当下快节奏的生活使人们的注意力不能够长期集中，不同公众号根据自己的定位点对点地寻找目标受众，受众的选择也更加有目的性，这种双向交流和默契共识体现了微信朋友圈的强交互状态。公众号凭借不同用户相同的兴趣点吸引用户，信息得以有效传播。此外，公众平台推送的内容一般都较为简洁，图文并茂，符合人们碎片化阅读的时间需求。用户甚至可以根据喜好，订阅多个公众号，丰富自己的知识视野与信息空间。

微信公众号是一个半封闭的圈子，相似的属性与诉求，使之与用户保持长期的黏性，利于情感传播。大多数的微信公众平台都是通过喜好兴趣创建，相同的经历和诉求都有可能成为拉近用户关系的纽带。如微信公众号"新世相"，就是把都市漂泊、迷茫的人们聚集到了一起，赋予时代新的看法和心境，给工作、生活、情感中困惑的人们打造一个精神领地。一些带有小情绪的自白式文字，纷纷引起用户的共鸣，感同身受。其在每篇推送的最显眼的位置都会配图，打上"新世相"。这就是品牌传播的优势，利用情感建立的品牌是拥有较大粉丝流量的。因此，根据目标受众精耕细作传播内容，建立定位鲜明且独有的品牌形象及其营销策略，是成功进行微信公众号营销的重要手段。

6. 微信公众号的现存问题

内容同质化和去中心化现象严重；图多文少，内容苍白；泛娱乐化现象严重，缺乏社会责任感；受众互动性低。

案例分析▶▶

以《××日报》为例分析某些微信公众号现存问题

1. 同质化现象严重：主要分为选题内容的同质化和设置的模式版块同质化。

在发生重大事件时，往往会直接引用主流媒体的稿件。例如在报道袁隆平院士去世事件时，直接采用央视新闻的稿件。而在另一篇文章中，更是直接引用新华社的评述。这样的做法也缺乏新闻事件自我独立的看法。

2.《××日报》内容大多采用图文组合的形式，有的文字可能没有配图，有的是只有一张图片，与大部分传统媒体传播形式相同。微信公众号中具有发送视频或者 H5 秀的功能，但是《××日报》采用这种形式的典型案例较少而且运用简单。

3. 公众号平台用户本位意识不强，没有建立良好的沟通渠道，与用户群体之间的互动少且这种互动仅仅是泛化的关键词互动或者只有文章评论回复、公众号回复这种模式，并没有专门针对用户推出线上或线下活动，造成用户群体体验感有局限性。同时微信公众号与参与者沟通交流耗时又耗力，并且存在滞后性和不透明性，这对于庞大的用户群体而言参与感与体验感不会很理想，粉丝的忠诚度会降低。

7. 微信公众号发展的建议

提供优质内容，构建新型渠道关系；完善微信评价体系，进行信息反馈；盈利模式多元化，除打赏外，还可增加广告版块等，积极进行创新。

8. 个人微信与微信公众号的区别

表 5-2　个人微信与微信公众号的区别

项目	个人微信	微信公众号
功能	加好友，发消息，发布朋友圈状态，与个人相关的生活服务	自动回复，赞赏，管理用户，掌握用户信息并与之互动
社交圈	个人的人际社交关系	比个人关系圈更广的社交圈
使用定位	好友或用户个人的近况、娱乐信息分享	商业用途，如品牌推广、企业宣传、商品销售等
推广方式	通过介绍，即口碑来达成推广	需要利用多种资源进行推广（包括线上、线下）
使用方式	移动端为主	PC 端为主

9. 微信公众号写作内容生产

包括定位性的文章、观点型文章、热点类文章以及个人文章。定位性的文章是指与公众号定位相关的文章，面向有这方面需求的用户所撰写的文章。观点型文章是指针对某一件事提出自己的观点的文章，提出观点并论证观点。热点型文章与当下热点相关，但也要符合领域再去撰写。个人类文章可以将自己的经历感受和心情分享出来，类似于日记。这四种类型不是涵盖所有公众号，但大部分公众号都可以参考这四种类型。

定位性文章如《研招网：主要面向有考研需求的人》，观点型文章如《电影评论：技术进步而缺少批判性》，热点类文章如《送别！国之脊梁袁隆平》，个人文章如《韩今茹寻找真我：给孩子足够的理解——记录一件小事》。

10. 微信公众号写作特点

（1）标题党现象日盛

媒体微信公众号推送消息时，首先都是通过新闻标题来呈现给受众的，当受众对这个标题感兴趣时，他就会选择继续打开进行下一步阅读；如果不感兴趣，受众就会忽略这条消息。由此可见，一个新闻标题能否最大程度地吸引受众的眼球是媒体推送公众号是否成功的重要环节。微信公众号的文章有可能并没有实质性的内容，只是单纯作为抢夺受众眼球的手段和方法。

（2）更加浅显、时尚的语言风格

在快节奏生活的当下，受众不愿意花更多的时间去进行深度阅读，但是，他们不阅读就没法获取社会信息。因此，与"深度阅读"相反的"浅阅读"开始兴起。

（3）信息载体丰富

传统媒体的文章中，文字是读者可以获取信息的主要载体，每个版面中最重要的一篇文章会有一张配图，除此之外都是通篇文字。这显然不适合微信文章的运用，更与当下人们的快阅读方式不相符合。新媒体时代下，图片、音视频、表格、表情包等可以作为文字内容的补充和解释说明作用，让文章以更为形象、立体；也有一些图片、视音频内容与文章内容完全不相关，仅仅是一种娱乐和趣味的存在，来缓解人们在文字阅读中的无聊。

拓展阅读▶▶

如何判断一篇微信公众号文章效果？

1. 主观标准：自己阅读、读者阅读、同行阅读

2. 客观标准：根据基本数据进行判断

①24小时阅读量（打开率）反映标题的好坏，有多少人点了在看，转发等。

②7天阅读量（阅读完成率）反映文章内容如何，整篇文章的总体质量。

③点击数，反映有多少人认同你的观点，被文章打动。

④留言数。

⑤转发数。

11.微信公众号基本写作步骤

①选题——可以是当天的相关热点话题，也可以是根据用户画像得出的日常选题。

②找切入点——确定写法和角度。

③收集资料——同类文章以及论证需要的材料，比如数据、案例以及名人观点。

④撰写架构大纲。

⑤撰写正文。

⑥设计标题——之所以标题最后定，是因为在写作过程中如果有了标题将会限制了内容，导致思路变窄，也容易跑题。

⑦检查修改调整。

⑧排版美化。

案例分析►►

以"灵魂有香气的女子"为例分析公众号的内容写作技巧

1.选题

"灵魂有香气的女子"主要以女性视角探查世间百态尤其偏好结合热点事件输出其价值观念。其大致分为四个类型：热点事件、人物故事、情感婚姻和服务性内容。

2.切入点

热点事件：在这类文章中，注重分析热点事件中女性所扮演的角色和作用。在袁隆平爷爷去世事件中，则通过一个女大学生送花为例来表达自己的观点。

人物故事：主人公角色丰富，上至历史人物，下至市井百姓，用故事中蕴含的人生道理引发读者思考。

情感婚姻：主要讲述关于亲情、友情、爱情、婚姻观念、双方关系、婚姻态度等故事，因为关注的读者大多是女性，对于情感的需求会比较强烈。

服务性内容：文章用以介绍与女性有关的护肤、穿搭、修身养性等，是一种服务内容，文章由"长篇图文＋种草"构成，读者除了浏览文章获取自身感兴趣的护肤知识、穿搭知识外，还可以通过点击文章中的链接直接跳转到商品购买页面，因此此类文章目的还在于促使粉丝消费。

3. 收集资料

"灵魂有香气的女子"微信公众号或者说大部分头部公众号采用的是众包内容生产模式，是集群体智慧于一体的生产者。公众号的文章内容是由其粉丝寻找话题、搜集资料、制作成文，微信公众平台的编辑起到整合优化文章的作用，最后由平台发表。打开其公众号文章就会发现，部分文章由其粉丝投稿，随着平台发展秩序化，其中一些能够固定投稿的粉丝就会被签约成专栏作家，专门负责公众号内容搜集和编辑。

4. 标题

"灵魂有香气的女子"2020 年 8 月份热文前十名文章标题分别是《今天我 42 岁，像好朋友一样和你聊个天》《这两个女人居然成为好友了？》《美成她这样，也会犹豫流泪吗？》《林有有 VS 凌玲：骨灰级第三者怎样攻陷婚姻？》《徐静蕾，江湖再见！》《拿 260 万爱马仕包的太太，和她比也差远了》《顾佳的结局，给女人丢脸了吗？》《林有有竟然比顾佳评分更高？你没看错》《她居然是梁正贤的邻居？真没想到》《李诞，挺住！》。纵观阅读量靠前的标题，可以看出"灵魂有香气的女子"标题有以下几个特点：①常用虚题，制造悬念；②用数字强调关键信息；③紧贴时下热点；④故事人物以女性为主。

（二）微信小程序

微信小程序是一种可以在微信内被便捷地获取和传播，同时具有出色的使用体验，也是一种不需要下载安装即可使用的应用软件。通常可以将微信小程序看成是通过微信的第三方接口调用，并能在微信中直接使用的 APP。微信小程序能够实现消息通知、线下扫码、公众号关联、微商城等七大功能，用户可以实现公众号与微信小程序之间相互跳转。

微信小程序在应用上具有以下优势：①强大的社交属性实现用户增长；②不用安装且操作简单；③实现了线上与线下的商业融合；④有利于精准营销；⑤具

有更丰富的功能和出色的使用体验。

（三）第三方服务提供商

第三方服务提供商（Third Party Service Provider）是指除使用方和销售方外的第三方，以出售服务为主营业务的专业化公司。

微商：微商是基于移动互联网的空间，借助于社交软件为工具，以人为中心、以社交为纽带的新商业。

微商模式：微商 = 消费者 + 传播者 + 服务者 + 创业者。

微商的两种运营模式：①模式一——把微信作为宣传工具。这是一个比较典型的模式。也就是说卖家有其他的交易平台，或者实体店铺。微信只是作为一个客户交流工具来使用。同时也会通过二维码、电话等渠道获得新的好友，并转化成客户。这一模式的成功关键在于扩大自己的好友基数。②模式二——招募宣传代理。卖家通过网络发帖等各种形式招募代理，给予一定的销售奖励，让代理在自己的微信里面进行宣传，获得成交后由卖家发货，并支付代理金，或者让代理赚取差价。这一模式，也会衍生成代理向商家进货，自己再以这种模式继续发展下级代理。

微商现状：中国电子商会微商专委会发布的《2016—2020 年中国微商行业全景调研与发展战略研究报告》显示，截至 2016 年底，微商从业者近 3 000 万人，微商品牌销售额达到 5 000 亿元。2017 年将保持 70% 以上的增速，释放出 8 600 亿元。《2016—2020 年中国微商行业全景调研与发展战略研究报告》中资料显示，美妆、针织、母婴、大健康、农特占据着微商主要市场份额。

未来趋势：微商经历了速度为王、产品为王、团队为王、品牌为王的阶段，接下来将朝着构建微商生态系统的趋势发展，形成完整的商业闭环，上中下游相互协作、推进。

上游：供应链→制造业

中游：品牌公司→代运营 TP

下游：代理商→创业者→消费者

（四）微信视频号

视频号是 2020 年 1 月微信官方推出的一个短视频平台，微信官方希望每个微信用户都可以在视频号上随时随地、轻松记录和发布个人真实生活中的点点滴滴，并与更多人分享。

微信官方提到，在视频号上发布作品，可以有两种形式：一种是时长为 1 分钟以内的视频，另一种是 9 张以内的图片。但是，无论是在视觉呈现效果上，还是在实际操作上，视频都占据了绝对主流的位置。因此，视频号是一个短视频发布平台，同时也兼容与支持发布图片。

1. 微信视频号的发展历程

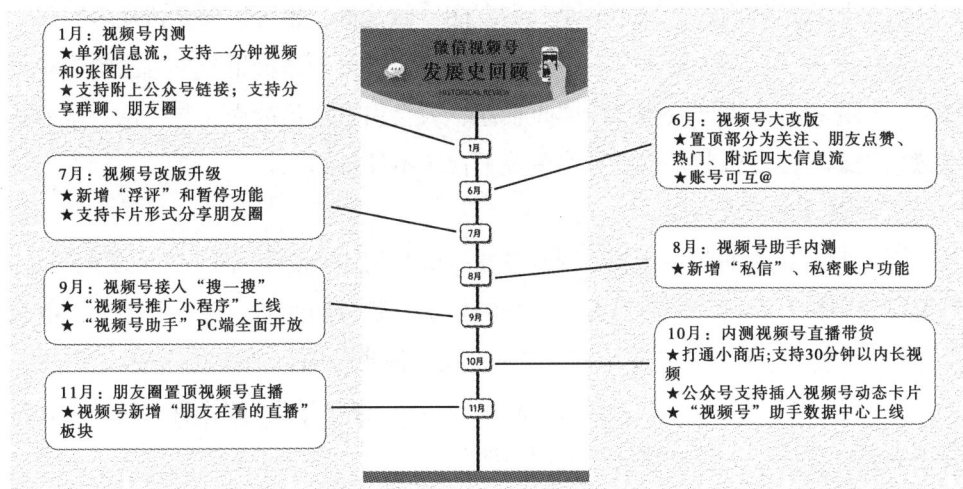

图 5-3　微信视频号的发展历程

2. 视频号的传播特征

（1）低门槛，短视频创作让大众更适应

微信 APP 的总使用量和总下载量在国民应用 APP 里常年位居首位，但面对已经到来的短视频时代，腾讯不得不正视公众号以长图文为主要传播形式的短板，毕竟以短视频为主流的短内容正是公众号此前一直被忽略的传播形式。

在视频号上发表作品，要比在公众号上容易得多，它可以说是门槛最低的一种创作形式。对于大部分用户来说，只要有一部智能手机，就能完成一条短视频的拍摄及发布，这比写文章容易得多。例如，某种草类视频号开通不到一个月，关注人数就突破了 5 000。该账号博主为凤凰卫视制片人，在视频号上发布的视频非常生活化，一位邻家姐姐向大众分享生活中的点滴经验，包括美妆、母婴、穿搭、健身和美食各方面的生活经验，能够吸引很多用户观看。

（2）信息流，优质内容会得到算法推荐

微信官方除了鼓励普通人在视频号上分享自己的生活点滴，也会通过算法将视频号上的优质内容推荐给有共同兴趣偏好的人观看。也就是说，如果有人看到我们发布的视频或图片，认为内容不错并对其点赞，那么这些视频或图片就有可能被算法推荐给他们的微信好友，让更多的人关注我们的视频号。

（3）社交化，基于微信生态传播更便捷

社交化传播，是目前最便捷的一种内容传播方式之一，在中国所有的社交化平台中，微信的影响力是毋庸置疑的。在这个生态圈里，视频号内容创作者可以主动传播自己的内容，除了分享到朋友圈、微信群，也可以分享给众多微信好友。举一个例子，某人建立了一个微信群，群成员可以在群里分享自己的视频号作品，如果视频内容涉及当下的热点话题，就会引发成员的交流与讨论。这种基于微信生态的传播机制是抖音和快手等平台所不具备的。

3. 视频号的功能版块

手机移动端视频号中包括"浏览设置"和"我的视频号"两个区域功能版块。浏览设置中包含我的关注（我关注的视频号）、赞过的动态、星标的动态、消息（点赞、评论）、私信、订单中心、隐私；我的视频号中包含日志、消息、思想、创作者中心、发表视频、发起直播。而在 PC 端，视频号只有浏览和直播的功能，直播需要下载插件，没有移动端使用便捷。

4. 视频号的特点

①在发布形式方面，视频号不同于抖音，抖音只支持短视频形式，而视频号既支持短视频形式，又支持图片形式，所以从某种意义上来说，它更像是微博。另外，抖音不支持长文案，而视频号和微博一样，支持超过 140 个字的长文案。这说明，微信官方对短视频的内容定位很明确。除了保证优质的短视频内容，也非常重视文案的作用。

②在社交属性方面，视频号鼓励大家随时记录和分享。与直接发布在朋友圈里的短视频不一样，视频号能让人们所分享的原创视频和图片被更多微信好友之外的人看到。也就是说，视频号鼓励大家通过朋友圈和微信群进行内容分享和传播，并形成和微信公众号一样的分享模式。

③在内容创作方面，视频号更强调原创性。它希望人人可以记录和创作，而不是人人可以搬运和转发，这也意味着优质的原创内容会得到视频号更好的扶持。

5. 微信视频号的代表账号

（1）个人类

①以房琪 kiki 为例，如图 5-4 所示。

图 5-4 房琪 kiki

账号概要：人在此处，心已走远。虽然每个人的经济能力有限，但是对美的追求却没有价值大小的衡量。这是一个关于旅行、记录美丽生活的账号。

账号亮点：生活不止眼前的一地鸡毛，还有诗和远方。身和心总有一个需要在路上。该账号虽然也属于旅游细分类，却用纪录片旁白的形式娓娓道来，每条视频一处新景，虽然好像是在跟着镜头看全世界的美景，但更像是在听一个美丽动听的心灵鸡汤故事。

②以霹雳舞凯凯为例，如图 5-5 所示。

图 5-5 霹雳舞凯凯

账号概要：草根"网红"的代表，建筑工地中平平无奇的众多农民工之一。在他的前 29 条动态中，10 万以上点赞视频有 6 条。

账号亮点：进城务工的农民兄弟，除了在建筑工地挥汗如雨，他们可能也有自己的"梦想"，拥有和展示梦想是非常了不起的。

（2）企业类

以京东为例，如图 5-6 所示。

图 5-6　京东

账号概要：京东商城官网账号，官方介绍为"每天为你甄选好物"。

账号亮点：从账号的点赞和评论来看，要稍微逊色于个人博主，但是从更新的内容中，我们也发现了企业的小心思，努力地尝试与用户更近距离的对话，比如，早期能看到不少更新的内容直接是来自不同品牌的 TVC 宣传片，但后期有些内容也在尝试不一样的玩法，其中关于宠物类的产品，不再是简单的广告片的剪辑，而尝试用猫咪的视角拍摄 Vlog，同样是为了产品宣传，但显然后者的做法更加吸睛和亲民。

6. 微信视频号的价值体现

①对生产者的价值：视频号是一个人人都可以创作的平台，和朋友圈封闭社交相比，视频号可以拓圈，传播效率高，在微信生态内获得更好的曝光，形成扩大社交圈的个人名片。

②对消费者的价值：基于社交关系链，相比过去千人千面的算法推荐，基

于微信社交关系链推荐分发方式，通过好友之间的互相推荐来扩大短视频内容的选择范围，带来的是一种新的消费体验。

③视频号对微信的价值：大量的用户基础，强大的社交关系链，连接超 12 亿微信月活用户，持续与用户保持互动，维护和活跃已有关系链，帮助用户建立和拓展新的关系链。

（五）微信直播

微信直播是基于云数据流媒体的传输、编辑、分发平台，创建直播频道后将直播地址嵌入对应的微信公众号，即可发起微信直播。接入直播系统后，任何人可以通过微信好友转发、朋友圈分享等方式观看直播视频。微信直播打造了全新的用户体验，利用微信裂变，指数级成倍放大了活动的影响力。

在直播风口下，直播与微信的结合是连接用户、提升影响力和传播度的全新媒介形式，可广泛应用于企业年会、体育赛事、演唱会、婚礼现场、产品发布、营销推广、峰会论坛、项目推介、渠道招商业务例会、互动培训、远程教育、视频会议、众筹路演等行业。微信直播包括直播程序、直播卖货、直播带货公众号、小程序直播等。

1. 微信直播的特点

①微信直播表现形式丰富，互动性、实时性强，相比传统电视直播更具有人际传播和大众传播的特点；

②相比点播，微信直播有更高的稳定性要求；

③致力于良好用户体验的低延迟要求直播技术底层更高；

④观众对于微信直播卡顿非常敏感，因而微信直播对网络和码率要求比较高；

⑤其传播性只有一次，这意味着直播须以优质内容最大化发挥其功能和价值，即微信直播功能需要更完善。

2. 微信直播的优势

①省去下载 APP 的麻烦，可以直接在微信端观看；

②微信直播没有地域限制，可以实现全球同步直播；

③微信直播链接一键轻松分享，可迅速零成本裂变式推广传播；

④直播嵌入微信公众号，可轻松搭建专属的企业直播间；

⑤微信直播表现形式丰富，互动性、实时性强。

3. 微信直播流程

微信直播的过程包括采集—编码—传输—分发—播放—互动—回看。其中采集、编码、传输和分发是构成微信直播系统最重要的环节（如图5-7所示）。

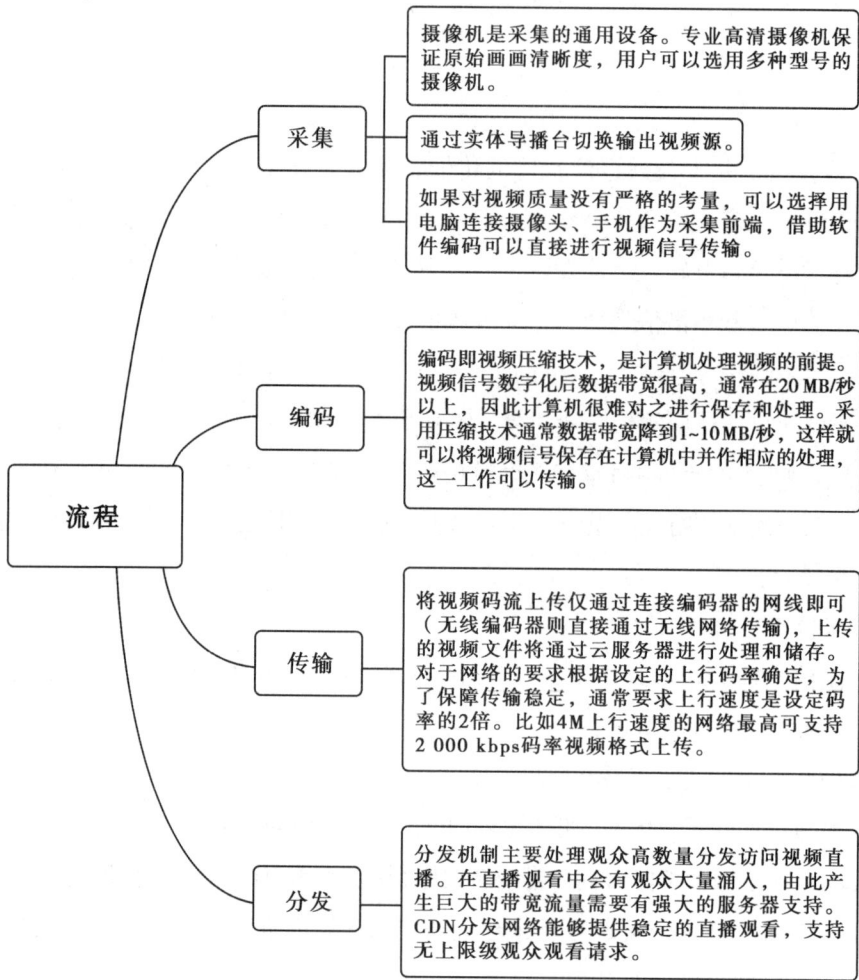

采集

摄像机是采集的通用设备。专业高清摄像机保证原始画面清晰度，用户可以选用多种型号的摄像机。

通过实体导播台切换输出视频源。

如果对视频质量没有严格的考量，可以选择用电脑连接摄像头、手机作为采集前端，借助软件编码可以直接进行视频信号传输。

编码

编码即视频压缩技术，是计算机处理视频的前提。视频信号数字化后数据带宽很高，通常在20 MB/秒以上，因此计算机很难对之进行保存和处理。采用压缩技术通常数据带宽降到1~10MB/秒，这样就可以将视频信号保存在计算机中并作相应的处理，这一工作可以传输。

传输

将视频码流上传仅通过连接编码器的网线即可（无线编码器则直接通过无线网络传输），上传的视频文件将通过云服务器进行处理和储存。对于网络的要求根据设定的上行码率确定，为了保障传输稳定，通常要求上行速度是设定码率的2倍。比如4M上行速度的网络最高可支持2 000 kbps码率视频格式上传。

分发

分发机制主要处理观众高数量分发访问视频直播。在直播观看中会有观众大量涌入，由此产生巨大的带宽流量需要有强大的服务器支持。CDN分发网络能够提供稳定的直播观看，支持无上限级观众观看请求。

图 5-7　微信直播流程

在微信直播的互动中，不同的真实直播场景会吸引不同的人群，用户对直播内容的认同会产生用户黏性。在直播与用户的互动碰撞中及时地反馈又能拉近空间距离，而打赏的商业模式又能更进一步带热直播，产生市场经济效应。

微信直播互动方式包括签到、聊天、投票、发言、点名、问答、打分、弹幕、抽奖、踢人、点赞、打赏等形式。微信直播界面可自定义装饰、直播倒计时、互动留言、嵌入第三方网页、嵌入第三方移动页面、广告自由植入、云导播、直播视频实时储存、分嘉宾打赏、全场打赏、红包摇一摇、手机端观看、电脑端观看、手机观看、打赏观看、主流在线投票、粉丝意见反馈、节目投票等互动应用。

4.微信直播的代表账号

以东方甄选为例，如图 5-8 所示。

董宇辉回忆爆火那一天
"希望有更大共同的思想交集，特别希望你能感受我的感受"

几乎要控制住我的节奏

02:49

刘颖 ♡

#董宇辉 回忆爆火的那一天，人生免不了兜兜转转，喜欢也就是自然而然 #东方甄选 #新东方转型双语带货

东方甄选会员 ✦
已关注

355　631　958　67

图 5-8　东方甄选

账号概要：新东方直播带货新平台。

账号亮点："东方甄选"是对过去直播电商的升级和趋势的引领，开启直播电商的"内容"时代；凭借差异化的内容和叙述形式，将产品售卖完美地包裹在诗词歌赋、人生哲学、双语学习和知识中，打破了过去的电商直播单纯"交易"的场景，创造出了新的"内容场"和"产品场"，它是新东方老师队伍和直播业态的一次跨界融合，更是直播电商"硬核内容"时代到来的代表。

五、微信的传播

（一）微信的传播模式

微信的传播模式主要以朋友圈、微信群和公众号为传播载体，实现信息分享和社交等功能。

1. 朋友圈中的人际互动

朋友圈（Moments）是微信好友更新推送服务品牌。用户可以在朋友圈发布文字、图片、视频、发表评论、分享内部或外部链接。外部链接包括音乐（与QQ音乐或其他给予网页的音乐服务关联）、新闻等各类APP内容，内部链接主要是微信公众号文章。关联脸谱和推特账号的用户更新朋友圈会自动同步到这两个账号上，其他朋友可以为所发布的内容评论和点赞。

2. 微信朋友圈与微博传播模式比较

（1）微博的大圈子和微信的小圈子

微博的信息传播更依赖于弱关系传播，信息流丰富，围绕一个话题能形成多种信息和意见交流；微信的信息传播更依赖于强关系传播，信息流相对单一，圈子之间虽相互关联，但信息之间的反向输出和意见反馈很难实现。

（2）微博的求异和微信的求同

微博是一个开放性的系统，人的关系不是固化的，而是流动的，呈现一种异质性。从评论上，评论内容是对所有用户公开的，不同用户评论可以相互参照。从功能上，保证了转发路径的公开性，从原创到内容转发都直观清晰。而微信是一个相对封闭的系统，其结构是相对稳定的，呈现一种同质性。功能上，保留了转发功能，却隐去了转发路径。评论上，只有互为好友的用户才能看到彼此相同帖子下的评论。

例如，朋友圈出现的典型现象，首先是无自晒不微信。自晒，是微信朋友圈中一种非常普遍的现象。与手机为互动终端的微信，为自晒素材的获得提供了更多便利。自晒是一种自我披露的行为。传统跨文化传播研究认为，人在外人面前的自我披露更为谨慎，但朋友圈的对象可控，所以用户在微信里的自我披露更为大胆。自晒也是一种自我形象的塑造过程。美国社会学家欧文·戈尔曼的《日常生活中的自我呈现》中提到的"拟剧理论"和印象管理理论认为：人际互动中的表演的目的是在陌生关系互动中塑造一种自己希望扮演的角色，在熟人关系互动中打造有利于获得情感支持、社会信任与社会资本的个人形象。过多地自晒，也会无形中给他人制造压力，造成他人因攀比心理出现的羡慕嫉妒恨等复杂情绪。

其次，每个朋友圈都有几个"点赞党"，点赞行为在社会化媒体中普遍存在。微信朋友圈，是网络中点赞行为最为密集的地方之一，每个人的朋友圈里都可能有几个无原则的点赞党。在朋友圈的强关系中，点赞往往是一种不假思索的互动行为。点赞，这样的行为可以较低成本向朋友示好，并且展示自己。

再者，鸡汤派和养生派盛行，存在伪科学内容。在微信中人们对于"心灵鸡汤"这样的抚慰心灵和情感的内容，以及与健康、养生有关的信息，具有特别的兴趣。其内容虽多来自公众号，但是在朋友圈里传播最为广泛。朋友圈里分享敏感社会问题，容易造成朋友之间的分裂，所以人们更愿意去分享"无害"、不刺激的鸡汤式内容，而分享养生方面的内容，可以体现自己对朋友的关怀，赢得一定的人气。

3. 微信群中的群体传播

参照腾讯早期最重要的社交产品 QQ 的人际交流模式，微信也没有"群"传播。最初对群的规模有限制，控制在数十人左右随后不断扩大，直至 500 人大群。微信群内的人际交流也从小群体的熟人社群演变为大群体的"半熟"社群，群体交流的内容和群体之间的亲疏程度也随之发生改变。小规模的熟人群体往往是现实社交联结的网络映射，如同学群、同事群等。依托微信群进行日常的信息交流、事务协作等，个体的群内信息交流较为均衡。微信小群和现实小群体社交类似，固然会存在"孤立结点"，但绝大部分"结点"都会在群内发声。

半熟模式的微信大群则和小群差异较大，在群规模不断扩张的过程中，群内结点的紧密度被稀释了，不少人都会存在陌生感，不认识群内的大多数人，直接导致了更多群内个体的"失语"。微信中的大群以及数百人的超大群一般是围绕特定议题构建起来的，群内成员以"滚雪球"的方式聚集起来，群主是绝对的意见领袖，贡献绝大多数的群内信息的却是群中一小部分的言论积极者。

微信群是微信中小规模的多对多的互动平台。多数微信群是现实关系的一种平移，另有少数微信群是基于弱关系形成的，但是在互动中会慢慢转化为强关系圈子[1]。微信群传播手段往往是借助图片、文字、语音、视频等，但最特别的

1　张一鸣. 新媒体背景下大学生思想政治教育途径研究［D］.南昌：江西财经大学，2018，12：34-35.

是利用表情符号表情达意。运用表情符号可以节约交流成本，一图值万言。作为图片的表情符号，有时具有多义性，比文字符号含义更丰富。表情符号也可以调节气氛、化解冲突矛盾。微信的表情符号，来源广泛、形式多样，与网络文化的渗透息息相关，并且紧跟热点进行实时更新。它有系统自带的图像符号表情包，官方提供的下载表情包和人们自定义的 DIY 表情包。

微信群的生态与传播特点是群主作为一个群的核心人物，作为群的发起者，他会对群进行定位，而活跃的信息贡献者是微信群生态系统中另一个层次的重要角色。通过游戏、线下活动、刺激源、群内仪式等保持和增加群的活跃度是至关重要的。这是由于微信群自身存在很多缺点，作为一种多对多同时又是简单地以时间为序进行信息排列的空间，群并非一个理想的交流平台。由于熟人间的关系的复杂与微妙，表达意见的自由程度受到很大的限制。在微信群里，自说自话的现象比较普遍，很多成员发出的消息可能引不起回应。微信群必须与圈子化生存形成基础，诸如基于现实社交关系形成的群、基于行业联系形成的群、基于思想交流形成的群。

4. 微信公众平台的广播式推送

微信公众号是微信支持希望注册为公众号的用户将内容推送给订阅户，与订阅用户进行互动，给用户提供服务。公众号用户的阅读倾向是对于公众号阅读的偏好，集中于提高自己的生活质量、修身养性等领域。虽然政治类新闻、企业管理、财经类新闻、历史等内容也有一席之地，但是在微信这样的平台上，"硬内容"的传播人需要克服障碍。公众号传播的特点主要体现在以下几点：顺应"懒用户"的信息推送模式（传统传播模式的回归）、明确的落点与完美到达率带来的诱惑、信息超载时代的"减法"思维（做精选与优化，将亮点突出）、三种信息圈的关联效应。同时，公众号平台也具有自身的局限性。比如，有限的推送次数与媒体时效性的冲突、用户黏性难以维系、点开率有限、表现形式受限、公众平台的局限性、系统相对封闭、深度阅读与移动阅读间的冲突、"覆水难收"的发布机制、获得粉丝的难度相对较大。

微信公众平台上有两种面向普通用户的信息推送，一是广为人知的订阅号，用户可以从中获得大量的自媒体内容；二是帮助企业、政府机构等组织有效地服务普通用户的服务号。这两类公众号都是以广播的方式向用户推送信息，用户自由选取。由于这类信息不具有即时互动性，不具备"非看不可"的迫切性，会导致大量的冗余信息堆砌在手机上不被阅读。用户使用的主要功能中，"关注公众号"是排在刷"朋友圈"和"群聊"之后的。

如果说朋友圈和微信群属于人际互动空间，那么聚集了大量自媒体的微信公众号和用户之间的互动则属于人信互动。缺乏人际中介的人信互动往往动力不足、互动迟缓，造成了自媒体内容海量生产和鲜被阅读的两极化倾向。公众号中有不少文章获得了极高的阅读量和转发量，但基本是通过朋友圈的转发与传播得到的，足以见得人际传播的巨大黏性与紧密度。微信的多层级传播模式综合了熟人群体与半熟群体，打通了人际传播与信任传播，形成了巨大且开放的传播、服务与媒体平台，成为人人需要的重要移动应用工具。

（二）微信的传播途径

1. 自媒体传播

自媒体是指为个体提供信息生产、积累共享、传播内容兼具私密性和公开性的信息传播方式。它由传统的点对面传播发展为点对点传播。平民化是自媒体传播的重要表现，每个人都可以成为信息传递过程中的参与者、传播者。

2. 群体传播

群体传播也被称为小团体传播，介于人际传播与组织传播之间。每一位成员拥有相对平等的社会地位、分享相对平均的传播资源，每个小组成员均可以充分发表自己的意见，并能够体现在最后的决策中。

手机通讯录、绑定腾讯 QQ、语音聊天、开启群聊等功能设置都为群体传播提供了便利。群体传播的内容与小组的每个成员都息息相关，群体成员可以通过发送文字、语音聊天、分享评论等方式参与互动。

3. 大众传播

大众传播是指媒介组织生产信息并将其传播给广大受众的过程，也是指受众寻求、利用、理解、影响这些信息的过程[1]。它具有公开性、非强制性、单向性等特点。微信公共平台的出现为大众传播媒介提供了一种新形式，主要面向名人、政府、企业、媒体等机构推出的合作推广业务。用户对粉丝进行分组管理，通过消息发送、素材管理和实时交流等渠道将内容推广给用户，减少宣传费用，提高品牌及其形象的知名度和影响力。

1　樊振宇，戴小鹏，张且.基于微信的农业信息扩散模式初探［J］.湖南农业科学，2015（9）：126-128.

六、微信与其他软件对比

（一）微信与支付宝的对比

1. 支付场景不同

微信支付与支付宝的第一个差别主要在于支付场景上的差别。淘宝购物时用户肯定得使用支付宝，微信上和朋友聊天，经常要用到微信中的红包功能，很少有人会跳转到支付宝去发。使用场景上的不同，是微信支付与支付宝的第一个主要差别。

2. 属性不同

从定义的角度来看，微信支付严格来说并不能算得上是一种支付工具，只能算是微信分支下的一个生态系统。以前由于淘宝行业垄断的关系，支付宝理所应当地成为网上最大的支付工具。但微信支付的横空出世，使得人们日常的支付场景大大扩张，同时也树立了微信支付在网络支付平台中的地位。从根本的属性上来讲，两者是有本质上的区别的。

3. 市场份额不同

从交易额来看，支付宝在第三方支付领域依旧是遥遥领先的霸主。微信支付跟支付宝不是一致竞争。支付宝是支付工具，而微信支付只是以微信为基础，为支付提供应用场景的生态体系，微信是个底层架构。

（二）微信与 QQ 的对比

微信与 QQ 是同一家公司研发出来的互联网软件与平台，他们都可以在线沟通、分享信息、申请个人账号、企业账号；也可以开通微信店铺、QQ 店铺，这是它们的共同点。它们的不同点在于：QQ 先研发出来，刚开始以 PC 端为主；微信后研发出来的，以移动端为主。

QQ 账号刚开始申请时是需要购买的，后续开通免费注册，同时一个 IP 可以注册多个 QQ 账号，也可以同时在同一个 IP 与同一个电脑上登录，没有太多的限制。

QQ 账号申请成功后，可以随即开通空间，分享文章的同时可以多个好友在线点评、互动等；同时不是好友的 QQ 账号可以看到好友账号他人对 QQ 好友信息的点评信息。

微信账号目前也没有开通不需要任何联系方式注册的要求，微信刚开始是以 QQ 账号进行注册，现在规定必须绑定手机号，这是对个人信息与网络实名制的一种规范化。

除了一些特别开发的微信号，微信账号在同一个移动端不能登录多个普通账号或多个企业账号。

微信账号内也可以添加多个微信好友，但在微信好友互动点评、点赞时，看不到非微信好友给已添加微信好友点评、点赞的任何信息，保密性比较好。

微信账号申请开通企业店铺时，并不是所有的账号都可以申请，只有申请相应类型的微信号后才能进行在线开店，否则不能开通相应的店铺。

（三）微信与微博的对比

微博与微信都是目前比较流行的新媒体工具，也是企业从事移动互联网营销、口碑宣传之选，但二者在诸多产品点上存在差异。

①平台属性：微信是一个社会化的关系网络，是强关系弱媒体平台，"用户关系"是这个网络的纽带，通常是真实的人际关系，属于移动 SNS；微博则是社会化的信息网络，是强媒体弱关系平台，"信息关系"是这个网络的纽带，媒体属性强，影响范围则更广。

②产品形态：微信主要是对话，交流与沟通；微博则是快速表达，信息的浏览与传播。

③传播属性：微信是精准的一对一推送，所形成的是闭环交流；微博则是面向所有粉丝广泛覆盖，传播是开放性的。

④人群属性：微信是精准的人群覆盖，关注者多为高黏性的用户；微博是基于兴趣的关注，黏性则普遍偏低。

⑤时间同步性：微信的实时提醒功能，使它的传播更加及时；微博默认为时间排序，可通过智能排序、热门微博、搜索等功能实现差时传播的效果。

⑥营销侧重点：微信更多地强调与用户的互动深度；而微博则强调更长的传播链条，更多的转发，更多的粉丝覆盖。

⑦用户关系：微信用户间是亲朋好友生活工作等比较紧密的真实关系；微博用户间是基于兴趣、爱好、行业属性、观点、时间、快餐式交流互相聚集形成的微弱关系，相对比较虚拟。

⑧粉丝来源：微信更多是来自微信以外的推广手段；微博粉丝主要来自微博本身。

七、微信的社会影响价值

（一）为传统媒体数字化转型提供平台

①纸媒"发声"通过音频、视频等工具传播新闻资讯、观点评述。利用微信的即时互动性来维护粉丝群体，做互动服务，提高粉丝活跃度。深度报道推崇"内容为王"，依靠专业团队发力。

②微信在广播上的应用以其便携性、速度快、容易操作等特点吸引了众多听众，提高了大家收听广播节目的兴趣，迅速成为电台与听众交流的重要平台。

③微信在电视媒体中的应用，可为用户提供有价值的内容。很多电视媒体纷纷开通微信号推广电视节目，及时准确地推送节目预告，为收视预热。同时电视媒体通过微信与粉丝互动，培养了年轻观众的黏性。

④传统媒体与微信的融合发展。首先，传统媒体可以借助微信平台实现其固有品牌的病毒式传播。其次，传统媒体可以利用朋友圈功能成为"原料加工厂"的平台。最后，传统媒体可以用微信的用户筛选推送功能，提高传统媒体信息传播的准确度。传统媒体还可以借助微信的实时接收特性加强在重大事件和突发新闻报道上的影响力且及时发声。

（二）将人际传播、群体传播和大众传播融为一体

当前，微信越来越像一个移动的平台，通过"二维码 + 账号体系 +LBS+ 支付 + 强关系链"的 O2O 方式融合了线上线下，既可以与熟人进行多种方式聊天，又可以通过"摇一摇"和陌生人交友，开启了人际传播、群体传播和大众传播融合传播的新时代。

（三）意见领袖多样化

①意见领袖：由拉扎斯菲尔德等人于 1944 年在《人民的选择》中提出，指活跃在人际传播网络中，经常为他人提供信息、观点或建议并对他人施加个人影响的人。他们在大众传播效果的形成过程中起重要的中介或过滤作用，由他们将信息扩散给受众。

②两级传播：大众传播中信息并不是直接"流"向一般受众的，而是要经过意见领袖这个中间环节，即大众传播—意见领袖——一般受众。

③微信作为很好的自媒体平台，吸引了非常多的自媒体人入驻。平等的话

语权和操作简单、开放的公共平台使得越来越多的"意见领袖"纷纷涌现，他们的职业、阶层变得更加多样化。

（四）构建"熟人—熟人"和"熟人—陌生人"的多维社交网络

①微信从相对稳定的熟人群体，基本是朋友、同事、亲戚，然后逐渐扩展到陌生人层面。QQ、手机通讯录为微信打开了以手机通讯录等为代表的熟人强关系社交圈。

②"附近""摇一摇"等功能可以拓展弱关系链（即陌生人），最终构建一个"熟人—陌生人"的多维度社交网络。

（五）带来企业营销新变革

①基于查看"附近"功能，挖掘潜在客户，实行精准营销。

②基于O2O模式和二维码扫描功能，开展品牌病毒式传播，发展电商业务。

③基于公众平台和朋友圈功能，打造全新社交关系网，开创企业口碑宣传新方式。

④基于数据统计功能，开启大数据时代定制服务营销新模式。

第二节　微　博

一、微博的概念

微博，又称微型博客、微博客，英文名为"Micro Blog"或"Micro-blogging"，它是一个基于用户关系的信息分享、传播以及获取平台，是博客在Web2.0时代的新发展，也是最具代表性的社交媒体。社交媒体是互联网上基于用户社会关系的内容生产与交换平台，包含三个层次：最底层是社交媒体技术，中间层是社交媒体应用与社交媒体产品，最高层次是社交媒体平台。微博用户可以使用电脑、手机等终端，随时随地更新信息，并实现信息的即时分享。微博用户既可以自己书写、发布信息，也可以成为其他用户的关注者或跟随者（Follower），与其他用户进行互动。随着微博的发展和技术的进步，微博140字的限制已被取消，内容也不再局限于文本信息，用户也可以发布图片、声音、视频等多媒体信息。

世界上最早的微博是美国的 Twitter，它于 2006 年由 Obvious 公司推出；2009 年访问量突然飞速增长。同时，美国另一个与 Twitter 功能相近的社交网站 Facebook 异军突起，到 2015 年 8 月，其单日用户数突破 10 亿。我国各大门户网站，如新浪、网易、搜狐、腾讯等都曾推出自己的微博服务，但后期大部分都没有发展起来，到今天则形成了新浪微博一家独大的局面。

二、微博的发展

（一）微博的发展历程

表 5-3　微博早期发展历程

序号	时间	微博早期发展历程
1	2006 年 3 月 21 日	Odeo 内部项目 Twitter 上线
2	2006 年 7 月 15 日	Twitter 向公众开放
3	2007 年 4 月 14 日	"叽歪"上线
4	2007 年 5 月 12 日	"饭否"上线
5	2007 年 7 月 9 日	"做啥"上线
6	2007 年 8 月 13 日	"腾讯滔滔"上线
7	2008 年 5 月 12 日	"Plurk"上线
8	2009 年 2 月 8 日	"嘀咕"上线
9	2009 年 5 月 22 日	"聚友 9911"上线
10	2009 年 8 月 6 日	"Follow 5"上线
11	2009 年 8 月 16 日	"139 说客"上线
12	2009 年 8 月 28 日	"新浪微博"上线
13	2009 年 12 月 14 日	"搜狐微博"上线
14	2009 年 12 月 22 日	"人民微博"上线
15	2010 年 1 月 20 日	"网易微博"上线
16	2010 年 4 月 1 日	"腾讯微博"上线

1. 引入期（2007—2008 年）

极客（Geek）型，以"海内""饭否""叽歪""做啥"为代表，微博主以 Geek 为主，大部分都是 IT 人，也有如媒体等少量其他行业的精英。此时的微博追求和手机、即时通信（Instant Messaging，IM）的互通，但只有"叽歪"在市场方面做了较多探索，不过这一阶段的微博因种种原因最终都没有生存下来。

2. 探索期（2009 年上半年）

试探型，以"嘀咕""Follow 5"为代表的企业进一步深化和探索微博应用，虽然有了很多新花样，但仍未走出困局，纷纷开始转型。

3. 成长期（2009 年下半年到 2010 年）

门户型，以各门户网站、大型网站为主要代表，新浪微博、腾讯微博是其中的佼佼者，该阶段微博突出了媒体特性、社交特性，将人群扩大到更大范围，让微博走向了普及阶段。2009 年，以国内门户网站强力入围为标志，中国微博开始进入蓬勃发展时期，国内微博市场明显升温，而且发展速度惊人。2010 年被称为微博元年，微博获得快速发展。微博渗透到社会的众多领域，逐渐改变着人们的信息获取方式、社会交往方式和生活方式，并在众多公共事件中影响了公共舆论。

4. 转折期（2011 年到 2014 上半年）

该时期新浪微博涨粉迅速，合作和产品功能升级。2012 年 9 月，新浪微博 PC 端出现"密友"分组，正式宣布微博进入私密社交领域。2013 年 1 月，新浪微博客户端推出 3.3.0 版本，新增"密友"功能强化私密社交圈，拓展了移动端交互方式，密友支持 LBS 定位服务，用户可以在发布私密微博时获取所处位置信息，是微博客户端私密社交发展之路上的重要一步。

2013 年 1 月，新浪微博与网易有道宣布达成战略合作，用户在浏览新浪微博的外国明星发布的外语内容时，可以直接通过有道词典获得翻译结果，满足了新浪微博用户的语言类需求。4 月，新浪正式宣布新浪微博与阿里巴巴签署战略合作协议，双方在用户账户互通、数据交换、在线支付、网络营销等领域进行了深度合作。同时，新浪宣布阿里巴巴通过其全资子公司购入新浪微博公司发行的优先股和普通股，此合作可谓是双赢。

2014 年 3 月 27 日，新浪微博正式宣布改名为"微博"，并推出了新的 Logo。继腾讯撤销微博事业部之后，网易微博也跟用户说再见，搜狐微博坚持了一段时间后也处于停滞状态。而此时，新浪微博表现出色。

2014 年 4 月 17 日，更名后的微博正式登陆美国纳斯达克股票交易所。当时，新浪 CEO、新浪微博董事长曹国伟在接受采访时表示，现在上市的市场条件不是很理想。美国股市疲软，高科技股出现较大调整，市场环境对上市不是很有利。新上市股票定价多数低于定价区域，而新浪微博仍位于区间内，是非常"振奋"

的结果。虽然上市了，但新浪微博的用户增长速度正在下降。

5. 焕发第二春（2014 年下半年至今）

微博的全面布局从 2014 年就已经开始。截至 2019 年 8 月，微博月活跃用户达 4.86 亿，日活跃用户达 2.11 亿，继续保持稳定快速增长。截至 2021 年 6 月，新浪微博月活跃用户为 5.66 亿，日活跃用户达到 2.46 亿，仍是社交网络的一大主力军。

拓展阅读 1 ▶▶

新浪微博出现于什么时候？

2009 年 8 月新浪推出"新浪微博"内测版，成为门户网站中第一家提供微博服务的网站。自 2009 年 8 月上线以来，新浪微博就一直保持着爆发式增长。2010 年 10 月底，新浪微博注册用户数超过 5 000 万。2009 年，微博这个全新的名词，以摧枯拉朽的姿态横扫千军，打败"奥巴马""甲流"等，成为全世界最流行的词汇。

2009 年 9 月 25 日，新浪微博正式添加了"@"功能以及私信功能，此外还提供"评论"和"转发"功能，供用户交流。新浪微博邀请明星和名人加入开设微型博客，并对他们进行实名认证，认证后的用户在用户名后会加上一个字母"V"（认证个人字母 V 为金黄色，认证企业字母 V 为深蓝色），以示与普通用户的区别，同时也可避免冒充名人微博的行为，但微博功能和普通用户是相同的。

2014 年 3 月 27 日，在中国微博领域一枝独秀的新浪微博宣布改名为"微博"，并推出了新的 Logo，新浪色彩逐步淡化。2014 年 4 月 17 日，新浪微博正式登陆纳斯达克，股票代码 WB。

拓展阅读 2 ▶▶

国内其他的微博平台

1. 腾讯微博

2010 年 4 月 1 日开始小规模内测，仅支持文字形式，图片功能暂未对用户开放，字数限制为 140 字。腾讯微博的特点在于细致的产品功底和庞大的用户群，腾讯微博用户已可在国内最多的客户端——QQ 上使用。

2010 年 5 月腾讯开始开放用户邀请注册，5 月 1 日成为大多第一批使用腾讯微博用户值得纪念的日子。

2020年9月5日，腾讯微博官方发布公告称，腾讯微博将于2020年9月28日23时59分停止服务和运营，届时将无法登录，建议用户在停服前备份相关信息。

2. 网易微博

网易微博于2010年1月20日正式上线内测，2010年7月13日起，网易微博进入系统维护时间，已开通。

2014年11月4日，网易微博宣布将正式关闭。网易微博页面提醒用户将迁移到轻博客LOFTER以保存原内容，但也意味着原网易微博用户关系链的断裂，网易微博将不复存在。

3. 搜狐微博

据业界消息，2010年4月7日，搜狐微博客产品"搜狐微博"上线正式公测。

2012年3月16日，搜狐微博将与新浪、网易和腾讯微博共同正式实行微博实名制。到现在只维持基本运营，停止开发功能。

（二）微博的发展特征

1. 平台特征

（1）便捷性

在微博这样的平台上，用户可以是多重身份，既是浏览信息的观众，又是发布内容供别人浏览的创作者。发布的内容可以是短文、图片、视频等，发布信息和传播速度都快。微博开通的多种API使得用户可以通过手机、网络等方式及时更新个人信息。微博网站即时通信功能非常强大，随时随地即可更新内容，其实时性、现场感以及快捷性，甚至超过所有其他媒体。

（2）传播性

微博草根性强，这种"草根媒体"没有任何"门槛"，所有公民都可以注册。微博有多种商业模式并存，形成垂直细分领域。微博因其开放性、免费性吸引用户，在信源的选取、关注的话题和个人叙事框架的构建方面，都可以保持一定的独立性，从而改变了媒体发展的动力模式。

在微博上，信息获取的自主性、选择性强，用户是否关注某内容和账号，往往是依据自己喜好和内容质量，还可以对所有"关注"进行分类；微博宣传的影响力与内容质量息息相关，基于现有的被"关注"的数量、发布信息的时效性，可以判断账号的影响力。微博信息共享便捷迅速，可以通过超链接的方式跳转到不同网络平台，发布内容的速度具有超时空性，碾压传统媒体。

（3）原创性

在微博上，140字的限制激发了用户的原创生产能力。博客的出现，推动社交媒体发展，公众人物纷纷通过该平台建立公众形象。然而，博客上的形象是包装之后的演绎，博文创作需要完整的结构和逻辑，用户在微博客上找到了展示自己的舞台。

（4）泛娱乐化倾向

学者从微博的热门话题、实时热搜等方面发现，微博传播内容和传播方式都存在泛娱乐化倾向。具体表现为：微博热搜主体明星化显著；以"娱乐""情感""星座"为热搜关键词，民生政治新闻被淡化；恶搞传播符号，凸显"形象感性化"；微博事件评论的娱乐化，背离了新闻传播的初衷。

微博泛娱乐化倾向的危害：易产生大量流言、谣言，阻碍微博这一公共空间良性循环发展；易陷入全民狂欢的假象，使用户丧失独立思考、理性批判的能力；易沦为青年亚文化侵蚀主流文化的主场。例如明星不良事件上热搜，粉丝在微博下开骂，明星榜样和人设崩塌带给粉丝的心理刺激，虽然让粉丝狂轰滥炸，引发一片热议，但对于明星艺人来说这种话题本不适合谈论，尤其是事关明星隐私的话题。

2. 传播特性

（1）书写终端的多样性和移动性

微博的书写终端具有多样性。用户既可以使用台式电脑等 PC 端，也可以使用手机、平板电脑等各种移动终端来登录、书写微博，同时进行一些微博互动。书写终端的多样性使得用户几乎可以在任何时间、任何地点更新微博，尤其是手机等移动终端媒体的应用，更是让微博用户拥有了随时随地分享信息的快感。实际上，微博的其他许多特征都是来源于移动终端媒体所带来的随身性、移动性和便捷性。

（2）信息传播的碎片化

微博的信息传播具有碎片化特点，主要体现在两个方面：一是用户阅读时间的碎片化，二是微博内容的碎片化。微博的内容主要是文字、图片、视频三种形式，虽然取消了140字的字数限制，但为了传播效果，我们看到的大部分博文还是比较短的，视频也基本以一些短视频为主，并且其信息内容有较强的随意性和无组织性。微博的这种碎片化特点，不但契合了当今人们快节奏的生活规律，更在深层次上反映出后现代的时代特征。

（3）传播过程的草根性和平等性

相对于博客来说，微博的信息传播更具草根性，用户在信息传播过程中的地位更加平等。这种草根性和平等性最主要是由微博自身的特性决定的，与QQ、微信相比，微博的媒体属性更强，能承载更多的UGC，用户在这里可以相对自由地生产内容，限制较少，门槛也比较低，只要用户的内容够新、够有吸引力，用户就能获得关注，这也是微博上有很多"草根博主"的原因。这就在很大程度上制约甚至消解了现实中的个人名气所带来的传播关系的不平等性。在微博中，任何人都有平等表达和被关注的机会。

（4）传播内容的原创性和现场感

微博的内容生产摆脱了对于专业写作者或传统媒介的过度依赖，任何用户都能成为微博原创者，并充分享受信息传播和互动的快感，其他跟随者的实时互动则更能激发用户的表达欲和创作欲。微博内容的原创性、即时性和互动性会产生现场感，尤其是在传播重大事件和突发事件的信息过程中，微博用户可以利用手机媒体实时发布信息并进行实时互动，仿佛身临其境。

（5）"背对脸"式的信息交互方式

"背对脸"的信息交互可以是"一对多"，也可以是"一对一"。当用户关注或跟随一个自己感兴趣的微博时，两三天就会着迷。微博的这种"背对脸"的信息交互方式，在很大程度上是对现实社交网络中人际传播机制的复制和拓展。相对于博客来说，微博的信息交互更接近于现实中的人际交互，加上网络的匿名性和高效互动，微博用户的黏性得以日趋增强。

背对脸式传播是一种单向传播方式，在微博传播当中，获取信息方式就是关注了解其动态，距离感的消解保证了信息传播的及时性。即便你想了解的是与你现实距离很远的公众人物，只要关注他（她），成为粉丝，便可通过他（她）的动态了解他（她），这就是背对脸传播形式的体现。

三、微博的版块与内容形式

（一）微博版块主要分为五大部分

1. 首页

首页主要包括推荐和关注两大部分。关注版块会推送关注的人发的微博和关注的博主的直播；推荐版块会根据大数据推荐你可能感兴趣的微博内容；微博首页还有一个小红包，红包点开是用户任务中心。

2. 超话

"超话"包括看帖和广场两个版块，看帖中包括红包和打卡等超话活动和图文并茂的超话热帖，广场有正在活跃的超话账号和超话分类。

3. 发现

"发现"包括微博热搜（热搜榜、要闻榜、文娱榜、视频榜、同城榜）、热料、潮流（流行速递）、本地（同城关注）、热词、直播（大 V 在线）、微公益、房产、教育、汽车、体育、小游戏等版块。

4. 消息

"消息"包括 @ 我的、评论、赞和发现群。

5. "我"

"我"包括我的相册、赞 / 收藏、我的钱包、粉丝头条、浏览记录、用户任务中心等。

（二）微博的内容形式

随着互联网的发展，微博内容形式已经越来越丰富了，传统的文字已不能满足广大网民的需求，他们追求的形式趋于多样化，下面谈谈关于微博发文的几个常用形式。

1. 纯文字的简短话题

现在纯文字的微博内容，显然已经不受大众的欢迎，不过也不是没有好处，一些简单的话题，通过纯文字还是能够带动一定的流量。

2. 图片 + 文字

这种应该是最常见的微博发文形式，通过吸引人的九宫格图片加上一段文字，带给观者良好的视觉体验。

3. 短视频形式

随着快手等一些直播平台的兴起，一些短视频的播放量和受欢迎程度显然高于前两者，传播速度非常快。

4. 接地气的新闻类事件

有些内容形式主要偏向于新闻事件，比如娱乐新闻大事件、体育新闻大事件、民生新闻大事件等，通过这些来博取眼球。

5. 段子平台

近两年段子在微博上深受网民喜欢，通过短小精悍的话语，成为一种很好的消遣方式。

6. 常识型内容创作

现在有很多平台专门针对生活常识类，制作一些微博内容，受众面广而且效果非常好，关注度也是很高的。

四、微博的内容生产

（一）第一大流量入口：搜索菜单

微博搜索菜单，包括综合、用户、实时、关注、视频、图片、文章、问答、热门、话题、超话、商品和主页共 13 个子菜单。

1. 综合

用户在搜索某一个关键词时，习惯性地查看综合热门。综合热门，一般是阅读量和人气比较高的优质博文，被系统推荐，曝光度最大。

2. 用户

用户可以通过技术手段，将微博用户排名优化到前三名。当有粉丝搜索相关关键词时，会优先找到相关微博。

3. 视频

用户想借助微博宣传推广产品，可以借助关键词做视频推广，如果在微博上排名前三，粉丝很容易看到。

4. 文章

微博头条文章，主要是做原创内容输出。如果想全面详细地推广你的品牌或产品，就可以以头条文章的形式去做推广。如果内容优质，很容易引流到精准粉丝。

5. 热门

热门微博，一般都是比较优质、转发评论和点赞量较高的微博，是被系统推荐的。根据用户习惯，粉丝一般会优先浏览综合热门或热门微博，如果你的微博能上热门，曝光度和关注度将是极高的。

6. 话题

用户可以创建自己的话题，自己申请做话题主持人，话题导语也可以留下自己的联系方式。话题的名称最好跟用户微博昵称同步，这样用户在借助话题发帖的时候，也能提高微博账号的活跃度和权重。

7. 实时

微博实时是指用户发的内容通过关键词搜索，能够被查找看到。例如：在搜索栏中搜索《小舍得》这部剧名的时候，能够在综合和实时两个版块同时看到这个实时号发的微博。

8. 关注

关注是当用户搜索一个话题或看到一个热搜，这条话题或热搜里出现了用户关注的人。例如：当搜索"青春有你"，关注里就会出现用户关注的明星动态；而当用户换一条没有关注过的热搜去看，关注里就不会出现用户关注的人。

9. 图片

图片是与这条热搜相关的图片信息。

10. 问答

问答指针对某些问题可以向大家发出提问，也可以让博主和粉丝之间的互动方式更丰富，拓展新玩法。粉丝可以向博主提出感兴趣的问题，博主来翻牌；同时也为博主增加知识变现方式，让优质内容在传播的同时也能获取收益。例如"jk妆怎么画"。

问答也可以变现，粉丝可以在博主个人主页、微博正文的问答入口向博主提出问题，待粉丝支付相应的费用后，博主就会回答相关问题。如果72小时未回应，费用将会被原路退回。博主回答问题后，其他粉丝只要支付1元即可围观博主的回答，围观收益由博主和提问粉丝平均分配。

11. 商品

商品也是微博购物，是指许多商家采用微博热门介绍流行趋势、促销信息和进行品牌推介，这些购物达人们在提供便利信息的同时与粉丝们进行互动，以达到促成销售的目的。在商品这一版块售卖的大多数都是与其话题相关的周边商品，例如在"小舍得"商品详情页出现的原著小说和剧中同款牛奶。

12. 主页

打开主页会有很多与话题或热搜同名的电影、书籍、音乐、地点等。这些有可能是与关键词同名，例如搜索韩剧《窥探》，不仅会出现剧中的原声音乐，也会出现与之同名的电影、书籍等。

13. 超话

微博超话指的是微博的超级话题，是在新浪微博里面的兴趣内容社区。它是将话题模式和社区属性相结合的产品。其明显的标准是"#"，一般格式为"# 话题内容 #"。微博还有针对话题热度专门建立的话题榜，例如搜索"狂飙"会出现许多相关的超话。

（二）第二大流量入口：微博热门话题

微博热门话题，是微博最主要最核心的流量入口，热搜榜上的热门话题的搜索量一般都在几十万，高的达到几百万甚至几千万，特别像明星八卦之类的话题，搜索量惊人，所以热门话题的流量是非常大的。热门话题自带流量，每天有无数粉丝主动搜索关注这些话题，所以用户可以借助热门话题的热度和曝光度，进行吸粉引流。每天的热搜榜内容都会不同，用户如果想蹭热度，在发布的内容里，前面一定要加上前缀话题。

（三）第三大流量入口：微博超级话题（超话）

微博超级话题是微博其中一个流量入口，它更像是一个网络内容社区。根据行业，微博将超级话题分成不同的版块。用户可以针对自己的产品和需求，找到相应的超级话题去做营销和引流，基本上每个行业都会有超级话题。

（四）第四大流量入口：微博群

微博群，也是一个比较大的流量入口，其功能和 QQ 群差不多。用户可以通过微博群矩阵，即创建多个微博群的形式进行批量引流。

（五）第五大流量入口：热门评论截流

微博热门话题，是微博最主要最核心的流量入口。热搜榜上的热门话题的搜索量集聚人气，流量同样是免费的，此版块特别适合微商和新媒体创业者来引流。如知名人士的微博有上万个赞，每天的热搜话题有很多。只需要每日发布微博时去蹭不同的话题，并将其优化到前几名，每天便会获取较大的流量。

（六）第六大流量入口：微博活动

创建微博活动，也是微博营销推广的其中一个功能，一般采取赠送礼品的形式进行引流，这种方式裂变速度很快。

五、微博热搜

1.微博热搜的页面构成

①微博热搜关键词：最新鲜、最热门、最有料；

②热议话题关键词：观点、聚焦、多元；

③微博潮物关键词：为热爱买单；

④微博榜单关键词：热度、打榜。

2.微博热搜的定义

微博热搜是以用户对信息的搜索频率为导向主动为用户提供重要信息的一种内容服务新样态。以微博热搜停更的视角分析微博热搜对公众获取信息、行动指向的个人功能以及社会整体面貌的影响，重新审视微博热搜在新媒体时代整改的紧迫性以及存在的必要性，构建信息传播的有序格局与信息生态环境。[1]

3.微博热搜的变化

①更新时间的变化：从每 10 分钟更新一次变为每分钟更新一次。

②热搜榜上广告的变化：以前热搜第三条与第六条为推荐广告，现在广告不占热搜排名（在第三与第四之间）。

③具体内容的变化：与此前的热搜榜相比，新的热搜榜少了许多明星八卦、低俗内容，传递更多积极向上的内容。热搜榜也增加了"热""娱""商""新"不同类别的小标识，主要体现各个领域的热点信息。

4.微博热搜分两种

①短期热搜关键词。本类事件、人物或者话题出现快，消失也快，主要是短期内吸引流量。例如：一部新出的电影或电视剧。

②长期热搜关键词。本类事件、人物或者话题比较长久，在相当长的一段时间内都属于比较热的搜索关键词，不会轻易改变。

5.微博热搜的特性

新——新鲜出炉、一手热点，指最新上榜的热点内容。

1 马文帅.微博热搜对公众认知的影响：以热搜停更为视角［J］.新闻研究导刊，2020，11（19）：83-84.

热——持续发酵、广泛传播，指热度长期居高不下的热点话题。根据实时讨论度、浏览量等数据进行综合评测，热搜总榜单也是依据热度去进行排序。

沸——人声鼎沸、全民热议，指用户广泛参与和讨论的热点内容。

爆——热度飙升、全面引爆，指短时间热度极高的热点内容。第一个"爆"的词条出现是在 2017 年 10 月，鹿晗（微博账户名称 @M 鹿 M）公布恋情的微博。

商——商业广告、品牌助力，指品牌官方打造的热点内容。

6. 微博热搜的推荐规则

（1）上榜规则

热搜词条主要由网友搜索行为和讨论行为产生，或者由话题主持人产生；被大量网友搜索和讨论的关键词或者话题词，都可能成为热搜词。热搜算法会综合搜索量、发博量、阅读量、互动量等数据指标，建立搜索、讨论、传播三大热度模型，实时计算综合热度进行排序，生成 Top 50 榜单。榜单算法中包含严格的排水军和反垃圾机制，以确保公正客观。

（2）更新规则

热搜实时计算热点数据，每分钟更新一次。

（3）排序规则

热搜算法会综合考察热点的搜索、讨论、传播等实时热度。热度计算公式如下：

$$热度 = （搜索热度 + 讨论热度 + 传播热度） \times 互动率$$

搜索热度：指搜索量，是基于搜索行为建立的热度模型，反映用户对热点的关注和探索程度。

讨论热度：指讨论量，是基于原创和转发的发博行为建立的热度模型，反映用户热议和参与的热情。

传播热度：指阅读量，是基于热搜结果的关联微博在全站的阅读量建立的热度模型，反映热点在微博体系内的传播情况。

互动率：指用户在热搜结果页下转、评、赞等行为的互动比率，反映用户消费内容的意愿。

7. 微博发展存在的问题

（1）明码标价的热搜榜

热搜榜都是明码标价的，无论是否喜欢，看着热搜上有 ta，总能记住这个人的名字，做到了这点，就说明买热搜的目的达到了，这对于明星日后的影视资源和广告资源都有很大的帮助。

（2）过度娱乐化

明星粉丝团体，是微博用户一大重要群体，数量庞大。有些粉丝，一天可能要搜自己的偶像上百遍，再加上庞大的粉丝数，做个乘法以后，就发现有这么高的热度确实不足为奇。

（3）营销号带节奏

微博上有大量的营销号，而这些营销号本身也有着几十万上百万的粉丝，明星们或者制作方们通过供养营销号或者花钱买断营销号，再运用这些营销号进行事件的评论和转发，瞬间制造出不可小觑的流量。

（4）庞大的水军团体

买水军冲热搜的方式大家早有耳闻，有需求就有市场。厉害的水军收入可观，甚至还成立了水军公司。有了这些水军后，他们的行为使某一事件长年挂在热搜榜上变得容易，但这便失去了对事件本身的价值判断。

六、微博的传播

（一）微博的传播特点

微博产生前，SNS（Social Network Service）是网络社交的主阵地。作为Web2.0社交网络的代表，SNS同样是一个基于用户关系的信息分享、传播及获取平台。微博的传播特点与SNS有很多相同之处，但也略有区别。

①对注册用户开放。无论是微博，还是SNS，都只对注册用户开放，否则无法浏览和分享信息。

②以用户为中心。微博与SNS用户关系模式相似，即"Following"和"Followed"（关注和被关注）。微博用户可以通过增删粉丝来构建自己的关系网，微博的"关注""粉丝"，都是以用户为中心来构建的媒介传播圈。

③微博的网络结构由用户、内容、网络工具、社会组成，以用户为中心，内容为主体，网络工具为载体，向社会传播。

④发布便捷，内容丰富。微博内容除了文字、表情，也可以插入图片、视频、音频、网站链接等，强调短小、精练、任意、琐碎。

⑤舆论领袖。微博上的名人由于拥有大量粉丝（Followed），实则是舆论领袖，大致分为学者和自由撰稿人、企业家、媒体人、文艺体育界明星等人群。

⑥微博在实名方面呈现两极化，提倡对名人们的实名认证，而对普通用户则无实名要求。微博在信息传播畅通度上是全开放的，微博用户可以随意转发、评论任何动态新闻。新浪微博除了熟人圈外，还可以通过添加标签，拓宽自己的社交网络。

（二）微博的传播模式

①多中心的一对多式传播。以用户为中心组织和传播内容，有多个传播中心。新浪微博用户 A 更新了一条状态，他的所有粉丝都能收到，这体现了一对多的扇形传播。每个用户都有他们的好友圈（粉丝圈），也就意味着信息是由多个中心实时传播的，这种传播是有效果的。

②网状链接的病毒裂变式传播。多个中心通过网状链接传播，但由于传播过程中存在差异，微博会产生裂变式的传播。微博都是以个人作为网络结点，与好友圈对接形成网状链接。多个传播中心共同融入网状链接，来实现信息的传播与推广，远远高于之前任何一种媒介产品的传播速度和传播广度。

七、微博与其他社交软件对比

1. 微博 VS 绿洲

内容推荐：绿洲是以时间线排序的信息流机制，微博是以热度排序的信息流机制。

平台使用：绿洲的内容更生活化，以图文形式来进行衣食住行等方面的分享，绿洲不能发视频。微博偏资讯，主要以新鲜话题事件为主，以此带动流量话题。

主流用户：绿洲的使用者大多数是年轻人，环境也更适合一些小 V 的入驻。微博的使用者人数众多，遍及各个年龄层，更适合大 V 的发展。

相同点如下：

①都属于社交平台，两者都在平台上分享自己的内容。内容在发布的时候，可以选择同步发送。

②玩法一致，用户在平台上都可以刷关注的人创作的内容，同时进行点赞、

评论和转发三个操作。

③目前的主要内容创作者属于受欢迎且自带流量的明星和大咖 VIP，内容具有话题性。

2. 微博 VS Twitter

微博相较于 Twitter 多了一个微博广场，除了查看自己关注的人、特定的话题外，还可以看到最热门的用户、评论、微博内容。微博娱乐属性较强，Twitter 社交属性较强。

开放性：微博目前是一个完全封闭的微博客网站，不支持 API（应用程序编程接口），不支持 RSS（简易信息聚合）；Twitter 是一个几乎完全开放的微博客服务，除了注册以外，几乎所有的功能都提供 API 支持，有无数的客户端软件，支持 RSS（简易信息聚合），大量用户使用非官方的客户端更新 Twitter，用户可以深刻体会到，Twitter 玩的就是服务。

评论模式：微博可以直接在对方信息下进行评论，也可以勾选"同时发一条微博"，将该评论发布到自己的微博上；Twitter 的评论是直接在自己的微博上发布，在对方的 Timeline 中看不到，相比来说，新浪微博的评论模式更为友好一些。

使用：微博在中国国内可以使用，也可面向国外使用者；Twitter 一般面向境外使用者。

相同点：都有字符的限制（140字），都需要绑定手机，都可以与博客同步，都有热门话题的推送，都有认证用户，都对媒体形态产生了影响。

3. 微博 VS Facebook

微博和国外的推特（Twitter）比较相似，脸书（Facebook）则相当于国内的人人网。

活跃度不同：微博的用户比 Facebook 要更加活跃一些，Twitter 相对于微博来说它的交流性会更强。

用户关系不同：微博的关注方式是单向的，是说"我想关注你，你管不着我"，Facebook 则需要通过好友验证，"想看我的，先经过我同意"。

好友关系不同：微博使用关注的方式能够带来更大的自由度，在微博上关注的人，大多数情况是陌生人，出于某个共同兴趣而进行关注。微博中的关系是为信息服务的，Facebook 中的信息是为关系服务的。

4. 微博 VS Instagram（简称 Ins 或 IG）

微博具有较多的综合信息。除朋友的互相关注之外，微博上还有不少明星、科学家、政界人士等，没有用户想不到的，只要用户关注他们，就可以看到他们每天发的状态。微博的好玩之处就在于受众面广，群众基础大，很具有时效性，传播范围广，速度快。Ins 的内容主要以照片为主，很多明星也玩 Ins，这个跟朋友圈类似，但是不同之处在于，朋友圈只有相互关注之后才能看到朋友圈动态，而 Ins 可以单方面关注你感兴趣的人。

Ins 为了保护用户的版权，上传的照片是不可以保存的，在传播上偏重保护用户的权益，微博上都是开放的，更利于信息的传播。

Ins 没有热搜版块，不会刻意更新时下热点；Ins 相当于国内的绿洲，用户发布的内容以图片为主、短视频为辅。微博更娱乐化一些，也会有实时热搜、新闻资讯推荐。微博的发现页面不但有自己关注的内容，也会推送其他的社会热点，并且除了信息，还有小游戏、找人和直播等不同类型的分区，更趋多元化。Ins 更专注于单项内容。

总之，Ins 的本质是关系，微博的本质是传播。

5. 微博 VS MeWe

MeWe 是国外新流行的一个社交媒体平台，它的用户很快暴涨到 500 万。它的成功之处在于无限接近于 15 年前的脸书的模样，连用户界面都是一样的。MeWe 相当于 10 年前的微博 + 豆瓣小组 + 微信公众号，承诺永远没有广告，用户关注的账号的每一条信息都会被看到，按时间排序，没有算法，没有限流。

除了信息流之外，还有一个功能是小组，类似于豆瓣小组一样的存在，根据不同的喜好找到分类和小组，申请加入。它类似公众号的功能，每个人都可以申请创建一个专业。

MeWe 的口号是 "Your private life is Not Sale" ——你的隐私不是用来售卖的。和微博相比，其既融合了微博的功能，又弥补了微博的一些不足之处。

6. 微博 VS 知乎 VS 豆瓣 VS 贴吧

微博：资讯型社区，以"账号"为基本单位。人们关注名人用户个人的动态，互动性比较低，容易产生"意见领袖"，同时因为有强大的"转发"功能，让资讯可以在不被宣传的情况下快速传播。作为分享简短实时信息的社交网络平台，微博更注重时效性和随意性。

知乎：问答型社区，以"问题/话题"为基本单位，逐渐向用户过渡。优点在于知乎的用户是抱着解决问题的心态来的，愿意倾听他人想法，利于知识传播。社区氛围友好且理性，用户分享着彼此的专业知识、经验和见解。科学性和理论性更强，生活方方面面的热点也好，冷门也罢，用户面临的问题都能在这里得到解答。尽管有些答案不够严谨，可信度存疑，但正因为篇幅不受限，回答者能尽可能具体且耐心地帮用户消除困惑，获取值得借鉴的知识。当然，知乎里很多答案也有解析过度，掺杂过多个人看法的问题。

豆瓣：表面上是一个评论（书评、乐评、影评）网站，同时提供了书目推荐和共同兴趣交友等多种服务功能。活跃在豆瓣社区的用户，一般都是人文素养高的青年，文艺女青年又占这个人群的一大部分，她们大都对国外的图书、电影、电视剧、舞台剧等更感兴趣，大都接受过良好的教育，思想开放且独立。她们更渴望得到社会平等的认可和尊重，因此在豆瓣广播里更关注女性自由和平等的话题。因为更具备感性的共情能力和认知，豆瓣大部分高质量的影评也出自这些女性之手。

贴吧：论坛型社区，以"吧"为基本单位。围绕某个吧聚集起一群具有相似兴趣和共同爱好的人，形成较为封闭的圈子，展开交流互动，内部交流方式较为平等，用户发帖权利一致。但是，由于"吧主"权利极大，观点容易极端化。

八、微博和其他相似媒体的区别

（一）微博与博客的区别

博客（Blog），即"Web Log"，中文意思是"网络日记"。其为个人提供信息生产、积累、共享、传播的独立空间，可以从事面向多数人的、内容兼具私密性和公开性的信息传播，因此被称为"自媒体"（We Media）。[1] 由于微博的中文名字及英文名字"Micro Blog"都与博客（Blog）有联系，因此常有人分辨不清。通常，微博长度限制更严（如前述的140字），更简短；而博客则通常可以长达成千上万字，显然可以用于发布篇幅更长的详细内容。

当然，目前也经常有用户通过微博对自己的某篇博文进行精彩简介，并在

1　宫承波.新媒体概论［M］.9版.北京：中国广播影视出版社，2021：92.

微博上加上博文的链接地址，这样如果谁想了解详细内容，就可以通过链接跳转到博文上。

（二）微博与即时通信的区别

即时通信是指通过专门的网络即时讯息传呼软件，依靠互联网和移动通信技术，在用户之间建立起来的直接联系和实时交流的通信系统。[1] 即时通信（如QQ、微信等）默认是两个客户间的单独交流；而微博则是默认的公开群聊。即时通信中的群聊通常是圈子里相对固定的人群，具有相对的封闭性；微博在群聊过程中可能不断有无法预知的各种用户加入讨论，具有相对的开放性。

另外，即时通信还包括好友关注方式的不同：微博上可以单向关注；而即时通信里均是双向关注。不过，值得关注的是，微博私信有向即时通信发展的迹象。

（三）微博与社交网站的区别

知乎、百度贴吧等社交网站功能通常更多，也可以称之为"混搭"。例如，社交网站在日志、相册、投票、读书等功能上更丰富；而微博最初以140字的短消息为核心，其他的应用绝大多数并不直接反映在首页，而是通过辅助功能点击进入后方可使用。同样，社交网站好友的关注方式也是双向的，其话题讨论也具有相对的封闭性。

此外，微博上各行各业的人都有，且用户平均年龄高于即时通信与社交网站上的用户平均年龄，这使得微博上的社交圈子更广，且通过认证信息还能寻找到各个领域里的中高层人士。

九、微博的社会价值

（一）提供了传播信息的载体

首先，网络的快速发展使每个人都成了自媒体，可以随意发布信息，面向其他人进行传播。微博作为一种互联网工具，帮助用户实现了随时随地分享，因此在突发事件面前，其独特的传播价值得以彰显。

众所周知，在突发事件中，最先得到消息的不一定是大众传媒，而是亲临现场的人。微博的优势降低了信息发布的门槛，使每个亲临现场的人都可以在第

---

1 宫承波.新媒体概论［M］.9版.北京：中国广播影视出版社，2021：92-93.

一时间将第一手信息发布传播出去，对事件进行"现场直播"，大大增强了信息的时效性。

（二）微博的传播促进了政府信息公开

微博开辟了政府信息公开的新时代。有人称微博是"意见的跳蚤市场"，每个人都是中心，都可以掌握信息发布的主动权，而不再是信息的被动接收者。微博在一定程度上改变了政治运作、生产和参与的方式，促进了政治生活的民主与平等。[1] 此外，微博开通了领导与民众沟通的有效渠道，为民主监督提供了平台。现在不仅普通民众在玩微博，越来越多的部门和领导也加入其中，与网民进行沟通和交流，接受民主监督。例如平安北京、四川高速交警大队这些政务微博的开通，为政府了解民意，并为政府部门最终采取符合人民意愿的措施提供了互通的交流平台。

（三）为企业营销提供了新平台

微博是品牌传播、新产品、新服务的一大推广平台。由于微博是一种社会化媒体，具有极好的传播效果，因此如果能激发微博用户主动传播其企业信息，将可以迅速提升知名度，成本则大大降低。

（四）为非政府组织活动提供便利

当前，许多民间环保、公益、志愿者组织纷纷开通微博，通过微博来宣传组织宗旨，引导社会舆论，发布活动信息，募集活动经费，召集成员开展活动。微博为非政府组织运营提供了极大的便利，推动社会文明进步。

第三节　短视频

一、短视频的概念

社会化商业网对短视频的定义：短视频是一种视频长度以秒计数，主要依托于移动智能终端实现快速拍摄与美化编辑，可在社交媒体平台上实时分享和无缝对接的一种新型视频形式。

1　李雪晶.传播学视野下的微博研究［D］.哈尔滨：黑龙江大学，2012：42.

宫承波在《新媒体概论》一书中指出：短视频是指通常以秒为单位，时长上相对较短（目前以 5 分钟内为主），制作上低门槛化、内容上碎片化，社交性突出的一种新型视频形态。[1] 当下短视频内容较为火热，在新闻资讯类产品、电商产品等各领域均有呈现。

短视频时长在 1 分钟以内的称为超短视频，一般以 15 秒为主；1~5 分钟的称为长短视频。超短视频时效性强，涉猎题材广泛，制作简单，创意性强；而长短视频制作周期相对较长，投入成本较大，多为专业团队创作，故事片、纪录片、专题片类型居多，传播性强。

二、短视频的发展

（一）短视频的发展历程

1. 兴起期（2012—2016 年）：立足社交平台的秒拍、微视出现

移动短视频发源于美国，2011 年初上市的视频分享应用 Viddy 可拍摄 15 秒视频，同年 3 月 Socialcam 问世，拉开了短视频时代序幕。之后 Twitter、Instagram、Keek、LINE 等视频应用软件的发展，改变了人们看世界和展示世界的方法。在国内，微电影的拍摄推动了影视创作的草根化，为短视频奠定了重要的前期用户基础。直至 2012 年，国内移动短视频应用才开始高速发展，在这一阶段工具短视频和社交短视频并行发展。

2013 年 8 月，秒拍成为新浪微博手机客户端的内置应用，在随后的半年里迎来用户激增，主要功能为高清拍摄、视频主题、高能水印、智能变声、明星短视频、一键唤起。2013 年 9 月，腾讯公司也出品了一款主打 PGC 内容生产的短视频应用"微视"。除此之外，该时期出现的热门短视频平台还有美拍和小咖秀，2013 年 8 月新浪微博与 2014 年 9 月微信增加了短视频分享和小视频应用的功能，众多短视频新媒体呈现百花齐放之势。

该阶段的后半程是以更加低廉、草根文化为代表的"Gif 快手"为代表，快手于 2016 年迅速崛起，形成了巨头加盟的移动短视频二代产品。快手引入了个性化推荐算法，针对用户不同喜好推荐内容，强调用户社区运营，并且以农村包围城市的战略悄然向三、四线城市以及农村下沉，收获了大量底层用户流量。通

---

1 宫承波 . 新媒体概论［M］.9 版 . 北京：中国广播影视出版社，2021，9：212.

过短视频＋直播和大量农村 KOL 特技吸引用户关注，之后短视频成为众多新媒体公司争夺的风口。

2. 爆发期（2016—2018 年）：深入垂直领域，短视频内容创业激增

2016 年，短视频领域资本投入力度的加大促使其发展进入真正意义上的爆发期。一方面，逐步精细化、垂直化发展。更多独具特色的移动应用出现，如主打生活方式的"刻视频"，主打财经领域的"功夫财经"，前足球运动员孙继海创办的体育短视频"秒嗨"等。另一方面，短视频新闻资讯平台出现。新京报成立的"我们视频"、南方周末的"南瓜视业"、界面的"箭厂"等，为网民获取新闻资讯提供了新渠道和新体验。2017 年，抖音通过引入明星 KOL 资源收割流量、制造话题，提供大量的素材，打造年轻的酷文化，依托于其强大的大数据推荐算法，以强运营带动用户的观看和参与。"音乐＋15 秒短视频"的模式迅速掳获了一、二线主流城市青年用户的时间，PGC+UGC 的强运营模式让抖音在中心化和去中心化之间有了完美平衡，塑造了流量的持续性。抖音还在这个时期与微信、微博并称为"两微一抖"，成为最为主流的社交媒体平台。

拓展阅读 1 ▶▶

（1）"我们视频"是新京报和腾讯新闻合作推出的视频新闻项目，专注于新闻，集中于移动端新闻视频的报道。包括直播、短视频和长片，倡导用视频形式覆盖新闻热点和重要现场，突出新闻、视频、手机、专业和人性五大关键词，开设《世面》《局面》《紧急呼叫》等多个子栏目。

（2）短视频 APP 上线发展史：

2011 年 3 月，快手上线；8 月秒拍发行。

2013 年 1 月，小影上线；9 月微视上线。

2014 年 5 月，美拍上线；7 月 musical.LY 上线；12 月 22 日，逗拍上线。

2015 年 4 月，小红唇上线；5 月小咖秀上线。

2016 年，火山、VUE、一条、抖音、头条、梨视频纷纷上线。

2017 年 6 月，西瓜、奶糖纷纷上线。

3.成熟平稳期（2018 年以来）：KOL 打造精品内容，电商直播与知识付费深度融合

抖音、快手持续坐稳短视频领域的头两把交椅。BAT（百度、阿里巴巴、腾讯）三巨头继续发力，百度推出"好看视频"，阿里将土豆视频转型为短视频平台，腾讯大力推广"微视"。短视频平台各具风格，市场基本瓜分完毕，该时期拥有极高的用户黏性。电商直播和知识内容付费成为短视频内容生产和变现的重要手段，KOL 打造精品内容。例如抖音上的剧情类 KOL，通过几则关于女性安全性问题的短视频收获了千万粉丝。这类的推理性短视频在抖音上火了起来，在有限时长之内，故事的反转起伏、线索的梳理分析，都得到清晰呈现。凭借伏笔、反转等元素，这类推理性短视频在美妆、唱跳、萌宠等 KOL 池中暂时分得一杯羹。

但短视频内容和平台急速野蛮生长中暴露出来的乱象，如同质化、泛娱乐化、低俗化、侵权等，已引起监管部门的注意，国家监管部门通过约谈、责令整改、下架删除、严厉打击和清理违规账号等方式对短视频市场进行规范和整顿。

拓展阅读 2 ▶▶

关键意见领袖（Key Opinion Leader, KOL）是营销学上的概念，通常被定义为：拥有更多、更准确的产品信息，且为相关群体所接受或信任，并对该群体的购买行为有较大影响力的人。

KOL 特征如下：

第一，持久介入特征。KOL 对某类产品较之群体中的其他人有着更为长期和深入的介入，因此对产品更了解，有更广的信息来源、更多的知识和更丰富的经验。

第二，人际沟通特征。KOL 较常人更合群和健谈，他们具有极强的社交能力和人际沟通技巧，且积极参加各类活动，善于交朋结友，喜欢高谈阔论，是群体的舆论中心和信息发布中心，对他人有强大的感染力。

第三，性格特征。KOL 观念开放，接受新事物快，关心时尚、流行趋势的变化，愿意优先使用新产品，是营销学上新产品的早期使用者。

各短视频平台 KOL 数量分布——快手 KOL 最多，抖音、秒拍紧随其后，据图5-9数据显示，各大短视频平台 KOL（粉丝数在 10 万以上的达人，包括 MCN 机构旗下达人和 UGC 属性的红人）规模已经超过 20 万个。

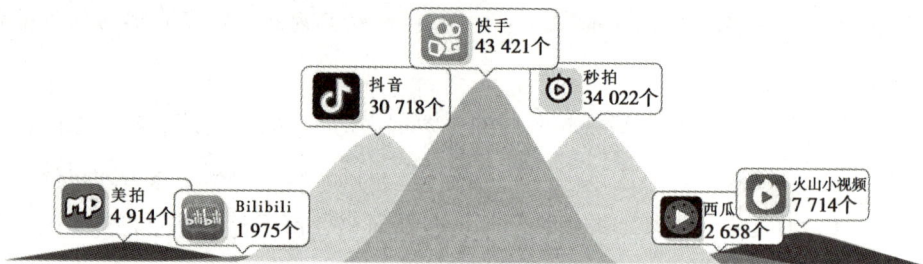

图 5-9　各大短视频平台 KOL 数量分布

案例分析▶▶

李子柒——美食领域优质创作者

随着短视频与电商联系日趋紧密，基于 KOL 管理规范和集中，内容质量明显提高，短视频用户消费场景也得到明显优化。"短视频达人"也将持续在短视频与电商的"联姻"中发挥关键作用。

2015 年，出生于四川绵阳的李子柒（原名：李佳佳）开始拍摄具有田园清新气息的古风美食短视频，其拍摄的《兰州牛肉面》《秋千》《芋头饭》《拍黄瓜》等视频因取材天然、纯手工制作、家常的味道等看点迅速圈粉。2017 年，李子柒亲自组建团队，建立了个人品牌，节目制作和运营也更加精细化，推出了流觞曲水桌、一花一茶、桃林游记、萝卜的一生、春节年货五大系列短视频，一个系列 7~19 集不等，内容涵盖手工品制作、传统美食和手工艺、春节传统习俗等，视频类型向文化遗产、传统文化等更广阔的领域深耕。2018 年，李子柒创立了自己的品牌，注册了公司，在淘宝、天猫、抖音上开设品牌网店"李子柒旗舰店"，借助于网店，李子柒的产品螺蛳粉、藕粉、香菇牛肉酱等售卖金额达上千万元。团队负责节目的策划、拍摄，视频播出后，嵌入橱窗链接功能，进行对应的产品销售，视频内容变成营销手段。

（二）短视频的发展特征

短视频具有一些个性化特点，包括短、低、快、强、准，正是这些特点让短视频更容易获得用户的青睐。

1. 短

短是指短视频的内容时长短，这就有助于用户利用碎片化的时间接收其中的信息。这种简短精练且相对完整的内容形式更强调内容创作者与用户之间的互动，也非常适合做新闻报道，有利于社会整体传播效率的提高。其内容融合了技能分享、幽默娱乐、时尚潮流、社会热点、街头采访、公益教育、广告创意、商业定制等。短视频短小精悍，内容丰富，题材多样，灵动有趣，娱乐性强，注重在前3秒吸引用户，视频节奏快，内容紧凑，符合用户碎片化的阅读习惯。

2. 低

低是指短视频制作的成本和门槛低。首先，短视频的拍摄、剪辑和发布可以由一个人使用一部手机完成，而且短视频APP的使用也很简单，用户可以轻松制作出一条特效丰富、剪辑清晰的短视频；其次，短视频的拍摄和观看对于用户时间的要求很低，使用碎片化时间即可完成。相较于传统视频，短视频大大降低了生产和传播的门槛，实现了生产流程简单化，甚至创作者利用一部手机就可以完成拍摄、制作、上传与分享。目前主流的短视频APP中，大都具有一键添加滤镜和特效等功能，各种功能简单易学，使用门槛低。

3. 快

一方面，快是指短视频的内容节奏快。由于短视频时长短，所以其内容节奏比影视剧等长视频快，能够在极短的时间内向用户完整地展示内容创作者的意图。另一方面，快是指短视频的传播速度快。短视频通过网络传播，而且具有社交属性，所以短视频通过用户的社交网络，就能够迅速在网络用户间传播。短视频内容富有创意，极具个性化。短视频的内容更加丰富，表现形式也更加多元化，更符合"90后"和"00后"个性化和多元化的审美需求。用户可以运用充满个性和创造力的制作和剪辑手法创作出精美、震撼的短视频，以此来表达个人的想法和创意。例如，运用比较动感的节奏，或者加入幽默的内容，或者进行解说和评论等，让短视频变得更加新颖。

4. 强

强是指用户有很强的参与性，短视频内容创作者和观看者之间没有明确的分界线，内容创作者可以成为其他短视频的观看者，而观看者也可以创作自己的短视频。短视频的传播门槛低，渠道多样，容易实现裂变式传播与熟人间传播，轻松实现直接在平台上分享自己制作的视频，以及观看、评论、点赞他人的视频。丰富的传播渠道和方式能够使短视频传播力度大、范围广、交互性强。

5. 准

准指的是目标精准定位营销。与其他营销方式相比，短视频营销可以准确地找到目标用户，通常会设置搜索框，优化搜索引擎功能，输入关键词便可找到相关联的内容，这一行为使短视频营销更加精准。用户在"刷"短视频时经常会"刷"到广告，甚至短视频界面还有添加商品到购物车的链接，这便是短视频触发的营销效应，很多广告商都会和短视频平台合作来推销产品或者传播品牌。

三、短视频的各模块及功能

（一）短视频模块

短视频社区首页拥有丰富的视频内容，通过各种标签，例如旅游、家居、宠物、情感等为用户做个性化的视频推荐，智能算法将帮助用户挖掘更多新鲜有趣的视频；用户还能进行下载视频、评论视频、分享点赞视频，关注视频创作者等操作，打造交互良好的 UGC 生态。

（二）直播模块

直播间拥有开播提醒，让主播可提前锁定用户，打造高人气直播间；多人连麦、在线 PK、点赞评论、直播公告、礼物红包、美颜特效等让直播内容具有更强的可看性；还可加入商品橱窗模块，将流量转化为消费，实现直播的高效变现。

（三）视频剪辑及美化模块

支持本地视频一键导入与短视频在线拍摄两种模式。支持对亮度、对比度、曝光度、饱和度、色调进行调节，支持画面剪裁、更改滤镜、添加背景音乐、同步录音、添加字幕、转场、快进、变速等效果，还有丰富的贴纸、文案素材，帮助用户生产更加精美的视频内容。

（四）管理模块

系统管理、内容管理、短视频管理、用户管理、直播管理、运营中心、公会管理、数据管理等，高效管控直播间情况和短视频内容，获取最新的数据情况以便更好地调整短视频内容。

在移动互联网用户流量增长见顶的情况下，短视频 APP 凭借着其优质的内容和强社交的属性，实现了用户规模的快速扩张，随着短视频与电商、交友等其他行业融合的加深，行业规模存在继续扩张的空间。

（五）结构

短视频的结构一般分为开头（黄金 5 秒、5 秒后展示）、过程（前叙事部分、后叙事部分）、结尾（结束部分、宣传部分）。黄金 5 秒需要展示视频亮点和主题，过程中的叙事部分需要说明内容、升华感情、拓展深度，结尾需要增加悬念感和关注度。进一步而言，15 秒左右的短视频只能表达一个瞬间，30 秒左右的短视频可以叙述故事情节，60 秒左右的可以讲述完整的故事，2 分钟及以上的可以进一步对信息进行延展和深挖。

四、短视频的内容生产

（一）短视频的类型

1. 短视频平台的分类

下面按照短视频平台自身的功能和性质进行短视频平台的分类。

● 社交媒体类：社交媒体的主要功能是让用户直接在平台上进行交流和互动，短视频作为交流的一种媒介，当然也可以在社交媒体的平台上发布。社交媒体类的短视频平台包括微博、微信等。

● 单一形式类：单一形式类的短视频平台包括秒拍、美拍、梨视频和西瓜视频等，平台中短视频的内容形式比较单一，所涉及的领域也比较单一。例如，美拍就是泛生活类的内容短视频平台，用户以女性群体为主，短视频内容以美妆、健身和穿搭等为主。

● 综合内容类：综合内容类短视频平台以抖音、快手和腾讯微视等为主，这些短视频平台中的内容包罗万象，但最多的是用户自己创作并发布的短视频。

● 视频网站类：视频网站是指一些以播放影视剧和视频节目等为主要内容的长视频网站，这类网站通常也会设置短视频专区，发布和传播短视频来丰富自己的内容领域，并吸引更多的用户群体，从而获取更多的经济收益。这类短视频平台的代表包括爱奇艺、腾讯视频、搜狐视频、优酷视频、芒果 TV、咪咕视频和哔哩哔哩等，以及爱奇艺中的短视频频道。

● 综合资讯类：综合资讯类应用通常也会开辟短视频专区或频道，而且各种资讯中也会使用短视频来增强信息的真实性和现场感。这一类短视频平台的代表包括今日头条、网易新闻、澎湃新闻和央视新闻等。

●电商平台类：电商平台的短视频内容主要以商品推广为主，而且短视频作为主流商品展示推广方式已经应用到电商的多数商品中，目前主流的电商平台（如淘宝网、京东商城和拼多多等）上都有大量商品推广短视频，淘宝网中也开辟了专门的短视频频道——哇哦视频。

●垂直领域类：垂直领域类短视频平台通常是指在不同领域中的专业应用，这些应用以发布专业的短视频来获得用户的关注。例如，专门展示制作美食短视频的美食APP，展示健身短视频的健身APP，展示小动物短视频的宠物APP等。

●互联网电视类：互联网电视是一种通过宽带网络观看电视和视频的互动电视，用户通过互联网电视的APP也可以观看短视频。目前常见的互联网电视平台如未来电视、百视通、华数传媒、南方新媒体和国广东方等都有短视频内容。

●线下平台类：除了线上短视频平台外，线下也有一些可以发布和传播短视频的平台，包括飞机、地铁和公交车的视频播放平台，以及小区、写字楼和电梯间的视频播放平台等。

2. 国内主要的短视频平台

很多互联网公司旗下有多个短视频平台，所以也可以根据所属公司来划分短视频平台，目前已经形成了字节跳动系列（北京字节跳动科技有限公司主导）、腾讯系列（深圳市腾讯计算机系统有限公司主导）、百度系列［百度在线网络技术（北京）有限公司主导］、阿里系列（阿里巴巴集团控股有限公司主导）等多个短视频平台。

●抖音：抖音是目前短视频领域的超级平台，也是进行短视频设计和制作的首选短视频平台之一。互联网数据统计显示，抖音在2020年7月移动APP排行榜中名列第6位，在短视频平台中名列第1位，其7月活跃人数达到61282.6万，用户以年轻、时尚的女性和一、二线城市的中产白领为主。

●快手：快手是目前短视频行业的领头羊之一，对短视频内容创作者的支持力度相对较大。互联网数据统计显示，快手在2020年7月移动APP排行榜中名列第9位，在短视频平台中名列第2位，其7月活跃人数达到46977.9万，其用户多热衷"老铁文化"，生活在三、四线城市，喜欢分享生活。

●西瓜视频：西瓜视频是今日头条旗下的个性化推荐短视频平台，互联网数据统计显示，西瓜视频在2020年7月移动APP排行榜中名列第22位，在短视频平台中名列第3位，其7月活跃人数达到15459.9万，其女性用户略多于男性用户。

● 抖音火山版：抖音火山版是火山小视频的升级版平台，该平台主要通过短视频帮助用户迅速获取内容和粉丝，并发现具有相同爱好的用户。互联网数据统计显示，抖音火山版在 2020 年 7 月移动 APP 排行榜中名列第 38 位，在短视频平台中名列第 4 位，其 7 月活跃人数达到 12 535.4 万。

● 腾讯微视：腾讯微视是腾讯旗下的短视频创作与分享平台，可以将拍摄的短视频同步分享到微信群、朋友圈和 QQ 空间中，且用户以女性为主。腾讯微视在 2020 年 7 月移动 APP 排行榜中名列第 54 位，在短视频平台中名列第 6 位，其 7 月活跃人数达到 8 066.5 万。

● 好看视频：好看视频是百度旗下的一个重要的短视频平台，用户群体在地域、年龄方面的分布都比较分散，内容以泛娱乐、泛文化和泛生活短视频为主。互联网数据统计显示，好看视频在 2020 年 7 月移动 APP 排行榜中名列第 57 位，在短视频平台中名列第 7 位，其 7 月活跃人数达到 7 820.3 万。

3. 短视频的生产方式类型

短视频内容可以分为用户生产内容、专业用户生产内容和专业机构生产内容三种类型。

（1）用户生产内容

用户生产内容（User Generated Content，UGC）类型的短视频拍摄和制作通常比较简单，制作的专业性和成本较低，内容表达涉及日常生活的各方面且碎片化程度较高。而且，这种短视频一般无营利目的，商业价值较低，但具有很强的社交属性。短视频平台中大部分内容创作者初期会发布此类短视频，只有在获得一定数量的粉丝之后才会发布其他专业性更强的短视频内容。

（2）专业用户生产内容

专业用户生产内容（Professional User Generated Content，PUGC）类型的短视频通常是由在某一领域具有专业知识技能的用户或具有一定粉丝基础的网络"达人"或团队所创作的，内容多是自主编排设计，且短视频内容主角多充满个人魅力。这种短视频有较高的商业价值，主要依靠转化粉丝流量来实现商业盈利，兼具社交属性和媒体属性。

（3）专业机构生产内容

专业机构生产内容（Partner Generated Content，PGC）类型的短视频通常由专业机构或企业创作并上传，对制作的专业性和技术性要求比较高，且制作成本也较高。这种短视频主要依靠优质内容来吸引用户，具有较高的商业价值和较强的媒体属性。例如，知乎官方抖音账号创作的短视频都属于 PGC 短视频，制作水准较高。

4. 短视频的内容类型

短视频按照内容分类，大致分为以下几种。

新闻资讯类短视频：指传统媒体进军短视频，以接地气的方式为人民大众提供新闻资讯，如人民日报、央视频、四川传媒等。

政务服务类短视频：国家政府机关入驻短视频平台，发挥动员组织宣传作用。例如"外交部发言人办公室"开通抖音账号，迅速吸睛涨粉。

知识类短视频：指以传授和贩卖知识为目的的视频内容，范围涉及各个领域，包括大众常识和专业知识以及公开课。例如，2021 年在抖音上播放量迅速增长的 5 大知识类别分别为：英语四六级、历史、心理、韩语、消防。

剧情类短视频：指内容以短剧、表演或访谈为主的短视频，通过具体的故事表演来吸引用户关注。其细分类型包括故事、搞笑、情感等，例如，"@天津一家人"发布的短视频就以普通的天津一家人的家庭故事为主要内容，故事性强。"吐槽"段子类短视频较受人们的喜爱与关注。"吐槽"指在他人话语或某事中找到一个切入点进行调侃的行为。"吐槽"在使用恰当的情况下可以为观众带来极大的乐趣，被许多短视频创作者采用。"吐槽"段子类短视频的形式可以分为个人"吐槽"类、播报类和情景剧类。访谈类短视频比较常见，而且这种视频非常火爆，如"肥宅"这个词就是从街头采访的路人口中说出并在网上广泛传播的。这类视频有两种形式：一种是当一个被采访者回答完问题后，提出一个问题让下一个人回答；另一种是所有的被采访者都固定回答同一个问题。这类短视频的卖点是路人的颜值及问题的话题性，由于颜值和话题性更能吸引年轻人的注意力，所以这类短视频的播放量一般不会低。情感类短视频通常有三种表现形式，一是以文字和语音来展现情感短文，二是真人出演的情感短剧，三是主要以声音来呈现的情感类短视频。这类型短视频主要表现情感，内容情节细腻动人。

影视娱乐类短视频：指内容以介绍电影电视为主的短视频，主要是通过剪辑展示各种影视剧和综艺节目等。例如，"@毒舌电影"发布的短视频就以推荐电影为主要内容，"@抖音综艺"发布的短视频就以展示和推荐综艺节目为主要内容。电影解说类短视频是做电影解说的，声音不一定要多好听，但一定要有辨识度和特色，而且在电影素材的选择上也很有讲究。电影素材一般选择热门电影等。做电影解说类的短视频不一定是解说电影剧情或"吐槽"，也可以进行电影盘点，为网友推荐一些优秀的电影作品等。

文艺清新类短视频：主要针对文艺青年，其内容与生活、文化、习俗、传统、风景等有关，视频内容的风格给人一种纪录片、微电影的感觉。这类短视频的画面一般很优美，色调清新淡雅。不过，这类短视频的选题是最难的，而且比较小众。与其他类型的短视频相比，这类短视频的播放量会比较少，但也有非常成功的自媒体，如一条、二更等。这类短视频虽然播放量少，但粉丝黏性非常高，变现也比较容易。

生活类短视频：指内容以展示人们的日常生活为主的短视频，具体内容包括生活探店、生活小技巧、婚礼相关、民间活动等。例如，有的发布的短视频主要以中国乡村日常生活为主要内容，有的短视频就以展示国外日常生活为主要内容。

旅行类短视频：指内容以旅行见闻和攻略为主的短视频，具体内容包括风景和人文建筑介绍，以及旅行中的故事、旅游注意事项等。

时尚美妆短视频：所针对的目标群体大多是一些对美有追求和向往的女性，她们选择观看短视频是为了能够从中学习一些化妆技巧来帮助自己变美。微博、微信公众号等平台上涌现出大量时尚美妆博主，她们通过发布自己的化妆短视频，逐渐积累自己的粉丝群体，"吸引美妆品牌商与之合作"，成为时尚美妆行业营销的重要推广方式和渠道之一。短视频的内容以展示时尚内容为主，包括美妆展示和穿衣打扮等，旨在推荐各种美妆和服装商品，并指导用户自己化妆、护肤和穿衣搭配。例如，有的短视频以化妆教程为主要内容，有的则主要介绍老年人的穿搭方式。

美食类短视频：指内容以美食制作、美食展示和试吃为主的短视频，其细分类型包括菜谱分享、美食制作、烹饪技巧，以及小吃、饮品、水果、蔬菜、甜品、西餐和海鲜等，不仅可以向观众展示与美食有关的技能，还可以释放出拍摄者及出镜人对生活的乐观与热情。无论观众是什么身份，都会与美食产生交集。强大的普适性和较低的准入门槛，让众多内容创作者投身于美食类短视频。例如，"@家常美食—白糖"发布的短视频就以家常美食制作教学为主要内容，具有较强实用性。

创意类短视频：指内容以创新事物和新奇意识为主的短视频，具体内容包括手工制作、贴纸道具、特效和新奇艺术等。这类短视频通常以生活小窍门为切入点，如可乐的 5 种"脑洞"用法、勺子的 8 种逆天用法等，制作出精彩的技能短视频。总体来看，这类短视频的剪辑风格清晰，节奏较快，一般情况下一个技能会在 1~2 分钟讲清楚，而且短视频的整体色调和配乐都较轻快，会让人有兴趣驻留并观看完毕。例如，"@ 黑脸 V""@ 我叫何同学"发布的短视频就充满了各种创意特效。

游戏动漫类短视频：指解说游戏和动漫内容的短视频。游戏类短视频是指内容以计算机和手机游戏为主的短视频，主要内容包括各种类型的游戏视频、游戏直播、游戏解说和游戏达人的日常生活等。例如，有的短视频就以介绍各种游戏技能和技巧为主要内容，有的短视频就以展示游戏中的搞笑画面为主要内容。动漫类短视频是指内容以动画和漫画为主的短视频，具体内容包括动漫介绍、动漫故事等。

运动才艺类短视频：指与运动和才艺展示相关的短视频。运动类短视频是指短视频的内容以体育竞技、休闲健身和健康知识为主，具体内容包括各种竞技运动、体育名人的工作和生活、健康知识普及、健康锻炼等。例如，医生发布的短视频就以大众健康知识普及为主要内容，瑜伽短视频则以瑜伽健身指导为主要内容，武学堂发布的短视频就以武术搏击防身课程为主要内容。才艺类短视频是指短视频的内容以音乐或舞蹈等才艺展示为主，具体内容包括音乐表演、音乐制作、舞蹈和舞蹈教学等。有的短视频就以唱歌和歌曲播放为主要内容，有的短视频就以户外多人舞蹈为主要内容。

"种草"类短视频：是指内容以商品的分享和推荐为主的短视频，主要是向用户推荐各种商品，由此激发用户的购买欲望。例如，"@ 老爸测评"发布的短视频就以商品评测为主要内容。

宠物类短视频：是指内容以宠物主的短视频，具体内容包括各种宠物的日常生活、习性介绍和人宠互动，以及饲养技巧等。

萌娃类短视频：是指内容以展示天真可爱的小孩为主的短视频，主要内容包括小娃日常生活趣事等。例如，"@ 一一丫丫"发布的短视频就以双胞胎的日常生活为主要内容。

按照具体表现形式进行分类并不是绝对的，很多短视频在内容类型上有重合的部分，例如，"@ 李子柒"的生活类短视频也有很多美食制作的内容。

（二）短视频＋传统媒体

传统媒体是相对于近几年兴起的网络媒体而言的，传统的大众传播方式，即主要包括报刊、户外、通信、广播、电视以及自媒体以外的网络等传统意义上的媒体。

近年来，迅猛发展的新媒体成为意识形态宣传的阵地。政府需要积极适应新媒体环境，利用短视频重构自身的传播话语体系。以中央电视台、人民日报社、新华社三家官媒为例，传统媒体在短视频领域已经深耕多年。2016 年中央电视台就推出了《厉害了，我们的 2016 年》《V 观》等系列时政短视频，引发现象级传播。人民日报社充分利用其政论优势，推出了《习近平用典》《人民代表习近平》等有影响力的时政短视频作品。新华社充分利用图片和技术生产优势，打造了《红色气质》《精神密码的红色追寻》《红色追寻》等红色时政短视频系列。除了利用自有平台进行短视频发布之外，传统媒体积极布局各大市场化的短视频平台。以"抖音"为例，中央电视台各频道及节目有 20 多个不同类型账户，包括央视网、央视财经、央视网选、新闻联播、央视新闻、CCTV—电视剧等，其中央视新闻作为央视新闻官方抖音号，粉丝达到 1.4 亿；人民日报社的抖音官方账号粉丝已达到 1.5 亿；新华社虽比前两家媒体粉丝数少，但也有 5 000 多万。

从 2017 年上半年开始，政务类、传统媒体类账号就陆续入驻抖音。2018 年4 月，首批政务短视频账号在抖音推出。根据《2018 抖音大数据报告》，截至2018 年 12 月，抖音上共有 5 724 个政务号和 1 334 个媒体号。[1] 无论是权威媒体还是地方媒体，都纷纷通过抖音拓宽自己的受众人群，用全新的表达形式帮助信息传递。2018 年成为国内"政务短视频元年"，抖音成为政务和媒体信息传播的新平台。据 CSM 统计，2020 年在抖音、今日头条、腾讯新闻等 9 个平台上，可观察到省级台新闻资讯类短视频账号累计 1 300 多个；从各台涵盖新闻、综艺、泛生活等各类内容的短视频来看，仅湖南、北京、上海、浙江、江苏 5 家电视台，旗下短视频账号就超过 450 个。[2] 由此看来，媒体融合促进传统媒体在新媒体尤其是短视频平台的布局，越来越深入和立体。

对于传统媒体来说，虽然一度面临用户萎缩，但大屏小屏结合之后有了更广阔的天地。2020 年，黑龙江广播电视台新闻法制频道抖音官方账号龙视新闻

1　参见字节跳动算数中心发布的《2018 年抖音数据报告》。
2　参见中国广视索福瑞媒介研究（CSM）发布的新闻融合传播指数。

发布了一条短视频《开"火车"司机孙刚获赠新车》。这条视频点赞数突破 500 万，开"火车"司机孙刚的事件又被重新唤起记忆。根据 CSM 的调查数据来看，73.2% 的用户因电视节目短视频对该节目产生兴趣，其中 46.1% 的用户会"主动搜索电视节目信息"，超过 1/3 的用户表示"想在电视上收看该节目"，还有近 1/4 的用户表示会"激发其讨论兴趣"，只有 12.4% 的用户表示"看完短视频，不需要在电视上看该节目了"。[1] 电视节目短视频对大屏传播表现出一定的导流作用。

目前，传统媒体与新媒体之间已经寻找出合作共荣的有效途径，未来也将在内容整合和创新上走向深入。随着 5G 时代的到来以及全国各地融媒体中心的建立，"内容"这一网络核心资源有望在全国范围内形成整合。各级媒体如何在这一变革中抓住机会，如何将内容和用户深度融合到一起，值得期待。

形成这样的发展趋势，主要有以下原因。

短视频形式符合当代受众视听习惯。四大门户网站、微博、微信相继出现后，"两微一端""两微一抖"成为政务信息传播的标配，通过多媒体的联动形成传播合力，促进了政府对外形象的宣传与信息公开，更接地气的政务短视频使得政务工作更具有人文关怀。党政宣传从高位语境到低位语境，以更加亲和、亲民、亲临的姿态重建话语领导权，以一种新的更具说服力的面貌传播主流意识形态。

政务短视频内容充分关注和贴合时代热点，塑造贴近群众的亲民形象，打造人设网红，讨喜又恰当的人设让官方政务号迅速脱颖而出。例如共青团中央抖音官方账号结合自身特点，设定了年轻、活泼、充满正能量的人物"团团"，吸引粉丝 817.4 万。视频内容根据账号主题方向固定更新，时常发起正能量挑战。发起或参与挑战是抖音运营的必要手段，特别是一些政府职能部门发起的挑战活动，具有认可度高、需求量大的优势。例如全国党媒信息公共平台发起的"5.12我想对你说"吸引大家学习手语关爱残障人士，为他们送上感动和祝福。政务短视频通过设置创意活动和话题，展现党政机构职能特点。如北京市公安局反恐怖和特警总队抖音账号"北京 SWAT"展示特警队员的日常训练生活，拉近了与受众之间的距离，满足了受众的探索欲，为普通民众了解党政机构职能提供了窗口。政务短视频还发挥着思想教育和科普知识传播的作用，利用寓教于乐的科普知识吸睛。例如，抖音联合中国七大博物馆发起的《第一届文物戏精大会》因拟人化

1　参见中国广视索福瑞媒介研究（CSM）发布的电视融合传播研究。

的动画特效手法展示文物获得了广泛关注。此外，政务短视频在形式上也不断探索创新模式，例如江苏网警抖音号利用动图使内容表现更丰富；央视新闻抖音号量身定制视频背景装饰，别具一格；中国长安网抖音号采用了封面竖屏、视频横屏观看的模式，添加了切换、翻转的提示字样。

（三）短视频＋网络直播

短视频直播是互联网、移动互联网时代非常重要的一种信息传播形式，是基于视频流媒体而产生的一种传播形态。这种形态 2015 年在国外就已经大范围兴起，尤其是以 Meerkat、Periscope 为代表的直播平台备受大众喜爱。随着我国网络、硬件设备、流量资费等各方面条件的成熟，国内短视频直播市场也逐步发展起来。

2017 年，短视频直播进入了一个爆发期，无论是平台新增量、用户增长速度，还是资本活跃度都创了新高，这也预示着该行业已经到了一个"风口"。历史上每一个"风口"都会给当时的个人、社会及经济带来巨大的变化，短视频直播的出现同样如此。首先带来的是经济风向、商业模式的转变，这几年网络经济已经成了新经济形态的主要构成部分，并赋予了经济一个新特征——泛娱乐化。现在很多人通过直播赚钱，这就是泛娱乐化与商业高度融合的结果。在传统经济形态下这是无法想象的，而在泛娱乐化的商业社会则完全可以实现。纵观当前的直播内容，基本上以游戏、秀场、户外探险等为主，可以说，几乎每项内容都具有极强的娱乐性。事实上正是这些带有高度娱乐性的内容引发了新一轮的经济发展浪潮，越来越多的人开始思考如何利用这种直播淘金。在此背景下，一个新的职业应运而生——网络主播。

网络主播是一个特殊的群体，是因短视频直播快速发展而产生的一个新兴职业，如歌手主播、游戏主播、说唱主播，以及专门为各大企业、电商卖货的专业主播。随着直播平台数量的不断增加，直播平台的进一步规范，主播需求量也越来越多，这无形中也会促使网络主播人才空缺。因而，网络主播也成为时下年轻人最热捧的一个职业。

2021 年，短视频直播在文化、经济等各个领域都发挥着重要作用。一方面，传统的直播电商深耕农业、国货老字号品牌、传统手工艺、文旅项目，带动区域经济发展；另一方面，越来越多名校通过直播方式分享知识内容，短视频平台成为知识走出象牙塔的重要途径。以抖音为例，有 92% 的双一流高校入驻抖音，高校开播场次达到万次以上，清华大学"生活中的经济学""西方思想经典与现代社会"，北京大学"术语与归纳哲学的危机""中国经济的调整与前景"等公开课成为观众最喜爱的十大直播公开课。抖音还致力于领略和挖掘传统美和非遗文化，与我国的博物馆合作，展示和传播全国十大非遗项目豫剧、越剧、京剧、相声等，传统文化类主播收入增长。此外，抖音上线了四期"萌知计划"，投入百亿流量扶持知识创作者，鼓励创作更多适合青少年学习的知识内容；快手推出了两季大型直播活动"快手新知播"，为用户提供全新的认知角度与获取知识渠道。

在体育直播领域，体育直播模式升级不断提升用户观赛体验，以云服务、5G 为代表的新兴技术推动了体育直播业务模式的进一步升级。在奥运会上，由阿里云和奥林匹克广播服务公司联手打造的"奥林匹克转播云"首次投入使用，为全球转播机构提供转播支持。基于该平台，转播方工作人员不但通过远程方式即可完成转播和编辑工作，而且还能利用运动员追踪技术，让观众在田径短跑项目中看到每个运动员的实时奔跑速度等信息。运动员赛后连麦直播丰富了用户观赛体验。在社交媒体平台，连麦直播成为运动员与观众交流互动的新形式，为用户提供了了解运动员和赛事的新途径。数据显示，2021 年共有 103 名体育明星在微博参与了 144 场连麦直播，直播观看量累计达到 3.28 亿。

（四）短视频 + 网络视频

2021 年，在短视频应用新用户的带动下，网络视频总体用户规模进一步增长，但增速持续放缓。网络视频市场呈现精品迭出、新业务与技术加速探索应用、环境日益清朗的态势。

传播内容层面，主旋律影视作品在各大视频平台持续热播，发挥主流价值观的引导作用。2021 年是中国共产党成立 100 周年，大量反映中国共产党百年奋斗历程的主旋律作品不断涌现，网络视频平台成为重要的播出渠道。优秀的主旋律作品在网络视频平台上广泛传播，获得用户和市场的一致认可，并引发热烈讨论。以《山海情》《功勋》《觉醒年代》为代表的主旋律作品，或聚焦脱贫攻坚，或关注"共和国勋章"获得者的故事，或展现中国共产党成立的光辉历程，用观众喜闻乐见的讲述方式传递主流价值观，受到各个年龄段观众的喜爱，成为新时期国产影视剧创作的风向标。

业务技术层面，"云业务"、新技术被不断探索与应用，促进网络视频文化产业不断创新与发展。一是"云演出""云影院"等业务不断探索。"云演出"借助多种视听技术打造的新形态娱乐内容，克服疫情对线下娱乐业的影响，满足用户观看内容的互动感、沉浸式体验需求；"云影院"则让用户能够在线获得更加沉浸的高质量视听享受，同时通过一起看、云首映、云票等功能，提供创新的娱乐消费体验方式。二是 3D 化实景、虚拟偶像等技术不断应用。3D 化实景正替代绿幕，成为视频网站自制剧集的拍摄场景，在视觉感受和特效呈现上，观众有身临其境的沉浸体验。"寄生熊猫"等一批有影响力的虚拟 IP 形象被创作出来，不仅能融入网络综艺节目，还能运用全息技术做实景舞台表演，在更广泛的文创领域进行衍生，创造更大价值。

（五）短视频创作技巧

1. 短视频选题策划

短视频选题策划的原则基本要遵守以下几点：核心精神和意识形态要符合党和国家的政策方针；主题要具有时代感、热点性；故事挖掘要真实准确；要有独创性、情感性、实用性；要具有轻松幽默的韵味和新奇感；宣传正能量的主题；叙事简约、结构清晰，逻辑合理；不要做标题党，内容要有垂直度、突出重点；要守住底线，避免虚假低俗；要有清晰的标签定位，符合其传播规律。

通常而言，短视频选题策划的前期准备要依据大数据进行，对标账号、爆款视频、平台基本情况以及用户画像进行调研、数据搜集整理和分析，思考视频结构、主题热词、表演方式、语言风格和拍摄场景。

那么，短视频选题策划的技巧有哪些呢？

①标题清晰明了、精准定位，便于系统推荐；

②捕捉和设计新奇特元素；

③颜值（色彩和容貌）是基础保障；

④蹭热点和焦点话题；

⑤考虑明星效应；

⑥不涉猎敏感性话题；

⑦通过运动剪辑、后期特效等手段提升视觉冲击力；

⑧选择符合主题的音乐，烘托氛围、掌握节奏；

⑨合理使用音效，增加感染力；

⑩真实记录效果优于采访，采访效果优于画外音；

⑪针对不同的传播媒介选择不同的制作媒介；

⑫大人物要接地气，符合大众化设计；

⑬普通人有代表性，强调特点化设计；

⑭提炼的核心理念要简单易懂，易于传播；

⑮重点突出看点，不要面面俱到；

⑯人设要有标志性动作、语言，突出个性；

⑰一般而言，时长尽量控制在一分钟以内；

⑱利用好黄金前5秒，直接奔向主题；

⑲结尾处要有反转，通过彩蛋、花絮等形式保证完播率；

⑳保持高信息密度。

例如抖音粉丝1 000多万的个人账号定位为打造生活美妆小妙招，主播本人有较好的颜值，内容开篇直接切入主题，视频封面有重点和主题标识。有的主播搞笑、接地气的风格与高颜值形成反差，结合自身的"油痘肌"带火了刷酸的明星项目，视频内容通俗易懂，护肤方法实操性强，引起观众共情、共鸣。这些账号核心都有清晰的人设，给人们关注的理由，稳定的产出和创作，带给受众关注的期待。同时，他们输出的内容具有用户价值和行业价值，甚至有些还有社会价值，能够激发情绪点；人设具有身份认同感，内容通俗易懂，通过用户参与加深观众记忆，引发观众共鸣。

在打造人设方面，要设立不易复制的超级人设，优秀的人设会增加好感和辨识度，通过人设拆解，可以得到很多标签，并将这些标签自由组合。一般我们需要从内容、目标人群、解决用户痛点、账号名、账号简介、内容差异、统一的风格、打造标签八个方面入手。

2. 短视频策划案的基本范式

确定创作目标和领域→进行平台数据调研→对标账号和目标用户画像调研→爆款短视频元素拆分→待创作短视频内容、人物、风格制作设备及投放平台、推广方案的确定。

3. 短视频文案写作

一个成熟的短视频制作中，文案无处不在，策划、脚本、宣传语、关键特色的选择等环节的完成都要依靠文案。没有好的文案，很难脱颖而出，吸引受众点击完成观看。短视频文案首先要遵守以下基本原则：题目准确生动，易于宣传；核心思想明确，基调定位鲜明；文字和声画高度融合；结构设计多样化，层次清晰，重点突出；语言通俗化，整体文风与主题搭配合理，有文学和艺术审美的思考；考虑镜头叙事和蒙太奇的使用，考虑起承转合的完整性；根据媒体平台选择合理的文案长度。

短视频文案的结构分为标题、热词、开场、前叙事部分、后叙事部分、收尾。标题、热词属于总结性文字，需要特别凝练；开场、中间、结尾是叙述性文字，重点在于逻辑合理和表达准确，也要有艺术风格化的展示。标题文案有 8 种制作方法，分别为：数字法、对比法、热词法、疑问法、对话法、好奇法、俗语法、电影台词法。标题一般是 12~25 字，使用热词便于搜索，能够精准描述事件内容，突出强调细节，杜绝书面表达，坚决不做标题党。

短视频的正文写作要遵循三段式万能剧本的公式，开场必展现亮点，通过人物、音乐、视觉等吸引注意力，中间要延长期待，制造槽点并引发讨论，具有故事性、准确性、完整性、艺术性和连贯性，结尾要通过 Slogan＋固定结束语、惊喜、预告等方式引导观众点赞，讲求新奇性和反转性。此外，通过使用修辞、具有独特风格的词汇、独特的句子结构、口头禅等方式使观众印象深刻。

4.短视频封面设计

短视频的平台工作人员会根据标题和封面先入为主地选择给用户展现，优质的封面能够帮助用户快速检索视频内容，找到他想看的视频。当用户点击进入短视频主页时，好的封面账号会吸引用户产生多次点击的欲望和关注度。例如"@中国国家地理"，使用网红的头像做封面设计，文字颜色非常突出简洁，醒目的标识可以让用户快速找到自己感兴趣的内容，网红的个人粉丝也会转化成为中国国家地理账号的粉丝。一般选择设计封面风格，要充分考虑账号的卖点是什么，是关于人还是关于物的。

短视频的封面类型一般有以下几种：

①以人物形象为主的，适用于剧情、才艺表演等领域，例如有些账号从封面中可以迅速判断不同职业的职业属性和内容需求，提升信任感。

②以物品特写为主的，适用于美食、风景、"种草"领域，例如有些账号从封面上可以看到各种食物的特写，一目了然。

③以文字内容为主的，适用于知识讲解、教学领域，例如有些账号以动漫风格为主，但在动漫的标题上能够看到"天龙八部有哪八部"诸如此类的标题文字，从而判断出视频的大致内容。

④以卡片模板为主的，适用于好物推荐、开箱测评领域，例如有些账号与家居生活馆有关，推荐以女性主题为主的物品，选择女生喜欢的及比较流行的马卡龙系列颜色的风格画面，给人温暖、好看的感觉。

⑤以画面三合一为主题的，适用于电影解说、影视混剪领域，例如有些账号一个影片分别用三个短片介绍拼接而成，看其中一个就会看与之关联的其他两个。

⑥以突出自己稳定风格为主题的，适用于优质的VLOG领域，例如有些账号有很强的故事性，在画面中大部分以男女演员的拍摄场景为主，选择中景和近景、特写。

除上述类型外，还有联合海报式、文字覆盖式、模板贴片式、虚化背景＋标题式、头像＋文字式、黑屏＋文字式、人物海报式、漫画式。这些都要注意字体大小，居中一些，不要置顶。

（六）短视频内容发展趋势

1. 内容垂直化发展（定位准确）

短视频内容应用的垂直化、分众化趋向显著。当信息能够以"一对一"的方式传递和交流互动时，人们对实用性的需求更强，对感兴趣内容的质量要求也更高，相应地，深度聚焦并且满足特定群体需求的垂直内容也会更受欢迎。"一条""二更"专注于生活方式表达的微纪录，"小红唇"主打草根美妆视频，"财新视频"聚焦高端财经从业者，"德林社"一分钟解读大众财经，"家味美食""日日煮"主打美食类短视频。

在内容垂直化发展中出现了有专业知识背景的大IP。2016年，具有专业背景的"网红"的兴起，则与短视频文化密切相关。IP主通过发布关于自己的专业内容，在各类平台都聚集了粉丝，无论是"罗辑思维"还是"吴晓波频道"，都是将内容短视频化，借助这种具体的人格化形象，营造直接的亲密性，维系与粉丝的情感连接。

2. 内容生产系列化（优化内容）

短视频创作门槛低，随意性强。早期的短视频内容走红极具偶然性，例如旭日阳刚手机自拍弹唱《春天里》、吐槽视频《一个馒头引发的血案》成为草根短视频的经典之作；2016年爆红网络的"Papi酱"，以戏谑、搞笑的现实题材网络IP短视频圈粉无数；还有更多社会资讯类短视频快速热传，又急速消退。从2016年以后，散漫无序的短视频生产状态得到显著改观，平台持续生产的意识、机制和能力不断优化，具体表现在短视频生产的系列化，平台媒体生产的规模化，这在一定程度上标志着我国短视频生产走向成熟。

系列化促使用户持续关注视频内容。系列化包括内容系列化和形式系列化。内容系列化可以从统一的主题、好看的视觉动画、有趣实用的功能入手；形式的系列化是要打造固定的实景以及统一风格的封面设计、台词等。

案例分析▶▶

Papi酱快速走红

Papi酱以吐槽风格的原创搞笑短视频走红，目前抖音粉丝3 209万，获赞2.4亿，微信公众号文章的阅读量和视频号阅览量通常也在10万以上。此外，Papi酱在优酷、秒拍、美拍等不同网络平台上也发布视频。这些作品虽然是不定期推出，但是却有连续性，主打"回望青春期"和"职场人的内心独白"两大系列，将其自身人设定义为"一个集美貌与才华于一身的女子"，个性签名帮助她赢得了众多粉丝。此外，其作品内容发挥擅长的东西，展示表演、语言的独特性。从形式上看，这些作品仿佛是她和几个人的简单戏码，编排独特，具有社会抨击力。事实上，Papi酱背后拥有实力运作团队，Papi酱本人也成了商业合作主理人，内容原创走向OGC发展的趋势，对作品流量及质量保证发挥了至关重要的作用。

拓展阅读▶▶

爆款短视频必备五大要素

优质的短视频必定是主题鲜明、内容有价值的作品。通常来说，爆款短视频需要具备以下五大要素。

1. 创意标题

用户是否会打开文案，80%取决于标题。同样，对于短视频来说，标题也是最先给用户留下印象的，标题是否有创意，是否吸引人是用户能否点开观看的关键，因此短视频的标题是影响短视频播放率的重要因素。具有创意的标题不仅能够提高短视频的播放率，还能吸引用户关注账号。

2. 内容为王

在这个"内容为王"的时代，优质的内容才是竞争的核心要素。能够吸引用户观看的短视频通常具有两个特点：一是用户能够从中获取有价值的内容，二是用户能够从中获得情感共鸣。遵守开头黄金5秒法则，是吸引观众继续看下去的重要动力，在5秒内将短视频的亮点和主题迅速表现出来，通过以起始音乐、人物魅力、视觉奇观、明确告知、身份带入、文案剧情等为诱因的方法植入动机，建立观看期待。

3. 音乐选配

在制作短视频的过程中，要准确把握短视频背景配乐的节奏感。背景配乐决定着短视频的整体风格，短视频是以视听元素来表达内容的形式，而利用音乐和内容的强绑定带给用户传递信息的力量。例如有的账号利用自己特殊的语气和对白在抖音上迅速涨粉。

4. 画质清晰

视频画质清晰与否决定着用户观看视频的体验感。清晰的视频画面能够给用户带来视觉上的享受，从而获得更多用户的关注。很多受欢迎的短视频，其画质像电影大片一样，画面清晰度较高，这一方面取决于拍摄硬件，另一方面也取决于视频后期的编辑工具。

5. 整体设计

多方面、全角度优化短视频能提升短视频的整体价值，专业的短视频创作团队都会在编剧、表演、拍摄和后期制作等方面精雕细琢，从而打造出颇具创意、与众不同、更有核心竞争力的短视频。例如有的通过换装动作的环节设计，精致的妆容迅速吸粉；有的运用PS技术给大家呈现重科技感的神奇视觉盛宴；还有的通过剧情设置讲述日常生活中的道理和注意事项。

五、短视频的传播特性

（一）从内容生产来看，短视频创作门槛低、用户参与性强

以抖音为例，用户可以打开程序后点击中间"+"号，可以自由选择模板进行分段拍、快拍，分别有3分钟、60秒和15秒，软件中自带旋转、闪光灯、滤

镜、美化、识别、一闪而过、快慢速等照相美图工具，非常便捷。除此之外，抖音还有 K 歌和开直播功能，且可以直播录屏，很容易参与创作和进行娱乐。例如，抖音大 V "@ 小鱼海棠"粉丝 1 627.7 万，2021 年 4 月 29 日在抖音上发布第一条内容，挑战和 999 个帅哥一起拍照这一系列，迅速走红网络，获得网友们的喜爱，是 UGC 生产的成功典型案例。"@ 陈翔六点半"粉丝 6 542 万，自拍自导 3 分钟左右的短剧，分为爆笑系列和暖心感人系列。

（二）从传播方式来看，碎片化是短视频最核心的特征

短视频的时间在 15 秒左右，用户的浏览速度快，会不停地切换内容，内容涉及领域广泛，一般是大数据算法根据用户视觉暂留的时长、用户关注和点赞收藏的视频类型来判断用户兴趣喜好，自动给用户推送内容，甚至好友视频随时更新会不断提醒用户观看。

（三）从传播渠道来看，短视频具有显著的社交属性

抖音中社交功能最强的是点赞、评论区留言、即时回复、分享、发起 PK 和邀请连线，还有 K 歌、礼物投票、抖音福袋、一起完成任务、多人聊天室等具有强交互性和社交功能的版块。

六、短视频的风口——VLOG

（一）VLOG 简介

Vlog：Video Blog，是一种记录生活的新方式，2012 起源于 Youtube。2015 年第一批职业 Vlogger 诞生，如 Vlog 之父 Casey Neistat。在国内，海外留学生成为首批 Vlogger。Vlog 是短视频的另一种创新形态，具体表现为：时长更长，打破了以"秒"为单位的计时尺度，增加了信息的密度，提升了内容的表现力和完整度。它主要是一种记录日常生活的视频日志，创作者随意地面对镜头进行交谈。2018 被称为中国 Vlog 元年，2019 年中国 Vlog 用户规模达 2.49 亿人。它被业界认为是短视频发展的新风口和流量增长的新空间。2018 年以来，国内各大头部平台纷纷 Vlog 领域发力。小影启动"V 光计划"宣布打造全球 Vlog 社区，新浪微博发起"Vlog 博主召集"，今日头条与欧阳娜娜联合"明星 Vlog 计划"，腾讯发布 yoo 视频，推广"Vlog+Vstorg"，B 站发起"30 天 Vlog 挑战"。

（二）VLOG 特点

Vlog 较传统短视频而言，呈现以下特点：

①时长相对较长。无论是微信的"10 秒"、抖音的"15 秒"，还是快手的"57秒"，短视频不可避免地遭遇到由于时长过短而对内容表现力有所制约的瓶颈，甚至限制了某些主题的垂直化深度。而 Vlog 的出现，可以拍摄几分钟到十几分钟不等的视频，用户可根据不同的主题表现需求来选择时长，极大地提升了内容的表现力和完整性。

②技术门槛更高。相比人人可以创作和发布短视频的低门槛，Vlog 则有了更高的技术要求。专业化的相机、三脚架、收音麦克风是设备标配，此外还需掌握基本的视频后期处理技术。技术要求决定了当前的视频主群体较为小众，基本上是有影视专业化素养和能力的人在做，但随着新技术的驱动，这种技术藩篱将被打破。

③包装更精良。Vlog 更像一部小型的个人纪录片，容易引发观众深层次思考。基于时长和技术的双重驱动，Vlog 脱离了短视频制作水准的参差不齐，外在包装更为精良。

④内容更窄化。相比短视频内容的多元化，Vlog 则是专注于对个体日常生活的真实展现，以视频播主极具魅力的风格化记录来获取流量。特定群体和普通人的日常生活在细微极致的记录与对话中表现出来，更讲究故事的叙事性，强调去表演化和日常性的真实记录。Vlog 经常以"××的日常""在×××的一天"作为标签。如"#哪个女孩不想活成欧阳娜娜#"，靠 Vlog 圈粉无数的欧阳娜娜呈现的不过是留学和工作的日常，单集 Vlog 播放量超千万，前 12 期 Vlog 已将她 11 次送上微博热搜。普通人"子时当归"记录的仅是日常两餐的烹饪，日复一日固定的、重复的平淡生活，也能吸引观众不知不觉看上几十分钟。Vlog 用更大的篇幅来呈现更真实的原生态，回归更自然的生活本真。

⑤更受年轻人关注。作为一种网络新事物，Vlog 更受年轻人关注，内容更真实、原生态、更自然。以 2019 年 7 月百度指数为例，20~29 岁的群体对短视频和 Vlog 关注度最高，19 岁及以下的群体相比传统短视频更关注 Vlog。

⑥偏向"后台"展示。Vlog 展现了戈尔曼的前台后台之说，后台"前台化"凸显。创作者将摄像头长时间对准自己极具隐私的场所、物品、人际关系作为拍

摄背景公开展现，通过袒露生活方式来传递人生态度。比如欧阳娜娜的 Vlog 中，粉丝看到的并不是充满光环的女艺人形象，而更多的是艺人职业的艰辛和面对行业竞争的心理压力等，这些原本不为观众所见的后台行为突然之间被"前台化"。除了围观名人生活，普通人的生活情境同样具有巨大吸引力。

⑦追求差异化人格美。差异化的人格魅力是 Vlog 区别于一般短视频的关键所在，观众观看 Vlog 时，很容易获得一种沉浸感，创作者通过屏幕以第一人称视角和观众进行走心交流，极易拉近心理距离，引发观众的代入感、沉浸感而产生情感共鸣。观众通过 Vlog 能深度涉入创作者的私人生活，并发掘 Vlogger 差异化的人格魅力，进而认同其生活方式，最终建立起强于其他内容品类的黏性。Vlog 凭借生活化的选题和自然的叙事，成为凸显个人色彩，传达生活态度，展现人格魅力的最佳平台。

⑧促进受众自我成长。Vlog 通过展示"后台"的日常生活拉近与粉丝的距离。久而久之，这个屏幕中的陌生人似乎变成了生活中的"熟人"，观众已不满足于仅仅"围观"，而萌发了主观带入与参与的冲动，甚至产生了传授双方真实交往的幻觉。例如：竹子是国内最早拍 Vlog 的人之一，她毫不避讳地记录下自己一天的情绪变化，如和男友团聚的甜蜜以及分别时的痛苦，事无巨细的生活碎片使观众的情绪随之起伏，自动将自己代入知晓对方秘密的"熟人"关系中。

Vlog 最常见的类型即展示某类群体的一天，例如"女博士的一天""清华学生的一天"等，人们通过窥探群体内成员的生活，进而完成社会比较下的自我审视，用户的需求发生了从"观赏"到"自我成长"的深层次转向，而并非一味地沉溺于浅层化娱乐中。Vlog 的流行反映出当下年轻人社交表达渐渐向内在思考转变。Vlog 对个人经历的个性化浓缩和提纯促使年轻人开始有意识地总结、归纳和反思自己。

七、短视频的社会影响

（一）积极影响

①网络短视频的发展加速了知识的传播，促进了社会信息的流通。新冠肺炎疫情期间，各大媒体借助相关网络短视频 APP 开展疫情防控教育宣传工作，让人们在短时间了解新冠肺炎病毒的危害，及时做好防范工作。同时，借助网

络短视频开展疫情防控知识教育，形象生动，促进知识传播，对疫情防控起到较好的宣传作用。

②网络短视频的发展为各大行业发展提供宣传渠道，为我国文化教育事业的发展提供了便捷途径。近年来，借助网络短视频，一些地区积极试行网络宣传直播带货，进行精准扶贫和乡村振兴工作。同时，各大主流媒体也通过相关平台对我国大学生进行思想政治教育工作，取得了较好效果。

③短视频让人们的生活变得更加丰富多彩，可以记录并分享每个精彩的瞬间。短视频给了人们一个展示自己的舞台，只要你有才华和创意，都可以展示给大众看，在互联网时代也可以真实表达自我，在发展兴趣爱好的同时，也是一种解压的方式。

④短视频成为经济变现的重要手段，促进社会经济发展，改变了人们的日常生活方式。短视频平台中的购物小黄车、进入橱窗等嵌入式功能，以及视频中使用的各种营销变现手段，均刺激了人们的购买欲望，各种"网红"种草成为当下年轻人喜爱追捧的对象。视频内容涉及领域广泛，满足了不同群体的不同消费需求。人们通过直播买卖交易商品，彻底改变了传统的买卖和支付方式，使之变得更简单、方便、快捷、多元。

（二）消极影响

①浪费大量时间。人们通过视频获得海量信息的同时，将大部分的时间浪费在短视频的观看过程中。有些人在不停刷视频获得愉悦感的同时，精神得到放松，并在各大 APP 的推荐之下，陷入不停刷视频的"怪圈"，导致大量时间被浪费。

②在网络短视频快速发展的同时，也存在着被低俗、泛娱乐化侵蚀的风险。网络上低质量的视频数量不断增加，一些不当思想与观点不利于青少年群体的健康成长，不利于主流社会价值观的形成。

③部分短视频内容偏激，缺乏规范性和安全性。一些未成年人的认知不足，随意模仿，对身心造成伤害。如 12 岁的小雨与 14 岁的哲哲看了抖音视频之后，独自在家模仿"易拉罐自制爆米花"，因为操作不当引燃高浓度酒精并导致爆炸和着火，两名女孩均被灼伤。

第六章 新媒体发展存在的问题与数字治理

第一节 网络舆情监管

网络舆情产生于网络社会空间，又反映了网络社会的结构特征。尤其是新媒体发展后，网络媒体在内容和舆论上都出现了诸多问题，如内容呈现低俗化、虚假化特点，舆论出现饭圈文化、粉丝过度消费等不理智行为，网络空间亟待治理，迫切需要开展清朗运动。

在互联网上，每一个网络使用者，通常都只展示 ID 账号或匿名出现，个人可以隐匿在真实世界中的部分甚至全部身份。[1]个人因此丝毫不用担心其在网络空间的行为会对其真实生活造成负面影响。必须承认，网络社会的匿名性给社会角色和社会身份的转变提供了可能，但这仅仅是一种短暂的、表象性的遮蔽，人们跻身于网络，他者变得无处不在。从网络应用来看，用户在首次注册 ID 的时候，需要填写一些用户信息，而这些信息就是身份的记录与识别，只是人们获得了是否隐藏个人资料的权利。因此，用户即使在网络社会中重新塑造了一个自我，但实际上仍然在"表演"着自己。尤其是随着实名制的不断推广，每个人都要对自己的 ID 负责，不负责任的言论和行为将会直接反馈于现实社会中的本我。如近几年，一些网络谣言制造者和一些通过网络进行违法犯罪活动的人均受到了法律制裁。但从结构上来看，网络社会中依然存在社会身份、社会群体、社会职业的分层与差别。一方面是因为网络技术的应用能力存在差别，另一方面是因为人们在网络中的语言、行为产生了区隔。

互联网是一个完全开放式的空间，任何信息可能来自任何节点，如曼纽尔·卡斯特（Manuel Castells）所说，"网络是去中心化的，而且大众还共同分享着做决定的权力"[2]。实际上，技术上的去中心化并没有带来网络社会权力的消解。人们一直为互联网的自由和开放而狂欢，认为每个人都可以自由地发表意见，从

---

1 杨书卷，苏青.科学博客：一股不可忽视的科学传播新力量——以科学网科学博客社区为例［J］.科技传播，2010（4）：74-76.

2 苏帅.中小学校长网络舆情应对能力现状研究［D］.天津：天津师范大学，2017（8）：6.

在 BBS 发帖，到建设自己的网页、网站，这一过程很少受权威的钳制，除了技术层面的规范之外，并没有统一的标准。但正是技术上的去中心化给人造成了一种假象，认为网络社会也是一个去中心化的结构。实际上，技术上的非中心化并不代表事实上的"去中心化"。以文化传播为例，在强势文化与弱势文化不平等互动的情况下，网络社会的开放性实际上加大了文化交流的风险程度。[1]对于网络传播而言，起主导作用的还是那些有强势文化地位的上传者，接受者仍然会受到强势文化上传者视角的支配。网络社会中各种权力以更隐蔽的方式存在并发挥作用，成为一种被符号化的权力。

随着科技的发展，互联网作为生活和工作工具的价值进一步提升，不仅改变了社会舆论的传统传播方式，而且网络社会的匿名化、开放性的特点更为人们畅所欲言地发表意见、建议，表达态度和情绪提供了新的空间。在这个空间中，舆论传播的广度和速度是以往的报纸、电视等传统媒体无法比拟的，而从 BBS 讨论到微博社交平台相互关注的网络行为转变，使网络舆情功能进一步得到强化。正如许多学者认为的那样，公众舆论成为网络社会的重要内容，并且触动了网络文化的深层结构。网络社会已经成为一个新的舆论空间，并且逐渐放大。

一、网络舆情的概念

网络舆情是传统舆情在网络空间的映射，是社会发展到信息社会阶段后出现的新现象。在当代的互联网语境下，舆情通常指网络舆情。抽象的舆情通过网络传播的媒介载体，以网络信息的形式呈现、保留下来，这一方面会促进舆情事件的传播、演进，另一方面也会加速专业机构对舆情信息的收集、研判。[2]网络舆情具有显著的互联网特征。第一，互联网的传播介质是数字技术，它的传播速度更快，使网络舆情的扩散性更强[3]。第二，互联网可存储信息的海量性，使网络舆情涉及的范围更广。第三，互联网信息形态的多媒体性，使网络舆情的呈现形式更丰富多样。第四，互联网检索的便利性，使大众更易于参与进舆情事件的发展进程。第五，互联网空间交流的双向渠道性质[4]，使网络舆情具备了更强劲的可交互性，不但在时间上可实时互动，而且表现为在数量和空间上的大规

1 张春华.网络社会中强势文化与弱势文化的冲突与整合：从语言谈起［D］.沈阳：沈阳师范大学，2005.
2 岳晓黎.我国网络舆情治理研究［D］.石家庄：河北师范大学，2021：11.
3 郭庆光.传播学教程［M］.2版.北京：中国人民大学出版社，2011：106.
4 郭庆光.传播学教程［M］.2版.北京：中国人民大学出版社，2011：107.

模和大面积互动[1]。由此，通过互联网的赋能，网络舆情与传统舆情相比，辐射的人群数量更大，覆盖的领域更广，更易引起大众共鸣，更易于大众参与，又基于三种维度上的可交互性，其不确定性更强。随着移动互联网的发展，网络舆情的上述五种新特征表现得更加突出。移动互联网的移动化特征，更进一步突显网络舆情传播和大众参与舆情事件的便利性。移动互联网的视频化特征，更进一步突显网络舆情表现内容的丰富性，对大众的思想意识形成直接性的冲击。移动互联网的社交化特征，更进一步突显网络舆情强大的扩散性和实时、庞大、跨地区的可交互性。基于以上特征，网络舆情一旦失控，将给社会带来不可估量的影响。

二、网络舆情的构成要素

（一）舆情的主体

舆情的主体是社会民众。作为舆情主体的社会民众，按其地位和作用不同可分为三大类：

第一类是"领舆"，即舆情领袖，他们对民众舆情有着特殊的、深刻的影响。尤其当网络上出现海量信息时，一般公众往往会无所适从，他们更需要权威的"舆论领袖"的声音作为自身决策的重要依据。舆情领袖一般只是某个特定主题的权威，人数很少却有着较大的影响力。舆情领袖传递的意见、想法和信息往往更容易为民众所接受，舆情领袖甚至可以影响和引导民意。就目前我国较有影响力的论坛的参与情况看，培养论坛的"舆论领袖"，利用这些"舆论领袖"来引导网上舆论，已成为普遍做法。这些"舆论领袖"有见地、有代表性的发言一般被版主用醒目的字号和色彩加以强调，放在网页的突出位置，以强化主流言论，孤立非主流言论。[2]

第二类是"白舆"，即舆情民众中的白领，这部分人受过良好的教育，关注社会政治热点问题，所表达的观点能够影响周围的普通大众。

第三类是"蓝舆"，即舆情民众中的蓝领，这部分人是大多数，但一般不太了解也不大关心自身以外的事情，因而他们的观点总是受周围人的影响。

1　郭庆光.传播学教程［M］.2版.北京：中国人民大学出版社，2011：107.
2　辛红.政府对互联网舆情监控的研究［D］.北京：北京邮电大学，2010：48-49.

（二）舆情的载体

舆情有自己的载体，是指舆情信息内容借以出现、传播的平台。在网络空间中，也就是新闻、论坛、博客、音视频媒体以及新兴的社交类网站等。研究载体的构成，需要研究包括地域分布、内容偏好等特征，并且可以通过分析、统计历史数据，可以通过热点和倾向性分析每一类载体的关注点和意见倾向性，并判别载体的活跃度和宏观倾向性，从而指导构建载体分类体系。

（三）舆情的客体

舆情的客体是舆情的具体指向，即公共事务（事项）的掌控者（机构或个人）和事件的直接关联者。

（四）舆情的激体

舆情的激体是指舆情产生的中介刺激源，即关乎民众切身利益的公共事务（事项）或民众关心的特定事件。

（五）舆情的本体

舆情的本体就是舆情的内容本身，即社会民众群体性的情绪、意愿、态度、意见和要求的总和及其表现。[1]显然这一概念已经突破了民众"社会政治态度"的限制。

三、网络舆情治理

网络舆情治理是政府、社会组织和市场机构组成的多元治理主体对网络舆情内容及活动带有目的性的主动双向干预，能预防集体行动事件的发生，进而消除造成现实社会不稳定的隐患。[2]同时，针对网络舆情反映的社会问题，完善社会福利，保障和改善民生，化解社会矛盾，促进社会公平，推动社会的有序发展。网络舆情治理可界定为政府主体在解决网络舆情事件所引起的社会问题的过程中，对其他社会力量的引导，以及通过新媒体等现代信息技术对舆情事件的回应行为。这种界定，更强调政府主体在网络舆情治理中应发挥出的作用。这种作用，是基于政府主体在调动其他社会组织与社会公众的过程中所具备的先

1 胡庆亮.舆情研究中的新闻娱乐化现象［J］.广州社会主义学院学报，2012，10（2）：60-62.
2 岳晓黎.我国网络舆情治理研究［D］.石家庄：河北师范大学，2021：12.

天优势，以及政府主体在回应网络舆情中的最具权威性的特征，以及应担负的责任。网络舆情的主要治理方式有以下几种。

（一）政府主体回应舆情信息

政府主体对网络舆情的回应是网络舆情治理区别于其他治理行为所特有的治理方式，主要包括政府部门开通的如政务微博、政务公众号、政务客户端等在内的新媒体对网络舆情的回应，以及政府部门召开的新闻发布会等。这里需要注意的是，在政府主体对网络舆情信息进行回应的过程中，其他社会组织以及社会公众也都在通过互联网等公开平台进行相应的信息回应行为。但政府主体的权威性，使其在网络舆情信息回应中最具权威性。

（二）落实主体责任解决实际问题

网络舆情问题的最终解决，须以舆情所反映的实际问题的解决为根本。一次网络舆情往往涉及政府主体内部的多个分属主体。如在新冠肺炎疫情防控中，涉及的政府主体内部的分属主体为国家卫健委、地方人民政府、地方卫健委等。宏观层面上的政府主体落实分属主体的责任，通过这些主体对所属领域内的问题逐一解决，包括封控筛查、阶梯式管控、搭建模块化核酸检测实验室等，共同解决疫情相关问题。

（三）引导其他社会力量参与舆情治理

政府主体基于其职能属性与功能定位，具有先天的组织优势。这种组织优势使政府主体最易于调动其他社会力量共同参与进舆情治理。如 2022 年 3 月 21 日东航坠机事故发生后，在事件和舆情持续发酵期间，国务院安委办、应急管理部、飞机制造公司和航空公司相关负责人通过电视、网络、广播向群众说明情况。

第二节　网络规范及文明体系建设

截至 2021 年 12 月，62.0% 的网民表示过去半年在上网过程中未遭遇过网络安全问题；遭遇个人信息泄露的网民比例为 22.1%；遭遇网络诈骗的网民比例为 16.6%；遭遇设备中病毒或木马的网民比例为 9.1%；遭遇账号或密码被盗的网民比例为 6.6%。[1] 网民遭遇的网络诈骗类型主要集中在虚拟中奖信息诈骗、网络购物诈骗、网络兼职诈骗、冒充好友诈骗、钓鱼网站诈骗、利用虚假招工信息诈骗。因此,随着新媒体应用和互联网技术更新迭代,建立健全网络治理的相关法律法规,构建网络文明体系,是势在必行的。

一、完善互联网法律法规

近年来,短视频兴起带来著作权益缺乏保护、内容过度低俗化、挑战媒介伦理、未成年人受到侵害等诸多问题,为了进一步规范短视频的传播秩序,中国网络视听节目协会于 2019 年 1 月 9 日发布了《网络短视频平台管理规范》,国家互联网信息办公室、文化和旅游部、国家广播电视总局于 2019 年 11 月 18 日发布了《网络音视频信息服务管理规定》。在此之前,国家有关部门还相继出台了《中华人民共和国网络安全法》《互联网信息服务管理办法》《互联网新闻信息服务管理规定》《互联网文化管理暂行规定》《互联网视听节目服务管理规定》等法律法规。以《网络短视频平台管理规范》为例,文中对短视频行业作出以下要求。

(一)整体规范

①开展短视频服务的网络平台,应当持有《信息网络传播视听节目许可证》(AVSP)等法律法规规定的相关资质,并严格在许可证规定的业务范围内开展业务。

②网络短视频平台应当积极引入主流新闻媒体和党政军机关团体等机构开设账户,提高正面优质短视频内容供给。如 2020 年 10 月 26 日央视新闻的抖音、微博账号粉丝均破亿,约每 14 个人当中就有 1 个人是央视新闻的粉丝。

③网络短视频平台应当建立总编辑内容管理负责制度。

④网络短视频平台实行节目内容先审后播制度。平台上播出的所有短视频均应经内容审核后方可播出,包括节目的标题、简介、弹幕、评论等内容。例如 2020 年 12 月 3 日,上海市扫黄打非办联合市委网信办、市文旅局对 B 站进行约谈,责令其限期整改 2 周,全面排查违法违规和不良信息,加强视频、直播内容、漫画、图文及相关弹幕和跟评的审核;同时明确要求,在验收网

---

1   参见中国互联网络信息中心发布的第 49 次《中国互联网络发展状况统计报告》。

站整改工作合格前，暂停具有舆论属性或社会动员能力的新业务和新功能的内测或上线。

⑤网络平台开展短视频服务，应当根据其业务规模，同步建立政治素质高、业务能力强的审核员队伍。审核员应当经过省级以上广电管理部门组织的培训，审核员数量与上传和播出的短视频条数应当相匹配。原则上，审核员人数应当在本平台每天新增播出短视频条数的千分之一以上。

⑥对不遵守本规范的，应当实行责任追究制度。

（二）上传（合作）账户管理规范

①网络短视频平台对在本平台注册账户上传节目的主体，应当实行实名认证管理制度。对机构注册账户上传节目的（简称 PGC），应当核实其组织机构代码证等信息；对个人注册账户上传节目的（简称 UGC），应当核实身份证等个人身份信息。

②网络短视频平台对在本平台注册的机构账户和个人账户，应当与其先签署体现本规范要求的合作协议，方可开通上传功能。

③对持有《信息网络传播视听节目许可证》的 PGC 机构，平台应当监督其上传的节目是否在许可证规定的业务范围内。对超出许可范围上传节目的，应当停止与其合作。未持有《信息网络传播视听节目许可证》的 PGC 机构上传的节目，只能作为短视频平台的节目素材，供平台审查通过后，在授权情况下使用。

④网络短视频平台应当建立"违法违规上传账户名单库"。一周内三次以上上传含有违法违规内容节目的 UGC 账户，以及上传重大违法内容节目的 UGC 账户，平台应当将其身份信息、头像、账户名称等信息纳入"违法违规上传账户名单库"。

⑤各网络短视频平台对"违法违规上传账户名单库"实行信息共享机制。对被列入"违法违规上传账户名单库"中的人员，各网络短视频平台在规定时期内不得为其开通上传账户。

⑥根据上传违法节目行为的严重性，列入"违法违规上传账户名单库"中的人员的禁播期，分别为一年、三年、永久三个档次。

（三）内容管理规范

①网络短视频平台在内容版面设置上，应当围绕弘扬社会主义核心价值观，

加强正向议题设置，加强正能量内容建设和储备。

②网络短视频平台应当履行版权保护责任，不得未经授权自行剪切、改编电影、电视剧、网络电影、网络剧等各类广播电视视听作品；不得转发 UGC 上传的电影、电视剧、网络电影、网络剧等各类广播电视视听作品片段；在未得到 PGC 机构提供的版权证明的情况下，也不得转发 PGC 机构上传的电影、电视剧、网络电影、网络剧等各类广播电视视听作品片段。

③网络短视频平台应当遵守国家新闻节目管理规定，不得转发 UGC 上传的时政类、社会类新闻短视频节目；不得转发尚未核实是否具有视听新闻节目首发资质的 PGC 机构上传的时政类、社会类新闻短视频节目。

④网络短视频平台不得转发国家尚未批准播映的电影、电视剧、网络影视剧中的片段，以及已被国家明令禁止的广播电视节目、网络节目中的片段。

⑤网络短视频平台对节目内容的审核，应当按照国家广播电视总局和中国网络视听节目服务协会制定的内容标准进行。

（四）技术管理规范

①网络短视频平台应当合理设计智能推送程序，优先推荐正能量内容。

②网络短视频平台应当采用新技术手段，如用户画像、人脸识别、指纹识别等，确保落实账户实名制管理制度。抖音、快手等短视频在账号登录时就有绑定手机号的要求，以及人脸识别功能。

③网络短视频平台应当建立未成年人保护机制，采用技术手段对未成年人在线时间予以限制，设立未成年人家长监护系统，有效防止未成年人沉迷短视频。例如：2020 年 5 月 28 日，在儿童节到来之际，抖音青少年健康成长的"向日葵计划"全新升级，上线"青少年守护官"功能，邀请家长对青少年模式下新增视频进行投票推荐，从内容上筛选适合青少年观看的视频。家长们成为守护官后，系统将向守护官随机推送青少年内容池的视频，同时视频下方会有"你愿意给自己的孩子看这条内容吗"的提示，参与计划的家长们可给出自己的意见反馈。

短视频的发展极大地影响了大众的生活，它使人们的碎片时间得以丰富，但也存在一定的发展问题。因此，需要针对创作者、平台及政策等方面进行不断完善，提高短视频质量，使内容层次更丰富，激活内容原动力，更好地适应融媒体发展的时代背景。

二、加强伦理约束和行业自律

互联网是开放和自由的，过度依赖刚性的法律和政府手段会影响网络的正常运作和使用。因此，基于伦理约束的行业自律可以减轻政府压力，还能给予行业更多的灵活性来应对快速变化的网络和新媒体环境。例如抖音每个月会公布最新的《抖音对作弊、违规账号及内容的处罚通告》。为倡导美好、正向的网络社区氛围，打造健康、有价值的平台，抖音持续通过技术手段、产品手段、运营手段，打击作弊，治理违规账号和内容。与以往不同的是，抖音对作弊、违规账号及内容的处罚范围有所扩大，包括违规挑战、版权侵权、色情低俗、辱骂谩骂、垃圾广告、造谣传谣、内容引人不适、涉嫌违法违规、侵犯未成年权益 9 个版块。除了日常巡检，抖音还针对重点违法违规行为、内容及账号，持续进行专项打击。抖音一直重视对原创内容的保护，开展违规直播的专项治理。此外，2020年3月抖音还制定了《抖音直播行为规范》，涉及内容安全性准则、真实性准则、形象商标和专利使用准则、不正当竞争行为、抽奖及赠品商品的限制、价格标示、未成年人保护、其他禁止情形八大范畴，并明确了直播违禁词，不允许胡乱使用。

三、提升网络素养教育

早在 1994 年，美国学者麦克库劳（C. R. McClure）提出了网络素养的概念，认为网络素养包括知识和技能两个方面。[1]当前，网络素养一般指人们使用、认识、理解网络的能力和素质，它与媒介素养息息相关。提升全民和互联网从业者的网络素养，要从三个方面入手：

其一，政府需要承担顶层设计和宏观调控的任务，制定有关网络素养教育的政策，推动相关职能部门做好和网络素养教育相关的工作。

其二，互联网行业应该自觉遵守和维护网络底线，建立自律公约，制定相关条例；也可以成立网络素养教育机构，开设网络法规和网络伦理规范的相关免费课程，可供民众选择学习。

---

1 宫承波.新媒体概论［M］.9 版.北京：中国广播影视出版社，2021：317.

其三，学校应设置计算机通信类的课程，从中小学、大学入手，有层次、分梯队地做好内容设计，把网络素养和媒介素养课程纳入义务教育，提升未成年人对网络信息的辨别能力和自我保护能力。

最后，网民应不断加强学习，自觉遵守伦理道德和网络规范，加强学习网络素养教育课程，同时做好"把关人"，积极发挥舆论监督作用。

第三篇

新业态：新媒体产业融合多元发展

　　在互联网思维的影响下，新媒体发展催生了许多新型的行业形态和产业布局，深得年轻人接受并喜爱，甚至许多"95后""00后"加入新媒体产业的工作中去。新媒体产品研发者不会只满足于产品内容对受众精神、情感层面的娱乐和抚慰，而是更加关注新媒体的运营方式和产品的变现能力，重视产品背后的产业链和产业模式。本篇章从用户需求、用户行为、用户心理三个方面去解读新媒体行业、平台的运营特点和策略。

第七章 新媒体产业营销

第一节 互联网思维

互联网思维指的是在移动互联网、大数据、云计算等科技不断发展的背景下，对市场、用户、产品企业价值链以及对整个商业生态进行重新审视的思考方式。互联网时代的思考方式，不局限在互联网产品、互联网企业；这里指的互联网，不单指桌面互联网或者移动互联网，是泛互联网，因为未来的网络形态一定是跨越各种终端设备的，涵盖台式机、笔记本、平板、手机、手表、眼镜等。[1]互联网思维将重塑企业价值链，涉及战略规划、商业模式设计、组织设计、产品线规划、产品开发、品牌定位、业务拓展、售后服务等企业经营所有环节。互联网的九大思维如下。

一、用户思维：关于经营理念和消费者

用户思维是互联网思维的核心，其他思维都是围绕这个展开的。用户思维是指在价值链各个环节中，都要"以用户为核心"去思考问题。互联网发展消除了信息不对称，由工业时代形成的厂商主导转变为互联网时代的消费者主导，只有深度理解消费者的企业才能生存。

用户思维第一招：得普众得天下。创作者和生产商要充分重视普通群众，群众聚合起来的消费能力是惊人的；要充分关注普通群众的归属感、存在感和参与感；要认识到互联网长尾经济的厉害，群众能量不容小觑。

用户思维第二招：兜售参与感。用户参与研发与设计，即 C2B 模式；用户参与品牌传播，即粉丝经济。C2B（让用户参与产品开发）按需定制，提供满足个性化需求的产品，同时在用户参与中优化产品。如服装领域的淘品牌"七格格"，每次新品上市，都会把设计的款式放到粉丝群组里，让粉丝投票，其群组有近百个 QQ 群，辐射数万人，这些粉丝决定了最终的潮流趋势，自然也会为这些产品买单。品牌需要的是粉丝，而不只是用户，因为用户远没有粉丝那么忠诚。

---

1 洪夏君.互联网思维下的业余足球俱乐部经营管理研究：以长治市流浪者业余足球俱乐部为例［D］.西安：西安体育学院，2017：4.

其实，在当下的粉丝经济中，粉丝已然与品牌密不可分。互联网时代，创建品牌和经营粉丝的过程高度融为一体。粉丝不是一般的爱好者，而是有些狂热的痴迷者，是优质的目标消费者。因为喜欢，所以喜欢，喜欢不需要理由，一旦注入感情因素，有缺陷的产品也会被接受。所以，未来没有粉丝的品牌都会消亡。例如：郭敬明的电影《小时代1》《小时代2》豆瓣评分虽然不高，但创造出累计超过7亿元人民币的票房神话。

用户思维第三招：用户体验至上。用户体验是最强的ROI（投资回报率）和最重要的KPI（绩效考核）。用户体验要前置，好的用户体验包括：①抓住细节；②能够让用户有所感知；③制造意料之外的惊喜。用户体验至上应贯穿品牌与消费者沟通的整个链条，传统企业要用互联网的思维进行颠覆式创新，其中最为核心的就是对用户体验的颠覆：把复杂的变得简单，把昂贵的变得便宜，把收费的变为免费。品牌建设的过程，就是打造用户体验的过程。所有环节的产品或服务，都是为了实现用户体验的目标。

二、简约思维：关于品牌和产品规划

在产品规划和品牌定位中，要力求专注和极简。对于产品设计，要力求简洁和醒目，简约意味着人性化。专注，少即是多。简约，就是美。

三、极致思维：关于产品和用户体验

极致就是把产品和服务做到最好，超越用户预期。打造让用户尖叫的产品，服务即营销。第一招：打造让用户尖叫的产品。用极限思维打造极致的产品，了解痛点、痒点或兴奋点，做到自己能做到的极限，严格把关管理服务。第二招：服务即营销。除了产品本身，服务及其他产品周边的体验，也同等重要。在服务环节，也要做到极致。如阿芙精油是知名的淘宝品牌，有两个小细节可以看出其对服务体验的极致追求：

①客服24小时无休轮流上班，为客户解答各种问题和提供各种服务。

②设置首席惊喜官，每天会在顾客留言里寻找、猜测哪个顾客可能是一个潜在的推销员、专家或者联系人。找到后，他们就会询问地址并寄出礼盒，为有可能成为"意见领袖"的顾客制造惊喜。

四、迭代思维：关于创新流程

通常而言，好产品是运营出来的，需要不断保持创新活力。怎样构建自身产品或服务与消费者沟通的迭代机制？这里的迭代思维，对传统企业而言，意味着必须时刻关注消费者需求的动态变化。

五、流量思维：关于业务运营

免费往往是获取流量的首要策略，是为了更好地收费。任何一个互联网产品，只要用户活跃数量达到一定程度，就会开始产生质变，这种质变往往会给该公司或者产品带来新的"商机"或者"价值"，这是互联网独有的"奇迹"和"魅力"。

六、社会化思维

在社会化商业时代，利用社会化媒体可以重塑企业和用户之间的社会化关系。利用社会化网络，可以重塑组织管理和商业运作模式。社会化媒体的重要特征是人基于价值观、兴趣而与社会紧密联系在一起。

七、大数据思维

在大数据时代，数据已经成为企业的重要资产，甚至是核心资产，数据及数据专业处理能力将成为企业的核心竞争力。而当数据成为资产时，与数据相关的 IT 部门将从"成本中心"转向"利润中心"。淘宝从 2004 年便开始统计日志，每个用户在淘宝上的浏览、购买、支付等任意行为都被日志系统记录下来。基于用户的浏览和购买信息，淘宝得到了用户偏好的精确信息，构建出了强大的精确广告系统。

大数据时代，企业战略将从业务驱动转向数据驱动。海量的用户访问行为数据信息看似零散，但背后隐藏着必然的消费行为逻辑。大数据分析能获悉产品在各区域、各时间段、各消费群的库存和预售情况，进而进行市场判断，并以此为依据进行产品和运营的调整。例如，拼多多作为企业消费者互动的 APP，每天承载着上千万的商品点击、浏览和购买，汇聚成了海量的数据。

八、平台思维

平台是互联网时代的驱动力。平台战略的精髓，就是构建多方共赢的生态格局。目前，新媒体运营致力于构建多方共赢的平台生态圈，未来商业竞争是平台与平台之间的竞争。例如，百度基于搜索平台的技术资源、用户资源和品牌资源，为大众用户开发出游戏、音乐、旅游、视频、地图、输入法等多种免费服务。同时，在每一种免费服务的背后，都存在付费的一方。事实上，互联网的平台思维就是开放、共享、共赢的思维，把企业打造成员工平台。基于平台发展的商业模式，一般有以下几种：① B2B 是企业对企业电子商务平台，代表产品有阿里巴巴、慧聪网。② O2O 是线上消费、线下享受服务，代表产品有美团团购、美团外卖。③ C2C 是用户对用户电子商务平台，代表产品有淘宝。④ B2C 是企业对用户电子商务平台，代表产品有京东、天猫。

九、跨界思维

互联网企业的跨界颠覆，本质是高效率整合低效率。互联网企业寻找低效点，打破利益分配格局，敢于自我创新、主动跨界。互联网颠覆了传统企业的生产关系和分配方式，重新组织和构建了新的运营关系，所有利益的划分将重新洗牌。

跨界的互联网企业，一方面掌握用户数据，分析用户的收入情况、信用状况、社会关系、购买行为数据等；另一方面他们具备互联网思维，懂得从始至终关注用户需求和用户体验。

总之，在互联网技术不断更迭的时代，颠覆、裂变、创新是互联网思维的核心，也是新媒体不断融合发展的推动力。

第二节　产业篇

新媒体产业是指以数字技术、计算机网络技术和移动通信技术等新兴技术为依托和主要载体，按照工业化标准进行生产或再生产、以广大普通民众为主要受众的内容产业。[1] 在新技术的驱动下，新媒体产业公司竞争格局和传媒产业的整体格局重塑，规模和用户都呈现爆炸式增长的态势，消费和盈利模式更加多元，内容生产从 PGC/UGC/PUGC 走向智能化，出现了算法生产内容 AAC。在诸多新兴行业中，短视频和 MCN 产业、网络直播产业、网络影视产业鼎足而立。

一、短视频和 MCN 产业

短视频的风口让很多默默无闻的普通人火起来，抖音用户"代古拉 K"因为一段舞蹈火遍全网，后续持续发布舞蹈视频，短短几个月从默默无闻的普通少女

1　宫承波 . 新媒体概论［M］.9 版 . 北京：中国广播影视出版社，2021：258.

成为粉丝千万的短视频大佬。而腾讯微视斥重金打造微视借此抗衡抖音，联合各大机构寻找优质短视频创造者，现实中也出现了大批招募"网红"主播的广告。如果你玩微视就会发现很多人有微视认证，且微视上80%微视认证都属于某某MCN公司。这就牵引出今天的主题——MCN。

MCN（Multi-Channel Network），即多频道网络，一种多频道网络的产品形态，是一种新的"网红经济"运作模式。这种模式将不同类型和内容的PGC联合起来，在资本的有力支持下，保障内容的持续输出，从而最终实现商业的稳定变现。

传统短视频MCN机构提供中介服务，帮助短视频内容制作者进行内容运营和管理，最终实现商业化。目前，部分MCN机构已由中介过渡到内容生产商，将服务延伸至上游内容制作环节，从孵化、制作到运营、推广、变现，全程参与。MCN机构能够让内容制作方专注于内容生产，提高产品的质量，降低内容制作方、平台方以及品牌方的沟通成本，缩短变现周期，提升商业化效率。MCN提供的价值大致分为信息价值和效率价值。针对有投资价值的MCN项目，他们有着较强的内容判断及制作能力；同时有很强的流量采购能力，迅速为内容生产和消费架设桥梁。同时，公司孵化和管理"网红"的能力也很强。MCN的前身可以追溯到UGC、PGC和OGC时代，UGC是用户展示自己的原创内容，PGC是有一定专业能力者生产的内容，OGC是为职业工作者制作的内容。

（一）国内MCN产业运作流程分析

中国MCN机构发展至今，已经形成一条相对固定的运作流程：上游找内容，MCN机构运营账号，下游分发内容进行商业变现。在具体运作过程中，MCN机构有四大任务，首先是寻求优质PGC/UGC内容，其次对不同类型"网红"定制专业技能培训，再次为"网红"提供商业化服务，最后是针对性引流增加曝光机会。其中，流量配置包括广告投放，社群维护，垂直产品生产IP；内容包装包括垂直上行（短视频、电影、网剧），垂直下行（内容电商、内容收费、社群经济），水平扩展（旗舰PGC培养、复制KOL生产模式）；KOL生产模式。

（二）国内MCN机构细分类别归纳分析

MCN产业的发展不仅体现在机构数量方面，还体现在MCN机构的专业化和精细化发展方面。可以粗略分为电商型、泛内容型、营销型、知识型，所属账号还可以根据所属平台、垂直属性业务主体进一步分类。具备商业变现能力的营销类 MCN 机构在获取和积累达人或网红资源方面占有一定优势，能在行业发展初期迅速成长。未来随着短视频商业变现道路的进一步探索，多元化变现模式加速落地，其他类型的 MCN 机构仍然存在脱颖而出的机会。

（三）国内 MCN 商业盈利模式分析

MCN 盈利模式是多样的，概括来说，主要分为两大方向：一是面向 C 端用户，如商业合作、流量分成、平台补贴、广告营销、IP 授权等；二是面向 B 端商家，主要通过衍生品销售、红人电商、直播打赏、内容电商、知识付费等方式获取营收。目前，比较主流的盈利模式有广告营销、内容电商、自创品牌等。

（四）国内 MCN 产业发展趋势分析

2020 年国内出现超过 5 000 家 MCN 机构。MCN 机构模式在内容制作以及运营管理方面的突出表现获得了多方认可，持续的热度和巨大的发展前景让短视频行业成为资本的新宠，推动 MCN 机构持续增长。资本、平台、内容制作者推动 MCN 机构快速增长的同时，加剧了 MCN 机构的优胜劣汰。当行业进入稳定发展期，各方对 MCN 机构的要求更高，缺乏优质内容资源、运营管理能力较差，以及少数以骗取平台补贴为目的的 MCN 机构逐渐被淘汰出局，未来 MCN 市场发展将呈现强马太效应，头部 MCN 机构以内容、渠道、资本、运营四大优势成为最终赢家。

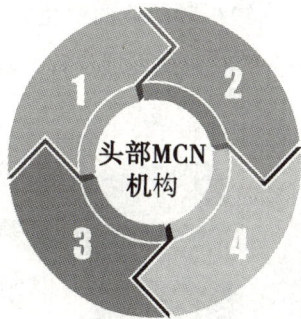

1.内容优势　头部MCN机构拥有较高质量的内容制作水平，能够汇聚更多优秀内容创造者。

2.渠道优势　部分平台对MCN机构有准入要求，头部MCN机构容易获取更多渠道资源。

3.资本优势　头部MCN机构更容易获得资本的青睐，有能力扶植和培养更多优秀的内容创作者，不易受到成本制约。

4.运营优势　头部MCN机构拥有较为成熟的运营模式，能提升内容变现效率，强化自身壁垒。

图 7-1　头部 MCN 机构的优势

此外，短视频商业化的主要驱动因素有以下几个方面。

1.政策法规助力

相关政策法规出台，政府监管介入，推动短视频行业趋于规范化，提升短视频的用户体验和认可度，进而促进短视频营销市场的规范化和成熟化。

2.技术环境良好

移动互联网普及率提高，资费降低，推动短视频用户规模增长；人工智能的快速发展推动用户数据精细化。

3.短视频商业价值凸显

资本加持短视频行业，短视频用户规模大，产业链不断完善，商业化成为各方关注重点；短视频自带粉丝和流量，易传播与分享，其商业价值愈发明显。

4.内容方生存压力剧增

随着政策监管趋严、流量增长趋缓、制作成本攀升、平台补贴政策力度减小，内容方生存压力日渐增强，商业化需求随之增加。

5.用户价值提升

短视频用户主要以年轻人为主，他们的强消费观念和消费能力极大地提升了短视频用户价值。

6.品牌主的青睐

传统媒介的没落与短视频的火爆形成鲜明对比，越来越多的品牌方开始关注短视频的潜在价值，极大拓展短视频商业化道路。

目前，短视频行业商业化模式主要包括品牌营销、内容付费、电商导流。其中品牌营销适用范围较广且相对较为成熟，内容付费受到内容质量及版权等问题的掣肘，电商导流则受制于获客成本的增加及对外界平台的较强依赖性。品牌营销将是当前及未来较长一段时间内短视频行业商业化的主要途径。品牌推广经历了网红推广、流量支持和商业平台的渐进式发展历程，具有丰富多元的营销方式。

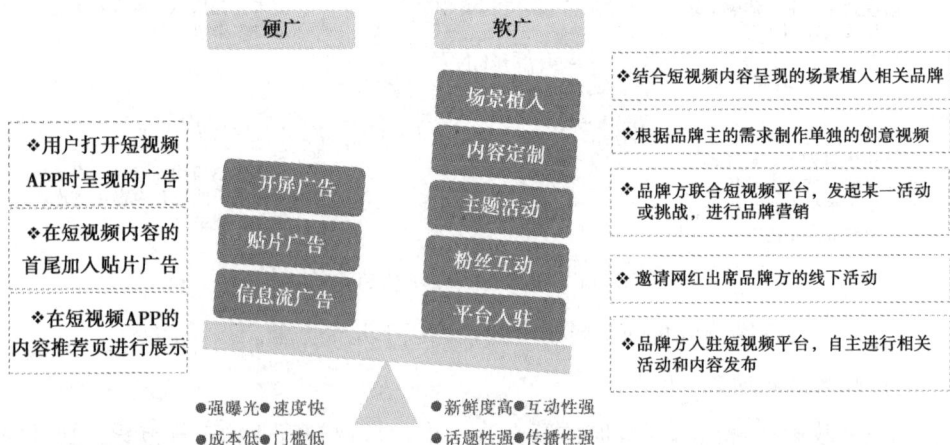

图 7-2 平台丰富多元的广告营销方式

二、网络直播产业

网络直播产业是在移动互联网语境下，通过互联网媒体介质，将发生的即时状况展示给终端用户以满足用户各种需求的一种新的高互动性互联网新产业形态。[1]

"网络直播"大致分两类：一类是基于互联网平台，将现场直播以视讯的方式上传，以供用户进入网站观看的传播形式；另一类是基于流媒体技术，在电脑、手机等终端设备上使用有线或无线联网进行信息传递，通过电脑网页和客户端等，将现场信息以文字、语音、图像、视频、弹幕等多媒体形式展现的传播方式。[2]

网络直播吸取和延续了互联网的优势，利用视讯方式进行网上现场直播，可以将产品展示、相关会议、背景介绍、方案测评、网上调查、对话访谈、在线培训等内容现场发布到互联网上，利用互联网的直观、快速、表现形式好、内容丰富、交互性强、地域不受限制、受众可划分等特点，加强活动现场的推广效果。现场直播完成后，还可以随时为读者继续提供重播、点播，有效拓展了直播的时间和空间，发挥直播内容的最大价值。

（一）中国直播行业发展历程

网络直播始于2005年，大热于2016年。其间，直播战场由PC端转向移动端，直播内容也由单一的秀场直播向电商、体育、教育、社交等多领域渗透。

1. 直播1.0阶段（2005—2011年）

9158为秀场直播的鼻祖，由视频网站演变而来，随后2009年六间房和呱呱布局秀场直播，2010年YY上线直播业务。

直播媒介：以PC端直播为主，分为聊天室模式和演唱会模式。

直播内容：直播内容单一，以秀场直播为主。

2. 直播2.0阶段（2012—2014年）

YY、9158纷纷上市，标志着PC端直播时代尘埃落定。同时，随着手游产业的兴起，国内开始出现游戏直播平台，2012年虎牙上线，2014年斗鱼直播上线，直播内容呈现垂直化趋势。

1　黄灵灵.网络直播对大学生负面影响及法律规制问题的研究［J］.法制博览，2018（21）：53-54.
2　姚震.网络直播平台著作权侵权制度研究［D］.北京：中国政法大学，2021：6-7.

直播媒介：依旧以 PC 端为主。

直播内容：除了秀场直播外，游戏直播开始上线。

3. 直播 3.0 阶段（2015—2016 年）

随着资本的大量涌入，直播风口爆发，一大批创业者涌入直播行业，移动直播平台遍地开花，上演"千播大战"，全民直播浪潮开启。

直播媒介：直播由 PC 端战场转向移动端战场，传统 PC 端直播平台优势不再凸显。

直播内容：由秀场直播演变而来的娱乐直播平台获得发展，"直播 +"内容多元化涌现。

4. 直播 4.0 阶段（2017 年至今）

政府对行业进行规范整顿。行业格局从"百花齐放"向"巨头争霸"过渡，流量、主播和资本都开始向头部平台聚拢，同时直播电商实现爆发式增长。

直播媒介：以移动端战场为主。

直播内容：直播涉及电商、教育、社交、音乐、体育、财经、影视等各个领域。

（二）网络直播主要场景及特点

目前，网络直播场景不断垂直化发展，主要包括娱乐场景（或泛娱乐场景）、电商场景、新闻场景、教育场景、泛生活场景等。其中最主要的是娱乐场景和电商场景。网络直播具有在场感、交互性、草根性、娱乐消费性、社交性五大特点。

（三）泛娱乐直播

随着网络直播的野蛮生长，直播行业红利殆尽，进入精细化运营阶段。内容上呈现多元化、精细化、定制化趋势，娱乐、游戏直播内容界限不再清晰，娱乐直播变现实力强劲，游戏直播用户黏性强，各平台纷纷拓展内容边界，探索多元业务，平台与内容制作公司合作推出制作精良的 PGC、OGC 定制化内容。用户新鲜感不在，短视频分散注意力。经过十几年的市场高峰期后，泛娱乐直播现已进入存量用户竞争阶段，用户规模趋稳。泛娱乐直播同质化的内容已经难以吸引用户眼球，同时面临着短视频平台的挑战。市场格局既定，行业优胜劣汰。泛娱乐直播头部企业竞相上市，表现不佳的企业退出市场角逐，部分平台为求生存，抱团取暖寻求战略合作伙伴。腾讯同时入股斗鱼和虎牙把控游戏直播市场，快手等视频平台上线直播业务。泛娱乐直播的发展趋势如下：

①泛娱乐直播用户结构主要集中在"85 后"职场男性和"95 后"男学生。

②泛娱乐直播内容趋势：由 UGC、PUGC 走向 PGC、OGC，主要是以平台为核心的自制主题主播内容以及对外购买的游戏赛事／版权等一系列内容。市场发展到成熟阶段，定制化高质量内容在平台的品牌建设和用户方面有较大正面效应。

③泛娱乐直播产品表现：YY 直播为明星产品。从整体泛娱乐直播产品来看，YY 在市场占有率第一的同时保持着较高的用户增长率，为泛娱乐直播的最大赢家，虎牙、斗鱼等产品用户增长乏力，奇秀、星光等为后起之秀。从娱乐直播来看，在现存的三百多家平台中，YY 高居行业第一梯队，花椒、映客等平台望尘莫及。就游戏直播而言，经过爆发式增长后，游戏直播市场趋于冷静，市场玩家仅剩数十家，市场格局现已形成了虎牙和斗鱼"双雄"争霸的局面。腾讯除了自有平台企鹅电竞外，还是斗鱼和虎牙的最大股东，其在游戏直播行业的战略优势地位日益明显。腾讯向直播产业发起攻势，实则看重直播平台游戏推送。

（四）直播电商

"直播＋电商"组成"直播电商"。中国商业联合会《视频直播购物运营和服务基本规范》中将直播电商定义为：直播电商是结合"直播"和"电商"而产生的一种通过互联网信息网络以直播的方式销售，包括实体和虚拟商品在内的经营活动。它可通过 KOL（关键意见领袖）或主播引导流量，以电商为基础，起到销售商品或营销推广作用。直播电商与传统电商和传统直播的区别：直播电商从盈利方式、受众、展现形式和互动形式上都比传统电商和传统直播丰富（表7-1）。

表7-1 直播电商、传统电商、传统直播的比较

类别	直播电商	传统电商	传统直播
盈利方式	销售额分成＋打赏分成＋营销推广	销售额分成＋营销推广	打赏分成
受众	有购物需求、社交需求和娱乐需求的消费者、批发商	购物需求消费者	社交需求和娱乐需求消费者
展现形式	直播、图文、视频	图文、视频	直播
互动形式	直播、文字、图片	文字、图片	直播

1.直播电商的发展历程

直播电商历经多年，从起初淘宝直播和蘑菇街两个平台参与，到现在各家

平台直播带货，成为市场经济和新媒体发展主流。主播类型多样化，从单纯"网红"，变为艺人、CEO、政府官员；带货品种也从美妆、服饰类丰富到如今各类商品，甚至包括车、房等。2020年，直播电商成为风口，为了规范和引导直播电商健康发展，国家出台了相关政策，加强行业规范化。

①萌芽期（2016年）：整体行业生态开始建立，产业链逐渐搭建立。蘑菇街最早开始直播带货，淘宝直播紧跟其后。带货主播以雪梨、张大奕为代表，带货品种主要是服装和美妆。

②探索期（2017年）：行业在探索中发展，产业链玩家更加完善，主播类型和带货商品种类更加多元。苏宁、快手开启电商直播。MCN机构入场，带货种类更加丰富。

③拓展期（2018年）：淘宝"双11"正式引爆直播带货，各平台推出直播电商发展战略。内容平台搭建自己的电商小店，构建完整产业链。越来越多的商家进行店铺自播，带货种类更加丰富。

④爆发期（2019年）：行业规模爆发性增长，主播身份更加多元，平台构建产业闭环。大量明星参与直播带货，政府机构、电视台加入直播带货大军。

⑤规范期（2020年至今）：直播电商成为风口，行业规范化政策法规相继实施。对直播电商中的商家、主播、直播平台、MCN机构等主体行为均作了全面定义和规范。

2. 平台直播电商布局

从头部平台发展历程来看，淘宝最早于2016年开始布局直播电商；2018年，"双11"头部KOL的战绩，正式把直播带货带入公众视野，各平台相继开启直播带货业务后，快手和抖音积极布局电商产业链，打造完整产业链闭环。

布局顺序	2016	2017	2018	2019	2020
淘	√3月，淘宝直播产品试运营 √5月，淘宝推出直播平台	√2月，淘宝直播与天猫直播合并 √3月，淘宝首届直播盛典，单日直播8 000场，同期主播人数破1万	√2018年，"双11"全天GMV超3亿，李佳琦直播间15分钟卖出15 000支口红，直播2小时销售额达2.67亿，正式把直播电商带入公众视野	√2019年1月，淘宝直播独立APP上线 √2019年11月，GMV总额达到200亿元，2019年GMV超过2 000亿元	√薇娅5.21粉丝节观看量破亿，创下历史新高 √6.18淘宝直播与300位艺人合作直播带货
快手		√年初，主播开始带货 √3月，快手小店上线 √11月，举办首届电商节，主播"散打哥"带货1.6亿元		√6月与拼多多、京东建立合作 √12月快手直播DAU超一亿，全年成交额窗口在350~1 000	√5月，快手与京东达成战略合作，数据打通 √辛巴回归，单场带货12.5亿元 √6.18和京东双百亿补贴活动
抖音			√上线购物车功能，支持跳转淘宝	√推出精选联盟，与京东、考拉、唯品会等电商平台合作	√4月签约罗永浩进行直播带货，首场交易额1.1亿元 √巨量引擎招募电商服务商

图 7-3　平台直播电商布局

3. 直播电商的发展动力

首先，技术进步、供给需求端变化和政策法规的制定给直播电商带来发展机会，技术进步为直播电商兴起和发展做铺垫。供给端和需求端的消费者、品牌主和中国网络环境变化，给直播电商提供发展机会。

供给端和需求端：从需求端来看，直播电商满足消费者社交性、互动性需求，购物体验的需求和寻求高效选品途径的需要。从供给端来看，中国网络直播人群基数大，催生了直播电商的发展，以更低的成本为电商提供新增客户，满足品牌主寻求高效营销途径的需求。

科技和政策：技术进步为直播电商提供技术支持，给用户带来更好的体验；通过政策法规的制定来引导行业更加规范化发展。

其次，直播技术的进步给用户和主播带来更好的使用体验，同时为直播行业发展带来更多可能。

互联网带宽技术、基础资源扩大为互联网直播提供了良好基础条件，而采集系统升级、人脸识别技术应用和美颜算法优化、云计算应用等技术快速发展，保证了互联网直播更流畅、更美观、更即时，为用户和主播同时带来更好的使用体验，为直播行业发展带来更多可能性。

社交性、互动性强的直播电商受到消费者喜爱，庞大的直播用户体量成为直播电商发展、变现的基础和动力。

社交性、互动性强，沉浸式购物体验良好的直播电商受到消费者喜爱；庞大直播用户体量成为直播电商发展、变现的基础和动力。此外，电商获客成本增加，商家转而寻求更优质的社交流量，广告主寻求更高效的营销途径。

电商行业经过多年发展，拓新用户成本在不断升高。据电商财报测算，2017—2019年阿里巴巴、拼多多、京东获客成本整体是增长趋势。而直播产生的社交流量成本较低且转化效果显著，成为众多商家获取流量的新方向。广告主广告预算下降，寻求更高效的营销推广方式，直播电商因为其缩短转化路径属性，受到广告主青睐，广告主增加直播电商渠道投放费用。

最后，国家鼓励发展平台经济新业态并加大监管力度，引导直播电商市场健康规范化发展。

行业规范化政策不断颁布和实施，直播电商行业生态将更加规范化，在一定程度上去除了行业内恶性竞争导致的"劣币驱逐良币"现象，保护行业内优质企业或机构，推进整体行业生态向更加成熟和健康方向发展。除了中央出台多项政策外，全国多地政府为抓住直播电商红利，纷纷出台相应政策支持直播电商在本地区的发展。

表 7-2　直播电商相关法律法规

时间	名称	核心内容
2018 年 9 月 10 日	商务部发布《社交电商经营规范》征求意见稿	在社交电商快速发展关键阶段，建立行业健康发展的经营准则，为主流企业发展保驾护航，为社交电商从业者指导就业，推动品牌社交电商企业可持续发展
2019 年 1 月 1 日	全国人大常委会通过《中华人民共和国电子商务法》	将微商、社交电商、直播电商等新业态的经营方式纳入监管范围；《电商法》的两大核心：持证经营、合规纳税
2020 年 6 月 8 日	中国商业联合会《视频直播购物运营和服务基本规范》（征求意见稿）	规范直播电商购物活动、销售行为及商品服务，逐步解决直播者夸大宣传、销售假冒伪劣商品等问题
2020 年 6 月 8 日	中国商业联合会《网络购物诚信服务体系评价指南》（征求意见稿）	规定了网络购物企业诚信经营的基本要求、经营原则、管理与社会监督、评价指标体系、评定等级划分等
2020 年 6 月 17 日	浙江省网商协会发布《直播电子商务服务规范》（征求意见稿）	从直播电商生态圈和产业链的视角出发，依据直播电商的不同参与角色，分别确立了涵盖主体资格、亮证亮照、商家和主播入驻审核、规则建立、直播监控、违规处置以及消费者权益保障等全流程的规范体系
2020 年 7 月 1 日	中国广告协会发布《网络直播营销行为规范》	对直播电商中的商家、主播、直播平台、MCN 机构等主体的行为均作了全面的定义和规范
2020 年 7 月 6 日	人社部正式发布新职业公示公告	增加了互联网营销师这一职业并增设直播销售员这一工种，使得直播电商行业的就业人员有了规范化标准

续表

时间	名称	核心内容
2020 年 7 月 15 日	国家发改委发布《关于支持新业态新模式健康发展激活消费市场带动扩大就业的意见》	支持新业态新模式健康发展，激活消费市场，带动扩大就业

4.直播电商发展现状

①直播电商市场处于爆发期，规模大且未来增长可观。

②直播电商市场用户规模爆发式增长，行业红利持续上升。

③直播电商市场特征：升级"人货场"关系，营销效率更高。直播电商升级了"人货场"，直播电商场景聚集效应更强，效率更高；新增"网红"主播角色，改变消费者消费习惯；商品以性价比、限量为卖点，激发粉丝购物欲，商品种类繁多。

④直播电商带货主播：直播平台的流量会向头部主播倾斜，未来带货主播存在马太效应，小主播生存空间有限。艺人、主持人及企业家竞相现场直播，或为公益或为品牌宣传。名人跨界直播吸金效果显著，带货实力强劲，观看量和成交额不断创新高，已成为头部主播的强劲对手。

⑤直播电商带货商品：利润高和专业化程度低的产品会受到主播的青睐，就目前商品来看，美妆和服装凭借其高利润成为主播们的宠儿，快消品由于专业化程度低、复购率高也成为热门带货产品。主流带货品类集中在高经济效益和低专业需求类产品。而对于专业需求较强的商品品类如珠宝、汽车、3C 等，带货主播需要与顾客进行专业化双向交流推动购买决策，靠近产品产业链上游的主播往往更加具备说服力。

⑥直播电商带货平台：淘宝、快手、抖音上演三国杀，淘宝"躺赢"；"85后"为主力消费群，快手市场更为下沉。带货平台各有千秋，淘宝供应链体系完善，快手深耕"私域流量"，抖音具有算法优势。但就利润分成来看，淘宝为最大的赢家，作为渠道入口赚取其他平台直播的服务费。用户结构上，这三家平台男女分布相对均匀，都以 25~34 岁"85 后"群体为主，其中快手更为年轻化，"00 后"群体占比更高。城市分布上，快手市场更为下沉，三线及以下城市占比接近 70%。

⑦直播电商产业链：五大角色支撑直播电商行业快速发展。直播电商生态中，

上游主要为品牌商、经销商或制造商，中游主要为 MCN 机构、主播以及平台渠道，下游为消费者。品牌商按照产品特性向 MCN 机构或主播进行商业投放，MCN 机构为主播提供孵化、推广及管理服务，KOL 输出内容并通过平台触达消费者，完成带货。此外，数据营销服务商为品牌商和 MCN 机构提供筛选 KOL、制定执行 KOL 直播带货方案等数据营销服务，供应链服务商为主播提供稳定货源及选品服务，综合技术解决方案提供商则为直播电商平台提供直播技术及电商技术服务。

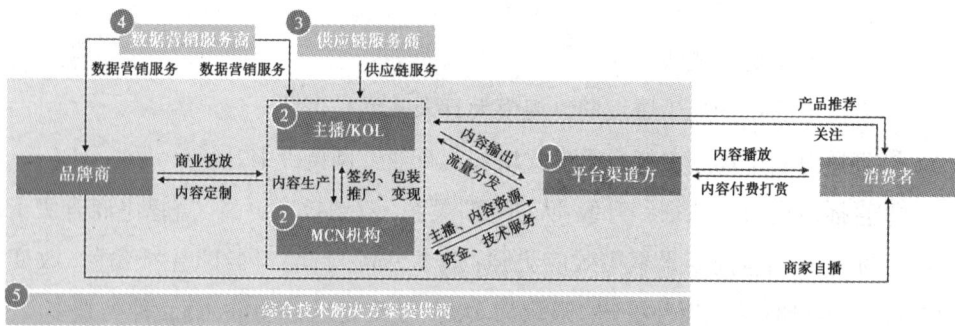

图 7-4　直播电商产业链

5. 直播电商新发展现象

（1）直播带货结合科技创新，场景和交互方式不断升级

通过将 VR/AR/ 动作捕捉等技术融入直播带货，提供新的直播场景、用户交互模式和直播形式，为用户带来更好购物体验。新的直播场景和交互方式：线下 + 线上打通、虚拟试装、虚拟逛街等黑科技加入直播带货。在"618"期间天猫提供线上下单，线下服务新模式。美妆服饰类直播通过虚拟试妆、虚拟试鞋的方式，让消费者有一个更直观、更方便的购物体验。在"618"期间，天猫 3D 购把 3 000 平方米线下商店复刻到天猫旗舰店，人们可以用手指转遍整个商店。

新型主播：虚拟 IP 直播在"618"中崭露头角，比如知名虚拟 IP 洛天依和初音未来在"618"期间入驻淘宝，还有许多定制的虚拟 IP 入驻淘宝直播间。首先，与真人主播相比，虚拟 IP 主播是商家自己拥有，面对头部主播经常"出走"现状，不存在主播的流失并且还能避免主播人设崩塌影响带货效果。其次，虚拟 IP 直播更加迎合用户占比较大的年轻用户口味，并且虚拟 IP 直播可以通过多人轮值，达到 24 小时不间断直播效果。

（2）To B 源头工厂开始尝试直播电商，直播电商受众拓展到下游供货商

在疫情影响下许多源头工厂转型线上销售，B2B 电商平台通过直播为上游 To B 源头工厂和下游供货商提供了一个新的交易模式。"1688 商 +"直播、国联

股份多多直播平台、苏宁易购通先后将直播带入 B2B 平台业务。以国联股份多多直播平台为例，平台提供从定制化生产、系统管理、付款合同到物流配送多种服务。

拓展阅读▶▶

直播电商 To B 平台介绍

1. "1688 商 +" 直播

1688 作为国内 B2B 平台龙头，根据商务部数据显示，目前超过 3 000 万中小企业依靠 1688 平台提供的供应链运营，覆盖全国七成制造业产业带，已经成为产业带工厂数字化转型主要渠道。在 1688 APP 中，商+直播放在首页"海景房"位置，有各个产品源头工厂直播。

2. 国联股份 "多多直播"

2020 年 3 月 11 日起，多多直播按垂直领域进行赋能直播，旗下产品涂多多、卫多多、粮油多多、肥多多先后创下千万以上订单。2020 年 7 月 30 日，国联股份多多电商拟开展"百位 BOSS 上直播"活动。

国联股份 "多多直播" 平台功能

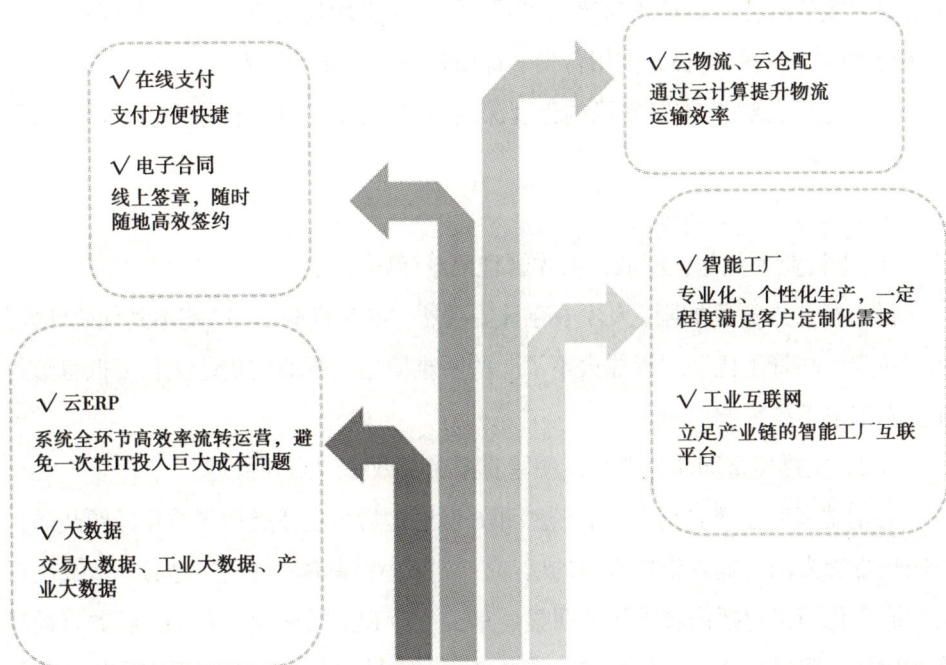

√ 在线支付
支付方便快捷

√ 电子合同
线上签章，随时随地高效签约

√ 云ERP
系统全环节高效率流转运营，避免一次性IT投入巨大成本问题

√ 大数据
交易大数据、工业大数据、产业大数据

√ 云物流、云仓配
通过云计算提升物流运输效率

√ 智能工厂
专业化、个性化生产，一定程度满足客户定制化需求

√ 工业互联网
立足产业链的智能工厂互联平台

图 7-5　国联股份 "多多直播" 平台功能

3. 苏宁易购通

2020 年 3 月 25 日，苏宁易购通利用自身供应链，满足客户专业化和个性化需求；同时结合苏宁大数据实现数据共享，提升客户采购效率，助力供应商场景化商品输出。

（3）直播电商头部主播打造自主品牌的"货"，并且带来新的供货方式

头部主播都开始打造自主品牌，从原本带货方，变成了 C2M 机制中的一环。C2M（Customer to Manufactures）是指用户直接对接工厂进行制造。在如今科技条件下，消费者难以直接对接工厂，一是工厂的流水化生产线没有办法满足用户个性化需求，二是工厂没有专业化设备处理大量信息。因此，对消费者需求有深刻理解的头部主播，成了 C2M 中间的一环，代替单一消费者，代表一部分消费者的需求反映供应链对厂商提供实时反馈，厂商再进行定制化生产以满足部分消费者需求。

（4）直播电商中"人"的角色不断丰富，电视台 MCN 顺势入局

由于人们消费习惯转变，电视广告收入减少，电视台需要寻找新的盈利方式。因此，顺应目前直播电商的火热，各地电视台开始依据自身资源的优势，转型布局 MCN。电视台布局 MCN 的原因有三类：直播带货对电视广告的替代效应、社会消费习惯的转变、直播带货高 ARPU（每用户平均收入或平均每用户收入）。电视台 MCN 机构的优势为信用背书、优质资源、专业从业人员。

根据电视台对于 MCN 布局的程度深浅，转型类型可分为合作共赢、统筹兼顾、全力转型三类。

6. 直播电商发展困境

（1）行业规范化程度低，人才管理两难问题突出

随着行业内竞争加剧，人才争夺日益激烈，MCN 机构面临"签不到优质红人"和"签到了却管不住""管住火不了"的两难境地，行业内规范化程度低也给行业生态带来不良影响。

（2）主播类型同质化严重，明星直播带货效率"高开低走"

在消费者对主播直播带货新鲜感和好奇感过后，主播类型同质化问题凸显。以明星带货为例，随着带货次数的增加，带货效率基本呈现递减趋势。造成主播类型同质化因素包括内容差异不明显、审美疲劳和主播职业素养低。随着直播场次的增加，明星带货销售额递减，消费者在新鲜感退却后，对主播同质化的直播

形式和内容产生审美疲劳，导致带货量呈下降趋势。

（3）直播带货的本质是"货"，商品质量问题急需解决

虽然短期各大直播平台都在围绕流量进行争夺，但直播电商的本质是"货"，货品质量对直播电商生态起着至关重要作用。根据中国消费者协会调查报告，消费者没有参与直播电商购物占比最多的一个原因是担心商品质量没有保障。直播带货应围绕"货"而不是流量。在产品营销"品、效、销"中，销排在最后一位，直播电商也不应仅考虑提高销量，未来直播电商应更加注重提升商品的"品、效"。

7. 直播行业未来发展趋势

（1）短期来看抖音和快手直播带货能力差距可能扩大，双雄竞争的格局会发生改变

根据抖音和快手 Top 30 主播 2020 年 5—7 月带货数据，快手直播带货 GMV（商品交易总额）134 亿元人民币，抖音直播带货 32 亿元人民币，按照目前数据来看，抖音带货效果并不理想，和快手带货金额有较大差距。造成抖音和快手带货差距扩大的原因包括私域流量、供应链、用户黏性和扶持力度。

①私域流量：抖音中经常会出现拥有几千万粉丝，拥有大量观看数的主播带货金额却很少，这种原因可能就是主播没有自己的私域流量池，导致流量转化率很低。

②供应链：快手中的头部主播拥有自身成熟的供应链，而抖音中头部主播供应链能力相比快手头部主播较弱。

③用户黏性：快手中独特的"老铁文化"，使得不管是头部主播还是中腰部主播都拥有较强粉丝黏性；而抖音打造热点的流量分发模式，用户黏性较差。

④扶持力度：快手和抖音都有和央视合作进行扶贫助农主播，但从传播声量和成交数据来看，快手都更略胜一筹。相比于快手的"618 双百亿"现金扶持和针对优质商家的现金补贴，抖音更偏向于流量支持。

（2）公域流量增长速度快速减缓，直播电商生态中对于私域流量争夺愈演愈烈

移动互联网接入流量增长速度快速下降，流量红利见顶，直播带货从"捕"用户的公域流量时代转向"养"用户的私域流量时代。

公域流量：公域流量指的是在公共范围内每一个商家都能够获取的流量。在公域流量池里大部分是一次性流量，不具有留存性。

私域流量：相比公域流量池，用户黏性更高，拥有更强信任关系，用户转化率更高。主播、平台、店铺都在争夺私域流量。

产业链上各环节对私域流量的争夺：

①主播。头部主播在淘宝直播火了以后，通过其他平台（比如抖音/微博）大量圈粉，再通过直播时"全网最低价"折扣回馈粉丝从而获得更大粉丝群体，使自己拥有一个私域流量池。

②平台。快手和抖音等，都在通过打造自己的电商小店的方式，打造商业闭环，形成自己的私域流量池。其他电商平台直播 APP，比如淘宝直播 APP、京喜 APP、聚美优品直播 APP，都是为了积累自己平台的私域流量而建立。

③店铺。在淘宝直播中，约 70% 直播是商家自播，商家通过新的与消费者交互形式，打造一个高效运行的私域空间。

（3）海外市场成为泛娱乐直播新的"掘金场"

国内泛娱乐直播市场趋于饱和，海外市场成为"香饽饽"，除了国内头部直播平台外，部分娱乐、科技企业跨界发力海外直播市场。

（4）不止于直播电商，5G 技术推动"直播 +"飞跃发展

2020 年为 5G 技术元年，5G 与直播技术融合将会降低直播成本、提升直播画面质感，并且推动直播与更多的业态相结合，"直播 +"将获得飞跃式发展。5G 时代满足"直播 + 特点"业务场景下的应用需求，直播场地可以是户外、景区、工厂等更富于变化的环境，直播内容可以是 AI、旅游、医疗等。

（5）直播与短视频互相渗透，二者相辅相成

直播较短视频而言产生的付费价值更高，二者互相渗透对泛娱乐化的直播平台冲击较大，对教育、体育、财经等垂直直播领域影响甚微。2017 年 5 月，斗鱼上线短视频功能，并且设置了标签分类功能。2017 年 8 月，YY 推出短视频平台"补刀小视频"。2017 年 9 月，花椒投入大量金额签约短视频达人并且对优质内容额外补贴。2019 年下半年，快手发力游戏直播，扶持游戏内容创作者、主播以及频繁举办各大游戏职业赛事直播。2019 年下半年，抖音大力发展直播业务，众多抖音短视频达人转行做直播。

在用户黏性方面，直播较短视频而言所满足的是用户完整需求，用户黏性更强。短视频侧重于引流，核心营收来自广告收入；直播侧重于变现，核心营收来源于直播打赏，内容价值更高；短视频和直播内容的融合一定程度上形成了互

补效应。

三、网络影视产业

近年来，随着互联网的发展和视频网站的崛起，新媒体影视市场不断走向成熟。网络剧市场精品剧集不断涌现，网台联播剧集赶超传统电视剧水平；网络大电影迎来爆发期，精品化进程不断刷新影片播放量；VR影视异军突起，创新型作品和不断进步的头显技术带给人们全新的观看体验；随着人们的新媒体观看习惯和付费习惯的养成，新媒体影视显示出巨大的商业价值。

科技驱动，媒介更迭，从微电影到网络剧、网络大电影再到VR影视，伴随着人们新媒体观看习惯和付费习惯的养成，网络影视经历了萌芽、成长和创新并不断走向成熟。目前，网络剧市场精品剧不断涌现，在各大视频平台和公司的助力下，《心居》《余生请多指教》《归路》等网台联播剧集陆续出现，网台剧之间的界限越来越模糊；网络大电影经过爆发式增长，数量基本达到饱和，内容将继续精品化进程；短片迎来短视频时代，伴随着分发平台的多样化以及智能分发技术的普及，到达率不断上升，但短片广告市场受到短视频营销的连续冲击；优秀内容成为推进VR影视普及的关键，随着各类实力出品方的助力和优秀创作人的加入，VR影视有望涌现出更多优秀作品，但受限于技术的不成熟与盈利的压力，破局之路任重道远。在技术和资本的不断推动下，新媒体影视整体仍将保持高速发展的态势。

（一）网络影视产业概览

内容形态多元化和商业模式不断创新促使网络影视成为竞逐焦点。从2010年至今，网络影视出现了微电影、网络剧、网络大电影，以及VR影视等多种内容形态。伴随其发展的是作品质量飞速提升，用户付费习惯初步养成，盈利模式多元化，网络影视产业显示出巨大的商业价值，成为各方竞逐的焦点。

微电影发展于2006年，是指专门运用在各种新媒体平台上播放的、适合在移动状态和短时休闲状态下观看的、具有完整策划和系统制作体系支持的具有完整故事情节的"微时放映""微周期制作""微规模投资"的视频短片[1]。其特点是时长短、制作水准高、具有大众参与性、娱乐性、互动性。代表平台有新片

1　张欣然.大学生在文化强国建设中的先进性作用研究［J］.教育教学论坛，2012（13）：187-189，163.

场、V电影、今日头条、UC、秒拍、爱奇艺、优酷、土豆、腾讯视频、搜狐视频、PPTV等，盈利模式以植入、贴片、定制广告为主。

网络剧最早始于2012年，是专业团队制作的在互联网首发的剧集，视频网站参与出品的网剧也称为网络自制剧。它们品质高的通常在网络平台上播出，具有强大吸睛力。代表平台有爱奇艺、腾讯视频、优酷、乐视视频、搜狐视频等，盈利模式有广告收入、会员付费。

网络大电影在2014年首次提出，是时长不低于60分钟、制作水准精良、具备完整电影的结构，并在网络发行的电影。小成本、差异化、周期短、面向中等规模受众，更符合互联网用户个性化需求。代表平台有爱奇艺、腾讯视频、优酷、乐视视频、搜狐视频等，盈利模式有版权收入、分账收入、广告收入。

VR影视始于2016年，创建和体验虚拟的影视世界，使用户沉浸到影视环境中，2016年VR渗入影视行业，不少影视公司陆续并购和投资VR公司和内容，VR影视成为年度热门。设备费用过高、技术不成熟、配套内容落后，普及和发展较为缓慢。代表平台有Steam、Oculus、PlayStation、爱奇艺、优酷、腾讯视频、搜狐视频、乐视视频，盈利模式有硬件销售、内容付费、广告营销等。

网络影视制发合一趋势显著，视频网站全产业链布局。网络影视产业中内容制作和发行高度合一，公司制发并行，头部公司更为显著。视频网站不断向产业上游拓展，布局全产业链，且显露出引领产业发展之势。

纵观网络影视产业的发展，总体呈现出以下特征：

科技发展变革用户影视消费习惯，进一步驱动产业全面升级。移动网络、移动终端、移动支付、大数据等科技的发展改变用户的观看、付费习惯，是网络影视产业发展的重要因素。在科技发展的驱动下，网络影视的内容制作、播出、盈利全产业链得到全面升级。科技提供发展动力，5G、Wi-Fi、移动终端、移动支付等技术的发展和普及，大数据的发展为新媒体影视制作、宣发、播出、分发等全产业链提供基础支持。视频网站全产业链布局，视频网站深入布局新媒体影视制作领域，且精品频出，逐步掌握更多市场话语权。"95后"和"00后"成追逐焦点，"95后"和"00后"已变成新媒体影视的主流群体，并且随着消费能力的增强，商业价值凸显，因此成为各方争夺的主要对象。内容制作精品深耕，头部内容大投资、大制作，卡司阵容越加强大，导致精品更精，媲美传统影视；覆盖分众的作品质量也不断提升，呈现小而精的品质。大众和分众多元传播，根据内容性质，采取大众、分众等不同传播方式；具备碎片化、互动性、即时性、社交性等特征。盈利能力不断增强，会员内容付费实现爆发增长；除会员付费外，版权销售、点击分账、广告收入、电商收入等多种盈利方式使新媒体影视产业变现能力不断增强。

在多方鼓励与监管下，"高品质＋正能量"将成网络影视内容发展方向。随着国家相关部门及视频网站频繁出台与新媒体影视相关的监管政策，市场规则进一步明确，同时也促使该市场进一步规范。在此环境下，内容制作者更能把握政策红线，有效规避政策风险，网络影视作品的质量也将全面升级。

（二）网络影视产业细分市场

1.网络剧市场

网络和电视双平台联动，网络剧与版权剧之间的边界日渐消融。优质头部网络剧内容，在观众的高度需求以及品牌的重点关注下，驱使各大平台和公司重点发力，随着投资成本飙升、大明星和知名制作团队（人）的加盟，内容品牌不断提升，定位之初便是主打网络和电视双平台，网络剧、自制剧和电视剧之间的界限变得愈加模糊。网络自制剧特指视频平台参与出品、制作和发行，为自身量身打造、自主研发的剧集，并以在各自平台独家播出为主要形式的网络剧集。

近年来，网络剧的市场规模逐渐扩大，投资能力和制作团队均不容小觑，精品化趋势进一步挤压长尾发展空间，呈现三段式布局的市场结构。头部制作门槛升高，数量降低但流量趋于稳定；尾部数量上升却流量降低，中腰部剧集稳步提升。主打IP和原创的小成本作品逆袭成功，市场分别精耕高品质剧集和"小而美"剧集。喜剧、爱情、奇幻、悬疑是市场最为热门的题材，同时各大平台表现出明显的类型差异化趋势，抢占独播资源。

2.网络大电影市场

网络大电影与院线电影相比，更加精准覆盖当下网络群体，为年轻制作团队和人员提供广阔的发展机会，对于培养和促进影视行业发展具有重要意义。目前，网络大电影投资与收入分布呈现明显的二八效应，网络大电影精品化发展将成为破局的关键所在。优质喜剧、动作、科幻、奇幻类型是网络大电影的稀缺资源，且后三者表现出更强大的市场需求。以爱奇艺、腾讯和优酷为主的网络视频网站，其独播有利于优质资源聚集，吸引更多付费用户，增强平台竞争力。例如莱可传媒出品的网大《最后的武林》通过前期精准锁定目标受众，配以中等投资成本、精良制作，在上线前则被腾讯视频买断独播权，经过集中的宣发，为平台创造收益超千万。

3.短片市场

互联网文化发展、视频网站的崛起、短视频平台的兴起以及智能分发技术的应用推动了短片的繁荣。目前短片根据制作目的和内容的不同可以分为广告主定制短片和原创短片，这些短片的传播途径包括线上和线下多种渠道，其中互联网凭借其多样化的播出渠道以及智能高效的分发技术成为短片分发的主要平台。短片也凭借其精湛短小的结构和与生俱来的话题性，适应互联网传播生态，成为互联网影视内容的关键组成。短片以小成本试水，为大众提供低门槛影视创作的路径，鼓励优质内容生产，培养了一批优秀的编剧、导演和演员，推动影视艺术创作。此外，短片跨界公益，探索公益影视宣传新语态。例如，红计划是由青年导演发起的系列公益短片项目，由上海嘉定区文广局以及社会资本和文创企业联合出品，新片场发行取得了良好的传播效果和社会影响。红计划一方面给予青年导演创作和展映作品的机会，另一方面，政府单位也以较低成本达成优质公益短片的出品，新片场等社会影视企业的加入，同样彰显了企业的社会责任感，红计划的成功是多方合作共赢的结果。

4.VR影视市场

目前VR影视无论在前期制作还是在后期的发行放映阶段都和技术发展水平有直接关系，VR影视的呈现效果依赖于VR头显设备，其中便捷性有限的台式机VR的用户体验远高于移动VR，而移动VR中成长起来的VR一体机逐渐成为台式和移动VR的平衡者，在用户体验和便捷性上达到平衡，有较大的改进和发展空间。目前VR影视商业模式较为模糊，不足以支撑盈利，其中版权收益、项目定制、VR影院票房分账为几种常见的盈利模式。多数VR影片仍为360度全景VR，影片通过全景摄像机进行实景拍摄，观众视角仅通过导演镜头移动的时间轴进行播放，影片分辨率以及沉浸度相对较低。相比而言，经过专业渲染和制作的虚拟VR短片则沉浸感更加深入，不限制观众物理位置，观众可以四处走动进行多角度观看，国外的Oculus Story Studio、Baobob Studios，国内的Sandman Studios等优秀VR制片公司已经出品一定数量的优秀VR短片。带有交互性的VR影片有较大开发空间，但交互VR影片在拍摄逻辑，交互设置上有较大难度。

VR 影视的前期拍摄较大程度颠覆了传统影视的拍摄手法，从剧本策划到后期制作中的每个环节都需要切实考虑到 VR 全景视角及交互表达的特点，镜头语言、叙事手法、交互方式以及后期制作成为 VR 影视拍摄过程中需要关注的四大领域。VR 影视全新的表达方式面临着众多的挑战，同时也存在着巨大的可能性，因此创新和创意成为 VR 影视制作者的生存之道。

（三）网络影视产业发展趋势

网络剧精品化进程持续发力，头部网络剧流量不断增长。随着受众观看习惯向新媒体转移，付费观看将成主流，网络剧用户付费的盈利模式将会逐步走向成熟。

艺术创作型短片步履不停，助力年轻导演成长起步。短片已经成为年轻导演的重要作品呈现形式，通过短片创作被各类影视出品公司所挖掘，从而进一步参与网络电影、网络剧，甚至院线电影，这是通往电影未来的重要步骤。网络大电影整体质量不断提升，长尾市场仍有较大空间。

第三节　平台篇

在移动互联网环境下，新媒体平台多元共生，尤其以视频平台、社交平台和自媒体平台为主要类型的平台及其账号类型多样，发挥着重要的信息传播与交流、社交分享与评论、商业变现与服务的功能，媒体平台不同模式、不同消费者属性的媒体平台，承载与展示新媒体营销成果，实现消费者触达。

一、典型新媒体平台特征总览

新媒体平台特征优势各异，多平台整合营销可强化营销效果以新浪微博、微信等为代表的社交平台，哔哩哔哩、抖音、快手等为代表的视频内容平台，小红书和淘宝等为代表的具有内容社区频道的电商平台等，因具备内容承载渠道、高消费者活跃度、社交裂变传播特征，是新媒体营销开展的主要平台。不同新媒体平台在话题传播广泛度、消费者讨论参与度、内容信息呈现深度、种草拔草转化效率等方面都各具优势，而依据营销策略，通过多平台开展整合式新媒体营销、融合各平台优势以强化营销实现效果，将成为新媒体营销的发展方向，各平台的属性特征和主打营销模式帮助实现多元营销需求。

平台名称		平台类别	平台特点	内容传播特征	主要营销形式
	新浪微博	微博	内容扩散性强，媒体属性强，泛娱乐吃瓜群众多	用户对于平台内容的参与互动率高，较容易形成二次传播、实现话题打造	话题讨论
	微信	即时通信	熟人关系链社交属性强，以接收日常社交信息与通过公众号深度了解信息为主	对于平台中的文章和长图，用户通过转发、朋友圈分享等形式在熟人间传播	文章长图
	抖音	短视频	泛娱乐内容属性强，信息表达层次丰富，传播力度强，用户以日常休闲为主要需求	平台拍摄感泛娱乐，容易在用户间形成传播和记忆点	短视频推荐与测评
	快手	短视频	内容以生活化与泛娱乐化为主，日常休闲需求用户多	平台KOL与粉丝间信任感强，易引导用户喜好与行为	短视频推荐与测评
	B站	聚合视频	视频弹幕沟通氛围浓厚，泛娱乐年轻用户多	视频涵盖内容信息丰富，借助UP主粉丝效应，向用户深层传递内容	视频推荐与测评
	小红书	内容电商	商品内容分享属性强，寻求商品推荐指导需求用户多	平台在具有花式种草内容分享属性的基础上，布局消费属性，使种草到拔草间的转化更为高效	商品种草、拔草与消费引导
	淘宝	综合电商	消费属性突出，用户具有较强的购物需求	消费布局配合不断强化的内容布局，为消费者提高购物决策的效率	商品种草、拔草与消费引导

图 7-6　中国典型新媒体平台特征解析

二、主流平台的新媒营销手段

（一）新浪微博：制造高流量话题，助力品牌与商品快速传播

新浪微博以泛娱乐内容为主，交流氛围轻松，用户参与活跃，特别容易通过吸引用户开展大范围讨论、分享，打造话题热度，提升内容传播面及深度，嵌入品牌和商品的营销主题，实现广泛传播的目的。新浪微博平台的实践流程为：广告主根据营销内容需求筛选 KOL，然后通过内容策划和图文视频等营销物料设计、产出话题，通过转发点赞、评论、打赏等手段进行商品分享与推荐，从而使消费者加深了品牌印象、自愿转发给更多受众，点击跳转链接购买，以达到变现目的。

（二）微信：深度阅读与熟人关系链的分享习惯，适配深度营销内容传递

公众号的长篇图文形式已经让用户形成阅读习惯，借助 KOL 所撰写的图文对品牌或商品开展深度营销，这是微信平台营销的主要手段。例如，KOL 可借助图文形式在具有共同兴趣小组的微信圈子中瞄准目标消费者进行商品推荐；也可以在微信视频号中以短视频的形式向消费者传递营销内容。此外，微信利用微店

和小程序实现商品链接的外部跳转功能，引导消费者直接跳转小程序商城进行购买，使营销内容的转化流程更为便捷。

（三）Bilibili：以兴趣为导向，借助脑洞有趣内容向消费者传递品牌信息

Bilibili 平台以年轻用户为主，用户根据自身兴趣方向关注相关 UP 主，UP 主的大体内容传播调性较具趣味性，能够使用户在轻松有趣的氛围下接收内容信息。该平台以品牌联合 UP 主共同开展直播推广品牌和商品，以及在 UP 主拍摄剪辑的视频中进行品牌露出、商品推荐、测评以及引导购买等方式来开展，借助 B 站视频的展现特征，快速为消费者留下深刻印象。

（四）小红书：内容性特征突出，消费者对平台的种草内容接受度高

小红书强大的内容分享属性，使其成为消费者产生购物需求、选择品牌与商品、分享商品使用情况的高信任度对象，同时也成为 KOL 天然的种草平台。小红书平台的新媒体营销玩法主要是借助头部 KOL 的粉丝影响力和消费者对腰尾部 KOL 的信任感，通过由图文、短视频、直播形式构建的搭配推荐、测评、带货、开箱、笔记心得等种草拔草方式，加深消费者对品牌或商品的记忆度，以及引导消费者通过小红书商城或外部交易渠道实现转化。

（五）抖音：KOL 通过短视频加强营销内容，表达深度及真实感

随着移动手机普及率及网速的提升，居民注意力碎片化趋势的加强，短视频借助高信息量传递的优势及即时娱乐的特点，成为越来越多用户日常娱乐的首选。作为泛娱乐短视频平台，抖音受众广泛，短视频传播量广，平台 KOL 通过短视频拍摄的方式开展商品分享、测评及直播带货来开展营销活动，以视频或直播的形态进行商品的试穿试用，让消费者更为真实地了解商品，KOL 的粉丝影响力或权威性同时又能够加强消费者对商品的信任感，有效帮助产品通过外部销售链接跳转或抖音商城等渠道实现销售转化。

（六）快手：KOL 商品推介力强，加强内容转化效率

快手平台上有着较多具有真实感的生活类 KOL，粉丝对其的信任感强，KOL 进而能够更有效地通过视频或直播推荐的形式带动商品的售出。快手平台的新媒体营销玩法同样是围绕着 KOL 开展短视频商品分享、测评，以及直播带货为主，特点在于 KOL 的推荐或售货形式更为接地气，与消费者之间的联系更为直接，

并且具有较高的粉丝带动力。另外，快手平台除了自身的快手小店外，还通过联合有赞微商城、跳转外部电商等形式，为 KOL 开辟出更多营销对接可能性。

（七）淘宝：内容与直播频道的搭建，为 KOL 开展新媒体营销提供平台

随着商品交易体系的逐步完善与消费者对营销内容的要求日益提升，除了搜索与展示广告等硬广外，淘宝平台近年间开始搭建承载图文、短视频信息流广告与直播广告的内容频道，以借助 KOL 为消费者提供高效的种草方式，同时淘宝平台用户的购物意图明确，也进一步提升着营销内容的转化率。通过展示精选购物评价、产品测评及试用体验、限时优惠等方式提升消费者对品牌和商品的信任和关注度。

在这些代表性平台中，大多都使用了直播电商的运营模式。一方面，直播电商赋能传统电商中"人"的流量经济。传统电商中的"人"实际是流量经济，即"人"=流量 × 转化率 × 客单价 × 复购率，直播电商从流量获取的方式、用户转化率、复购率方面对传统电商中的流量经济进行赋能。直播电商拓宽流量获取场景，通过综合技术服务商提供的直播服务，拓宽了流量获取途径。MCN 和 KOL 的加入增强了用户黏性，提升了转化率和复购率，裂变分享方式有积分兑换、上新投票权、好友拉新；微信直播社群靠的是私域流量。

另一方面，直播电商提升了"货"的效率，降低"定倍率"。直播电商缩短了"货"的传播路径，通过 KOL 的赋能和供应链服务商的加入，缩短了从生产制造到消费者的途径，改变了购物模式。同时，直播电商中 KOL 通过数据服务商赋能，分析消费者偏好，反馈给制造商，进而确定生产数量或者产品形态，减少制造商仓储成本和开发出更受消费者欢迎的产品，降低"定倍率"，因此能够有"全网最低价"的出现。

MCN、KOL 的加入和平台场景升级使直播电商一定程度上弥补了传统电商"场"信息流体验性差的特性。"场"的本质是信息流、资金流和物流的组合。传统电商提升了信息流的效率，但没有改变线上购物体验性差的特性。直播电商通过加入 MCN、KOL 和平台提供场景升级，进行消费者体验升级，为消费者带来更优质购物体验，一定程度上弥补了传统电商信息流体验性差的特性。

	淘宝	快手	抖音
平台类型	电商类平台	短视频类平台	短视频类平台
活跃用户规模/亿	3.3（2019年3月）　2.3（2020年3月）	2.1（2019年3月）　2.6（2020年3月）	2.0（2019年3月）　3.5（2020年3月）
平台特色	·基于淘宝生态圈，用户的购物属性强 ·具有完善的供应链和运营体系	·老铁文化，粉丝忠诚度高，购物转化率和复购率高 ·主播自有供应链，产品更具价格优势	·大众娱乐属性强 ·借助算法筛选爆款商品，精准推荐
流量来源	公域流量为主	私域流量为主	公域流量为主
代表主播	头部主播高度集中 代表主播：朱丹、李佳琦	头部主播相对分散 代表主播：散打哥、小佛爷	头部主播相对集中 代表主播：李佳琦、罗永浩
商品类别	淘宝体系全品类商品	·品类以食品、土特产、生活用品、服装、鞋帽等为主，高性价比，非品牌产品居多 ·购买渠道为快手小店、摩筷星选、有赞、淘宝、京东	·美妆、服装百货占比较高，品牌货居多，商品有调性 ·购买渠道为快手小店、淘宝、天猫、京东
利润分成模式	扣除阿里妈妈10%技术服务费后，剩余佣金分配比例： ·MCN机构70%，淘宝直播30% ·独立主播60%，淘宝直播40%	（以淘宝渠道为例） 扣除淘宝6%（成交额）内容场景专项服务费和阿里妈妈10%技术服务费后，剩余佣金分配比例： ·主播50%，快手50%	（以淘宝渠道为例） 扣除淘宝6%（成交额）内容场景专项服务费和阿里妈妈10%技术服务费后，剩余佣金分配比例： ·主播100%，抖音0%

图 7-7　淘宝、快手、抖音三大直播电商平台特色分析

第四节　策略篇

一、新媒体内容运营策略

（一）重大选题策划

1.深入了解用户

首先，了解用户画像。现有的多个新媒体平台，诸如抖音、微博都有后台数据可以显示运营者的粉丝画像，其中包括用户性别、年龄、所在地区的数据汇总，运营者可以通过平台数据轻松获取这些画像信息，并能够一次性预判内容价值和内容方向。

其次，主动与用户建立联系。相对成熟的运营者及其团队，通常会有专门负责运营的人员，专职维护与用户之间的关系，监测平台内容数据，以及策划加强粉丝黏性的活动等，也为后期社群经营管理奠定良好的基础。

最后，分析出用户成长路径。用户生命周期通常指用户从第一次使用APP、网站或个人主页，到最后一次打开及流失的过程。新媒体用户运营的目标就是尽一切可能延长用户生命周期，并且在生命周期中尽可能地产生更多商业价值。按照运营策略期望达到的目标，将用户成长路径划分为五个阶段：激活、转化、留存、唤醒、召回。

2. 内容分类

重大选题的内容分类没有固定的模式。从平台来看，可以分为两大类：平台策划并发起的策划活动和运营者自己策划并发起的选题活动。重大选题首先要建立选题库，比如有以抖音热搜、微博热搜等为代表的爆款选题库；通过专业性和资源性筛选整理的常规选题库；以中秋、国庆、春节等节日为策划动因的活动选题库。如抖音发起的"端午就要这样过""拒绝容貌焦虑"等选题，分别符合了当下人群的关注点和青年人的生活状态。

3. 建立选题的方法及类型

（1）常规选题

日常积累：许多运营者都有随手记录创意灵感的习惯，用备忘录记下来，随后再整理归纳，进入选题库。

借鉴爆款：一个优秀的运营者应该具备分析爆款，拆解爆款的能力。可以通过叙事逻辑、情节搭配、话题故事、配乐衔接等多个方面拆解为一条爆款。

紧跟同行：如果注意观察一下，会发现一个有趣的现象，大部分互联网平台达人之间都是互相认识的，有时达人与达人之间会进行内容共创，一个达人发布的内容也会得到同行转发、点赞或借鉴。

（2）热点选题

以新冠肺炎疫情为例，无论是传统媒体，还是自媒体都在积极报道事态的发展。在这个重大公共安全事件发生时，就非常考验自媒体运营者对话题内容的把控力。比如自媒体运营者"@林晨同学 hearing"，记录下了特殊时期武汉的物价、交通、生活真实状况。

（3）系列选题

在策划难度上，系列选题是选题策划中难度最大的一类。运营者需要考量选题内容的连贯性，整个团队的人员配合，拍摄剪辑时间线的规划所有事项，是较为高阶的考验。以教育博主"@vivi老师啊"的系列专题"#三秦大地上的国家地理标识#"为例，这个项目主题原本是一个科研课题项目，受陕西社科界社会科学宣传普及资助，并通过短视频平台推广传播。项目团队的核心成员有五人，加上剪辑拍摄团队以及专家顾问团队，总共十人。项目视频从2020年10月8日起，每天更新一集，共11集。第一集为预告介绍片，其余为整片。项目最终确定了黄陵、延安、宝鸡、兵马俑、小雁塔、韩城、华山、安康、汉中、秦岭十个具有代表性的地理标识。

4. 选题判断标准

受众：覆盖人群——运营者应该善于分析自己的频道内容，研究粉丝画像，并不断尝试拓展用户人群；痛点程度——只有直击要害，才能激发情绪共鸣，引发关注。

话题：具有可操作性、时效性、话题性、传播性，符合正确的政治意识形态，能够挖掘深刻的思想。

主体：相关性、价值观——相同的价值观表达也能迅速让运营者赢得气味相投的用户。

创作思维：真实性、表达更加直接、热点性、分众化、去中心化。

（二）营销内容创作

1. 写出引人注目的标题的能力

用户每天都在互联网平台上接收到爆炸的信息量，决定点开一个内容的时间，往往只有1秒。衡量标题的重要标准就是"有多少用户点开"，但这不是唯一的追求。我们更应该追求用户点开一个标题背后的逻辑，最重要的仍然是用户关联。在已经创造好标题的基础上，可以使用添加流量词的方式来继续增加标题吸引力。

2. 可以说服读者的能力

营销文案的本质，是为品牌商品引流，实现推荐，完成销售转化。所以营销文案内容，除了提供新的信息、新的观点和思考外，最重要的功能仍是进行销售。

3. 搭建清晰逻辑结构的能力

营销文案内容，必须以严谨结构进行构思，每个大段落、小段落、段落之间甚至句与句之间，都有严密的承接关系。这样的好处是，用户在接受信息时跟着内容思路继续看，接受创作者想要表达的信息。

4. 构建场景化的能力

不论是短视频带货，还是直播间带货，营销推广文案的重点都是构建使用场景，让用户产生代入感。例如推销口红时，文案中可以大量使用场景化推荐，打出"好有女人味""新年必购口红，你还差这支"的产品推销口号。

5. 进行 SEO 优化的能力

SEO 指搜索引擎优化，全称为 Search Engine Optimization，是一种利用搜索引擎的规则，提高网站在有关搜索引擎内自然排名的方式[1]。SEO 优化技能，是通过添加修改内容关键词，增加内容互动性，完成内容优化，在不影响读者的阅读体验的前提下，增加搜索引擎或者某些自媒体站内收录及排名，帮助品牌更好地完成营销目标的同时，吸引更多的外部流量进入。

（三）内容制作方案优化

1. 内容数据维护

（1）完读率 / 完播率

完读率和完播率是指在所有观看作品的用户中，能看完整条作品的用户所占比率。目前大部分平台，都支持运营者在后台数据查询内容的完播率。短视频的前五秒一般都会决定用户的去留，如果用户刷走了也就意味着用户离你而去了。而这样，这条短视频就没有完播率了。所以，运营者要从这个角度出发，遵守五秒黄金法则，并给用户一定的期待，提升内容的完读率或完播率。

（2）互动度（点赞、转发、评论、关注）

成熟的运营者会关注账号内容的数据，也就是运营常说的"转评赞"。数据好才能体现运营者内容与粉丝之间的黏性，也能体现账号的商业价值。因此，成熟的运营者都会考虑内容的互动度。一般来说，优质的内容会天然地促成转评赞。和大 V 联动，或通过抽奖的方式，促成粉丝的转评赞，都是常用的技巧。

2. 数据分析工具

平台使用适合的数据分析工具，可以洞察和监测内容的创意度和传播能力、受观众喜爱程度以及商业变现的能力。卡思数据是视频全网大数据开放平台，监测的平台不仅是抖音，还包括快手、Bilibili、美拍、秒拍、西瓜视频、火山小视频等。飞瓜数据是一个专业的短视频数据分析平台。它的功能很齐全，可以做单个抖音号的数据管理，查看日常的运营情况；也可以对单个视频做数据追踪，知晓它的传播情况。Toobigdata 作为一站式数据化短视频直播运营平台，数据功能同样丰富，汇集了抖音各大实用数据功能，包括最新行业资讯、抖音官方平台链接、热门商品、热门数据、账号诊断等等实用工具。灰豚数据的热门素材功能可

1　张议尹. 红河哈尼梯田民族文化品牌传播策略研究［D］. 昆明：云南财经大学，2018：46.

以看到近 2 小时乃至近 30 天的热门视频，还有热门音乐、话题以及抖音热点等，帮助用户学习借鉴优秀的视频内容。数据监测功能不仅可以对抖音账号进行数据监测，了解账号的运营情况，还能对已发布的抖音视频进行分钟级实时监测，查看视频的各项数据，判断视频是否能成为爆款视频。新抖是新榜旗下的抖音全场景 AI 数据工具，提供热门视频、音乐 BGM、话题挑战赛、神评论、魔法道具等创意素材。罗网是一款类似的数据分析工具，热门视频数据、达人分析、电商分析均可帮助创作者在开始创作的时候，找出自己的定位以及借鉴热门视频达人的成功经验。

二、新媒体账号运营策略

（一）账号定位方向策划

1. 账号定位是什么

定位理论由美国著名营销专家艾・里斯（Al Ries）与杰克・特劳特（Jack Trout）于 20 世纪 70 年代提出。里斯和特劳特认为，定位要从一个产品开始，那产品可能是一种商品、一项服务、一个机构甚至是一个人，也许就是自己。但定位并不是对产品做定位，而是对预期客户[1]。企业要在预期客户的头脑里给产品定位，确保产品在预期客户头脑里占据一个真正有价值的地位。

一个自媒体账号成功的先决条件是具备独特风格、清晰的人设、有辨识度的内容和极强的个人魅力。

2. 账号定位的原则

（1）明确内容定位

所有的产品和平台都要有定位，一般这个定位指服务于某种对象，应用于某种场景，为了解决目标对象的问题和痛点，为其提供某核心功能。账号的内容定位，就是明确账号内容边界，什么样的内容能做，什么样的内容不能做。

（2）建立风格调性

创作者需要给自己的内容印刻某种风格化标签，让用户一看到或接触到类似的事物与信息，就能联想到字的内容与产品，这就是产品特点风格化，也可以称之为调性，是区别创作者与其他内容不同的重要因素，也是随后决定其内容能

1　陈子苏. 基于政府主导下的动画产业发展策略研究［D］. 上海：东华大学，2015：18.

否脱颖而出的关键。

（3）加强账号标签

具有强烈风格的内容账号，往往需要一个鲜明且抓人的标签，或是固定人设，或是固定装扮，或是一句口头禅，能够高度概括账号风格。通常来说，账号定位在确定后，就不会轻易改变，只会以其为核心进行发散优化。一个账号的风格和标签一旦成功树立起来，就可以在用户心目中牢牢占据一个位置，从而大大降低以后建立用户认知的成本。在已验证成功的账号定位基础上，不断迭代优化，最有利于实现价值最大化。

标签化可以增强账户的辨识度，帮助平台系统描述和分类内容，便于平台检索以及分发给具有相同标签的用户。以抖音账号标签化为例，根据抖音独有的算法机制和智能推荐模块，系统会给每个账号或者用户贴上标签，也就是说，每一个账号内容与用户背后都有一个或多个标签，抖音会把两者的标签综合结合对内容进行推送，当内容的标签是美食，那么就会被推送给标签是美食的用户，进而给账号带来流量，账号内容越垂直越容易被打标签，越容易被系统推荐。

3.账号定位的要素

（1）目标定位

创作者首先要明确，自己运营账号的目的到底是什么，需要明确，进行短视频创作是作为兴趣爱好，还是想最终变为一个商业化变现的路径。在互联网平台，不管是何种内容定位的账号，目的大多是指向获取更多的粉丝，占领更多的市场，获得更高的商业价值。

（2）领域定位

领域定位，即定位内容赛道。美食、美妆、Vlog、剧情……不同内容，适配不同赛道。账号运营者需要找到适合自己的领域，找到自己擅长且突出的地方，不断放大长处，做到效益最大化。对于自己喜欢的领域，人们才会愿意花时间去研究，如果不喜欢还强迫自己去迎合某个领域，那么自媒体人很难有创作的灵感火花。对于自己擅长的领域，对自媒体人来说就是在大众面前展示技能，这样能极大地缩短摸索的时间，也能让自己更快代入角色。市场前景好的领域，是现在大部分用户比较关注和喜欢的内容，如果正好与自媒体人擅长以及喜欢的领域匹配，则完全可以从这个领域去创作。

涉及利益的领域比较容易被大众关注，可以从四个方面切入，即理财类、创业类、房产类和职场类。另外，母婴育儿和教育的领域关注量较为可观。该领域目前大众喜欢的类型有三种：①关于孩子的内容，父母就会特别关心。②关于技能提升，可以开阔眼界。③满足情感需求。在满足了物质生活之后，一般人们会想提高生活品质。一些情感类、美食类、时尚穿搭、明星八卦、运动健身等都是这些想提高生活品质的人会主动关注的内容。

（3）人设定位

人设定位，是在内容定位的基础上强化账号的特有属性，打出人的特色让用户将关注重心放在人身上而非单纯只关注内容，人是唯一不可取代的东西。人设定位的三大前提分别是：①你是谁？回答你是谁的关键，在于找到人设之中的矛盾反差点。比如一个上班族，平时朝九晚五上班打拼，私下是一个爵士乐手，斜杠青年就是他身份的矛盾所在。矛盾产生冲突，冲突产生印象。②你有什么特别的？每个人都有自己的闪光点和爱好特长，有些人喜欢做饭，有些人手工很好，有些人很会说话聊天。发现自己独一无二的闪光点，即找到自己最特别的特质。③我能得到什么？关注一个账号，那么一定是某个点打动了你，触发了关注行为动作；或是内容非常戳人有意思，人物美丽可爱；或是能学习干货知识。还有一种是情感需求，通过内容账号能治愈心灵、满足内心情感需求，也是一种心灵上的寄托。人的两大需求总会在其中找到一个满足点，这就是自媒体的魔力所在。

打造人设定位等同于特长＋性格＋外在形象特点＋固定人物分类＋兴趣／职业。

①固定人物分类。例如短视频自媒体内容中固定出镜人员。常用固定人物分类有姐妹闺蜜类、兄弟类、情侣类、男生类、女生类、人和萌宠类、亲子类、夫妻类、二次元卡通类。

②固定语言形式。固定问候、结束语和固定普通话或者方言，例如使用方言，可以增加喜剧效果。固定声优，如萝莉音、播音腔、男女神音等。

③外在形象特色。包括穿着衣品，如运动风、职业风、军旅风、萝莉风、大叔风、居家风、性感风格、中性风、校园风；独特单一饰品，如戒指、项链、球鞋、鸭舌帽、包类、单反、墨镜和口罩等。

④个性背景音乐。如轻音乐、酷炫节奏风、广场舞风格、经典外文歌曲、蓝调、乡村等，具体选哪种音乐背景，需要切合人设。

⑤固定视觉形象。主要指专属 LOGO，例如自己的真人头像、片头片尾、水

印、真人形象、萌宠形象、色彩视觉定位。

⑥特长、兴趣。包括健身、美容、学习、做饭、收纳、清洁、旅游、潮流搭配、品尝美食、唱歌跳舞、打游戏、讲笑话等，在每期账号视频中穿插自己擅长的内容，让用户能有收获，自己也能成长。

⑦特有性格情绪。例如傻笑大笑类、犀利毒舌类、乖巧机灵类、咆哮类、温文尔雅类、无情绪表情类、严肃古板类、大大咧咧、霸道、优雅、帅酷等。

⑧职业。例如全职太太、白领、打工仔、程序员、农民、医生、律师、富二代、名媛、教师、老板、总裁等。每个人都有自己的职业，以职业定位为自媒体号内容，那么工作内容就产生受众的兴趣观看点。

（二）运营策略制定

1.运营目标的制定

自媒体账号是一个互联网产品，用产品运营的思维来完善改进运营，能够更好地制订目标，快速高效地达到目的。互联网运营目标制定策划指的是产品在哪个阶段要达到什么样的目标，在市场上占据多少份额，获得什么样的位置，这是运营策划非常关键的一部分。通常互联网产品会从运营阶段和运营类型两个方面去指定目标。产品运营目标一般分为三个阶段：

①种子期阶段。收集用户行为数据；与产品设计时的用户模型作对比；进行有目的性的优化。其中涉及的主要数据包括页面路径转化、按钮点击、启动次数、启动时间段、停留时长等。这个阶段数据量不求大，但要真实，可以通过免费渠道来获取用户。

②推广期阶段。扩大影响、吸收用户，其中涉及的主要数据包括新增、活跃、留存以及渠道数据。运营人员需要同时配合各种资源，多管齐下，让用户量快速增加。

③营收期阶段。通过各种活动运营，对服务进行增值，扩大产品利润。其中涉及的主要数包括付费用户数、付费金额、付费路径转化、用户平均收入。

2.运营数据分析

产品数据分析，也是产品运营极为重要的一部分。企业在运营产品之前就要了解并知道自己要关注哪些数据，然后分析数据，以便调整之后的运营工作。通常来说，运营中最需要重点关注的数据是留存率和活跃用户数。留存率是用于反映网站、互联网应用或网络游戏的运营情况的统计指标，其具体含义为在统计周期（周/月）内，每日活跃用户数在第 N 日仍启动该 APP 的用户数占比的平均值。其中 N 通常取 2、4、8、15、31，分别对应次日留存率、三日留存率、周留存率、半月留存率和月留存率。活跃率＝活跃用户数/总用户数。通过这个比值就可以了解用户的整体活跃度，结合活跃率和整个产品生命周期来进行判断。

3.运营策略规划

（1）垂直化

首先做细分，这是纵向分布的，在于小而精；其次是认知借力，借用户心中的认知标签，然后把标签和内容进行绑定，让用户记住你。

（2）IP 化

自媒体账号就是一个 IP，只有形成强人设、强 IP 属性，才能更好地拥有粉丝，建立属于自己的人格化魅力。角色是 IP 的真正资产，衡量一个成功角色的指标分外在和内在两部分。外在指的是 IP"辨识度"，也就是 IP 能否让你一见钟情；内在指的是 IP 的"心灵投射"，也就是 IP 角色能否让你一见如故。如果 IP 的第一步是建立角色，那么故事就是角色生活的世界。一个有故事的 IP，可以打破次元界限。很多根本没有故事体系的 IP 也大获成功，例如大黄鸭、熊本熊、褚橙等，这些 IP 通过各式各样的手段成功出位。大黄鸭是跨城市的行为艺术，熊本熊是话题事件的制造者。不管是 IP 的故事还是 IP 的角色，都需要价值观去感染每个粉丝，《创造101》需要"逆风翻盘、向阳而生"的口号，当一个 IP 想在商业层面捕获更多的受众，从 IP 跨越到超级 IP 时，它就必须具有普世价值观。所谓普世价值观，就是可以引发全人类共鸣的情感，不会因为文化、种族、国家而被阻隔。

（3）品牌化

从心理学角度出发，品牌是活在消费者头脑中的识别符号，即在头脑中留下的品牌形象。制定运营策略，要注重在用户心中，植入品牌概念。

4.矩阵账号运营规划

所谓矩阵账号，即自媒体里中侧重盈利变现和 IP 打造的账号，被一个核心账号统领，覆盖多个领域的账号阵地。通常情况下，这些账号之间会以大带小，探索新的细分领域，从而裂变出更为聚合的分号。同时，这些细分账号也一边打造自己 IP 价值，一边辅助头部账号。矩阵账号的类型主要分为以下四类：

（1）内容同质矩阵

作品内容的方向一致，主播达人并不互相客串，但具有明显相同的标识。MCN 某某音乐将旗下 18 个抖音号做成统一的画风，不同的人唱不同风格的歌，但所有的账号名称都统一标注"（某某音乐）"。

（2）爆款 IP 矩阵

从一个爆款 IP，发展为细分出一系列视频内容相似、画风一致的系列账号，如"@柚子 cici""@柚子吃了吗""@柚子买了吗"，出自同一个人 IP，但内容分别为剧情、美食探店和美妆种草三个方向。

（3）"1+N"矩阵

"1+N"矩阵主要是建立一个以产品线为主导的账号矩阵。一个主账号下再开设 N 个产品专项账号，以此构成完整的抖音宣传体系。成都市自媒体采用的抖音矩阵就是"1+N"的矩阵模式，以"成都生活"为主账号，分别开设"成都汽车""美食旅行""成都酒店"等子账号，构成以宣传成都美食、旅游、楼市以及各种资讯的抖音宣传体系。

（4）相互客串型矩阵

独立的抖音号之间互相客串，视频内容中有参与或文案评论中相互 @，如成都 MCN 洋葱视频旗下的账号有"七舅脑爷""胡玛丽""赵兮雪"等。

第八章 新媒体用户分析

第一节 何为用户画像？

一般而言，用户是从受众的概念发展而来的。新媒体的发展改变了受众传播和接收信息的途径和方式，因此，传统的被动接受信息的方式已不复存在，新媒体的交互性、跨时空性打破了信息交往的壁垒，有效促进了信息传播的效度，使反馈机制成为常态。因此，受众的概念也重新被定义，被称为用户，即包含信息生产、接收和交互等多重功能的信息传播者。

进行用户定位和分析，首先需要对用户进行画像，了解他们的真实情况以及基本特点。根据不同的标准划分为：人口属性、消费特征、兴趣爱好、社交属性等，运营人员只需要根据最终目的确定用户是谁。具体包括用户的信仰观念，即世界观、人生观、价值观；用户的兴趣偏好，即饮食、颜色、娱乐、品牌偏好、产品、旅游等；用户行为习惯，即作息习惯、卫生习惯、社交习惯、网络习惯等；用户基本属性，即年龄、性别、职业、身高等。

如何进行用户画像？一般平台要经过画像初判断、画像验证、完善画像三个阶段。在对用户进行画像后，需要继续细化用户使用产品的场景，了解用户与产品之间的连接。分析用户是在怎样的场景下阅读，其中包含阅读的时间、场所、目的；内容是否适合阅读场景、是否能给用户好的阅读体验；在怎样的场景下，用户会活跃或是流失。

第二节 研究用户的相关理论

一、用户需求理论

用户需求是用户所需要解决的问题、达到的目标。对于新媒体来说，用户使用新媒体有不同的目的，比如想获取时政资讯，或解决专业困惑，或更方便地和人沟通等，这些都是新媒体用户需求。正因为有了这些需求，才出现了像微博、知乎、微信这样的新媒体。所以，用户需求是新媒体的核心驱动力，用户需求分析是剖析新媒体和新媒体用户的前提[1]。

马斯洛需求层次理论将人类需求像阶梯一样从低到高按层次分为五种，分别是：生理需求、安全需求、社交需求、尊重需求和自我实现需求。大众传播学中的使用与满足理论强调人们受到社会和个人心理需求的驱使，会主动诉诸大众媒体或其他渠道以满足以上的五个层次的需求。受众是主动的、积极的、理性的，他们不仅了解个人的兴趣和动机，并且能够清楚地表达，根据受众的回答推断受众使用媒介的目的[2]。因此，新媒体产品的存在是为了能够满足用户需求。以新浪微博为例，新浪微博作为新兴网络媒体，其自身所具备的转发、评论等功能具有很大的吸引力。新浪微博用户中，以19~39岁的年轻用户为主体，也就是我们所说的"80后"和"90后"。处于这个年龄阶段的人热衷于追求各种新鲜事物，接受新事物能力比较强，个人自主意识强烈，喜欢赶潮流，对"互联网+"时代背景下的各种新兴事物大力追捧[3]。新浪微博"零时差"的信息传播和反馈，使用户可以自由地选择自己感兴趣的信息，排解由现代社会生活节奏快、压力大所导致的孤独寂寞感和抑郁烦躁感，通过"晒"这种方式展示自我的生活状态，抒发自己的情感世界。用户在新浪微博中还可以通过寻找朋友、关注、互动留言等功能拓展人脉，结识新朋友，解决自己的需求，以上这些都属于社会交往行为。此外，在互联网时代背景下，政务新媒体的发展也改变了人们参与政治和表达意见的方式，各级政府推出的网络服务平台以及各大媒体推出的民主参政议政平台为广大民众与政府进行平等对话、交流创造了条件。

为更好地满足用户需求，需要做好用户体验设计，重视用户体验感。用户体验（User Experience，简称 UE 或 UX），即用户在使用产品过程中建立起来的主观感受。ISO 9241–210 标准将用户体验定义为"人们对于正在使用或期望使用的产品、系统或者服务的认知印象和回应"。ISO 标准列出了影响用户体验的三个因素：系统、用户和使用环境。"系统"意味着用户体验的对象，"用户"是用户体验的主体，"使用环境"指用户体验发生的具体情境。例如某公司在产品设计中强调用户体验至上的思维模式，推崇"简单即是美"的理念，以用户为中

1　余红，张雯. 新媒体用户分析［M］. 北京：高等教育出版社，2019：19.

2　黄旦. 新闻传播学［M］. 杭州：杭州大学出版社，1995：226-228.

3　周世妍. 新浪微博用户及其微博特征分析［J］. 新媒体研究，2017，3（21）：8-9.

心的理念在产品命名中尤为突出。某公司在产品设计中提出"设计驱动"理念，强调用设计、用体验驱动产品的定义。

　　用户体验包括视觉体验、互动体验、内容体验、产品体验、功能体验、服务体验等环节的一个完整的过程，因人而异、因时而变，因此新媒体产品不仅仅满足于实用性的最低层面，更注重通过各种方式打造品牌，强调品牌意识。例如在抖音典型行业美妆个护，注重通过最受欢迎的 KOL 打造和传播美妆品牌，以美妆类达人为主，涉及妆教、评测、护肤保养、彩妆知识分享等各细分维度。美妆品牌投放男性 KOL 意愿明显增大，在美妆个护品牌最爱投放的 30 个 KOL 清单中，男性 KOL 占比达到四分之一；"美妆＋剧情"类内容成为近几年品牌投放新宠，融入剧情无痕展示品牌、产品卖点，用户接受程度高，种草更多潜在用户。

二、用户行为理论

　　新媒体用户行为是指用户在使用新媒体时的行为，在用户分析时，需要通过用户行为留下的显性痕迹，分析其如何使用以及为什么使用新媒体。为了分析用户行为，通常将用户行为定义为一个事件并对其进行分析。事件由最简单的五个元素构成；人物（Who）、时间（When）、地点（Where）、做（交互）（Do）、做了什么（交互的内容）（What）[1]。新媒体用户行为分析可以分成两类，一类是狭义的新媒体用户行为分析，即用户线上行为的分析。另外一类是广义的新媒体用户行为分析，并不限于线上用户的具体行为，而是扩展到对所有新媒体用户，特别是潜在的新媒体用户行为的分析。通过对目标用户的调查，或者竞争品牌使用者的行为调查，获得有效信息，从而对产品研发起到关键的作用。用户行为反映了用户如何使用产品，了解用户行为有助于还原用户场景，如用户使用产品的情绪反应、用户的内容偏好是怎样的，以及用户在不同境遇下的行为差异等，确定这些情况有利于我们优化产品和运营策略并改善用户体验。以抖音为例，基于用户在抖音上的行为、行为发生的时间频次等，可以深度还原用户使用场景，通过行为数据的补充，构建出精细、完整的用户画像，优化产品设计及运营。比如从用户录制短视频的数据可以分析出年轻女性是抖音的主要用户，有三分之一用户居住在一线和二线城市。抖音自诞生时就已经确立了自己的定位——"年轻人的音乐短视频社区"，音乐天生具有强烈的表达特点，短视频则是具有

1　余红，张雯.新媒体用户分析［M］.北京：高等教育出版社，2019，3：49.

流行文化潜质的表现形式，音乐短视频契合了年轻人的表达诉求。再如，美团小黄车前期通过线下调研及问卷调查发现用户"最后一公里"的痛点：距目的地最后一公里的距离，步行太远，打车太贵，最佳选择就是共享单车。美团小黄车通过分析用户人群，抓住校园环境及上班族的市场需求，确定年轻一族为主要目标用户。

当前，新媒体用户行为研究主要集中在用户采纳与忠诚、用户个体使用行为以及用户群体互动行为等三个方面。关于用户采纳与忠诚的研究解释了用户使用新媒体的原因，用户个体使用行为的研究揭示了用户如何使用新媒体，用户群体互动行为的研究则阐明了用户之间的互动机制。众所周知，微信是基于熟人关系而展开社交的一个比较封闭的圈子，大多数用户更愿意在个人强关系好友圈中交流和互动，很多用户甚至将朋友圈视为个人领地，用来记录个人生活，如心情日记、生活记录等，也希望在朋友圈看到更多私人的内容。然而，随着微信用户的增多，微信整体关系链进入稳定期，用户的这种行为正在悄然发生变化，用户数量的增加，微信好友中的"泛好友"越来越多，来自工作、陌生人的新增好友数量越来越多，在所有微信好友中的占比越来越大。微信作为一个社交沟通工具，其用户间的沟通交流已经由原来集中在熟人圈逐步向"泛社交"转变，来自工作环境、陌生人、服务人员的新增好友越来越多，占到近80%。

三、用户心理理论

新媒体的用户心理分析是基于认知心理学和社会心理学两大理论。认知心理学主要研究人类对信息的接收、加工、储存、提取、利用等整个心理活动过程[1]。视觉和听觉是用户感知产品的重要方式，应用视听元素感受和传递信息，可以激发用户内心的情感反应。社会心理学研究的是特定社会条件下个体心理活动发生、发展及其变化的规律，其研究重点在于个体与社会的相互作用[2]。社会心理学的研究领域可划分为以下三类：

个体过程：研究作为社会成员的个体的心理和行为规律。相关课题包括社会化、自我意识、社会认知、社会动机、社会态度等。

人际过程：关注人与人的相互作用，涵盖个体与个体、个体与群体之间的

1 刘勋，吴艳红，李兴珊，等.认知心理学：理解脑、心智和行为的基石［J］.中国科学院院刊，2011（6）：620-629.

2 时蓉华.社会心理学词典［Z］.成都：四川人民出版社，1988：20-21.

相互作用。如侵犯与利他行为、合作与竞争、从众与服从、性别角色与性别差异等。

群体过程：研究宏观环境与群体层面的人类心理和行为规律。例如组织行为与群体过程、跨文化比较研究、种族偏见与伦理等[1]。

新媒体的用户心理分析主要集中在人机交互、社交运算和用户体验三个大的领域，涉及绝大多数人们使用的新媒体平台。结合心理学对于心理、神经机制等基础研究中的内隐测量方法，通过眼动测试、生理指标测量、功能性磁共振等实验方法对用户无意识的反应、态度和行为表现去探究用户的真实需求。例如，短视频的兴起和迅速发展满足了人们的好奇心理、参与心理和娱乐心理。人们刷短视频的目的往往基于满足用户获取信息、了解世界、共鸣和情感等多方面的需要。

（一）信息

很多教育大号和书籍带货的账号都会通过"信息"的输出来吸引有需求的用户。其中包括有用的资讯、有价值的知识、有用的技巧。如新媒体文案中的一些经典句子，某一知识领域的最新动向等。

（二）观点

情感号在这点上可谓运用到极致，"观点"中大致分为：观点评论、人生哲理、科学真知、生活感悟。

（三）共鸣

物以类聚，人以群分。人们总想找到自己的"同类"，这时候，我们就可以利用价值共鸣、观念共鸣、经历共鸣、审美共鸣、身份共鸣这五大门槛来制作内容，从而吸引精准粉丝。例如"vivi 老师啊"，本职是大学老师，自身的穿搭就在传递自己的审美，发布的内容是关于女性成长话题、日常好物推荐和英语教育，记录大学老师的教育观、职业观和生活理念，同时满足了用户的五种共鸣，所以这个账号能够拥有上百万粉丝。

（四）冲突

用户对冲突的满足点，主要源于短视频内容的几个方面，包括角色身份冲突、

1　韩向明，韩燚.简论社会心理学的知识体系［J］.山西大学学报（哲学社会科学版），2011，34（2）：98-102.

常识认知冲突、剧情反转冲突、价值观念冲突。比较有代表性的账号就是"开心糖水铺""第一秘书""叶公子"这类带有故事情节的小短剧，利用的就是"冲突"来满足用户的心理。

（五）欲望

有欲望才会产生购买，这些欲望中又分为收藏欲、分享欲、食欲、爱欲。例如，美食和美妆短视频都会根据当下用户的饮食和化妆喜好去制作短视频。

（六）幻想

幻想即憧憬。爱情幻想、生活憧憬、别人家的×× ，这些被大众认为是最美好的。现实中真实发生的事件，以短视频的形式展现在大众眼前，就好像很多电视剧都是根据小说改编那样，让粉丝的内心遐想得到满足。比如"山村小杰"这个账号，记录的是一对住在山村的幸福小两口，男主小杰被称为山村鲁班大师，一双手似乎什么东西都能做，还是个既孝顺又疼老婆的好男人。

（七）感官

刷抖音的时候你会刷到一些号每天都会分享当下热歌自弹自唱的表演，又或者优美的风景和帅哥美女的舞蹈表演，这些都是利用了人们的"听觉刺激""视觉刺激"来吸引用户。

（八）利益

关乎利益类的短视频主要分为个人利益、群体利益、地域利益、国家利益，能够在内容上同时满足这四类需求，最具代表性的有"人民日报""央视新闻"官方账号。

（九）好奇

世人皆有好奇之心，满足用户的好奇心既简单也难，首先看看用户会产生哪几种好奇心：Why、What、When、How、Where、Amazing。比如"歪果仁研究协会"，以短视频的形式讲述外国人在中国生活的故事，视觉独特、内容有趣，拥有近千万粉丝。

"受众即市场"的观点形成于19世纪30年代大众传媒采取企业化经营形态后，它将受众看作信息产品的消费者和大众传媒的市场，认为媒介的信息生产和传播是通过媒介竞争向潜在的消费者提供商品或服务的活动。同时，随着互联网为代表的新媒体的发展，受众市场经历了从"大众"到"小众"的市场转变，受众细分是分众化时代的必然趋势[1]，体现了传媒活动的经营性、商品性和竞争性，也突出了受众作为"消费者"的特点。用户不同于受众，是一种全新的人与人的互动关系，是跨越生活现状而存在的。不同于传统社会如地缘、血缘的聚合方式，网众多因趣缘而聚合，产生于网络用户个体的媒介接触和使用之中，通过彼此之间的互动过程不断发展。他们一方面具有自主性、选择性和参与性，另一方面也受到了主客观因素如社会环境、受众接触媒介程度等的制约。

1　刘海龙.大众传播理论：范式与流派［M］.北京：中国人民大学出版社，2008：12.

附 录 思维导图
FULU SIWEI DAOTU

一、短视频内容生产

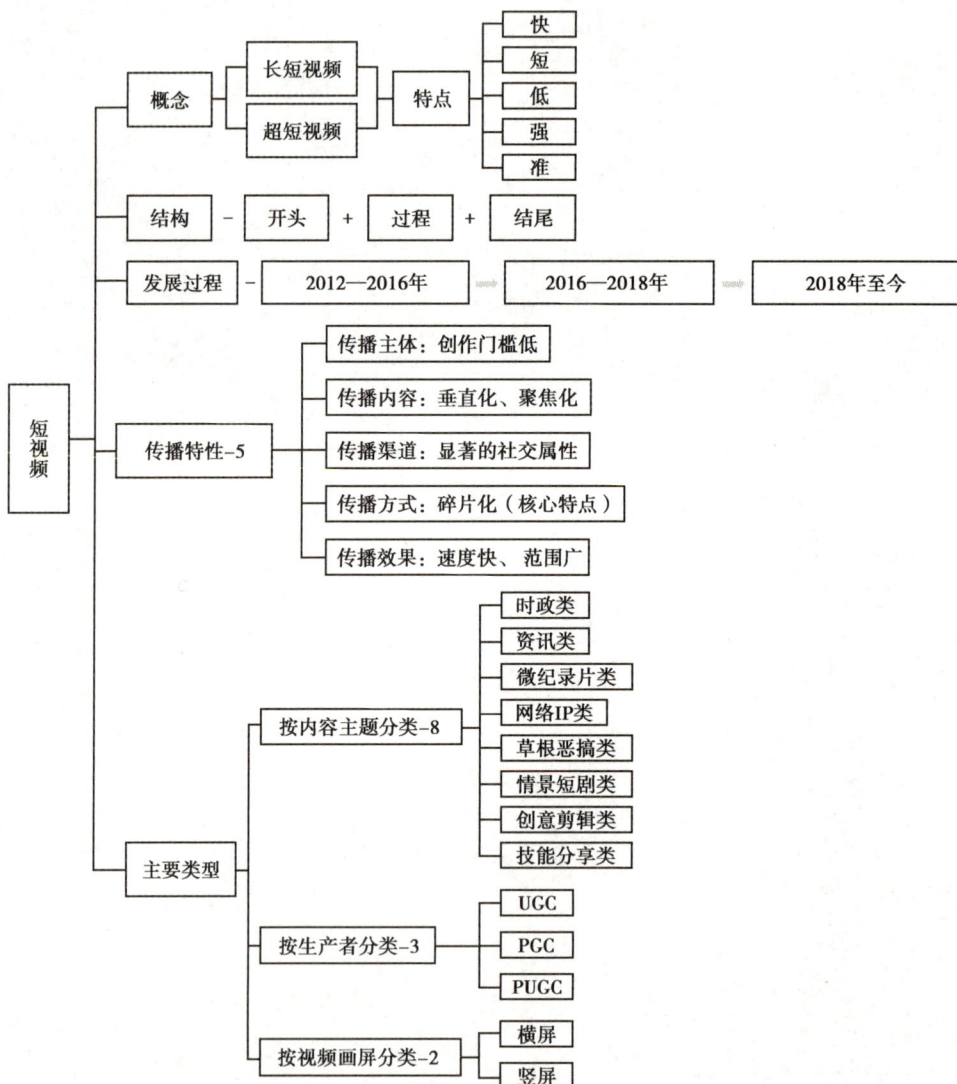

```
短视频
├─ 概念 ─┬─ 长短视频 ─┐
│        └─ 超短视频 ─┴─ 特点 ─┬─ 快
│                              ├─ 短
│                              ├─ 低
│                              ├─ 强
│                              └─ 准
├─ 结构 ─ 开头 + 过程 + 结尾
├─ 发展过程 ─ 2012—2016年 → 2016—2018年 → 2018年至今
├─ 传播特性–5 ─┬─ 传播主体：创作门槛低
│              ├─ 传播内容：垂直化、聚焦化
│              ├─ 传播渠道：显著的社交属性
│              ├─ 传播方式：碎片化（核心特点）
│              └─ 传播效果：速度快、范围广
└─ 主要类型 ─┬─ 按内容主题分类–8 ─┬─ 时政类
             │                    ├─ 资讯类
             │                    ├─ 微纪录片类
             │                    ├─ 网络IP类
             │                    ├─ 草根恶搞类
             │                    ├─ 情景短剧类
             │                    ├─ 创意剪辑类
             │                    └─ 技能分享类
             ├─ 按生产者分类–3 ─┬─ UGC
             │                  ├─ PGC
             │                  └─ PUGC
             └─ 按视频画屏分类–2 ─┬─ 横屏
                                  └─ 竖屏
```

附图 1

二、短视频内容生产

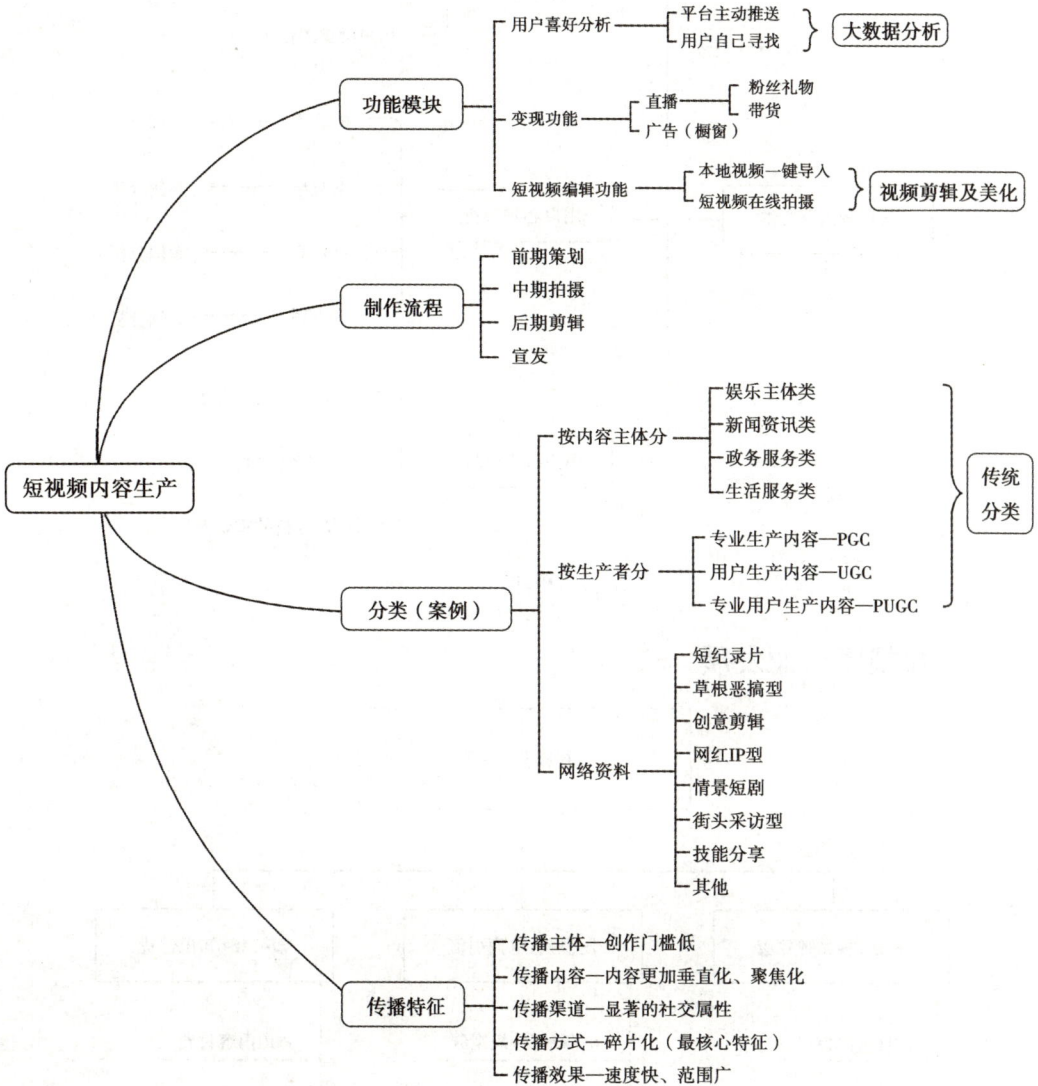

```
                              ┌─ 平台主动推送    ┐
                用户喜好分析 ──┤                  ├─ 大数据分析
                              └─ 用户自己寻找    ┘
                                          ┌─ 粉丝礼物
        功能模块 ───┤   变现功能 ──┤ 直播 ──┤
                                          └─ 带货
                                 └─ 广告（橱窗）
                              ┌─ 本地视频一键导入 ┐
                短视频编辑功能 ─┤                  ├─ 视频剪辑及美化
                              └─ 短视频在线拍摄  ┘

                ┌─ 前期策划
        制作流程 ┤   中期拍摄
                │   后期剪辑
                └─ 宣发

短视频内容生产

                              ┌─ 娱乐主体类    ┐
                 按内容主体分 ─┤   新闻资讯类    │
                              │   政务服务类    ├─ 传统
                              └─ 生活服务类    ┘   分类
        分类（案例）─┤
                              ┌─ 专业生产内容—PGC
                 按生产者分 ──┤   用户生产内容—UGC
                              └─ 专业用户生产内容—PUGC
                              ┌─ 短纪录片
                              │   草根恶搞型
                              │   创意剪辑
                 网络资料 ────┤   网红IP型
                              │   情景短剧
                              │   街头采访型
                              │   技能分享
                              └─ 其他

                ┌─ 传播主体—创作门槛低
                │   传播内容—内容更加垂直化、聚焦化
        传播特征 ┤   传播渠道—显著的社交属性
                │   传播方式—碎片化（最核心特征）
                └─ 传播效果—速度快、范围广
```

附图 2

三、短视频受众分析

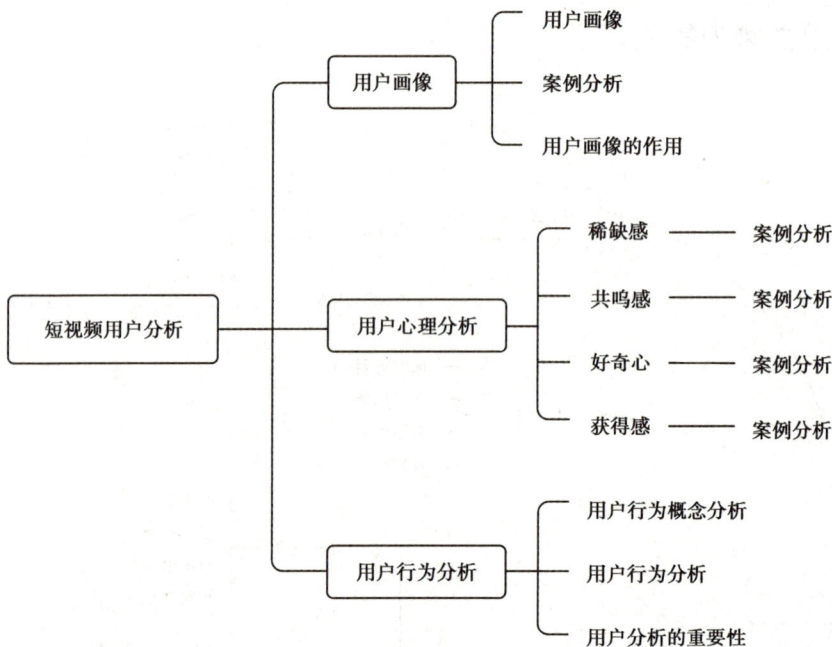

```
短视频用户分析 ┬─ 用户画像 ┬─ 用户画像
              │          ├─ 案例分析
              │          └─ 用户画像的作用
              │
              ├─ 用户心理分析 ┬─ 稀缺感 ── 案例分析
              │              ├─ 共鸣感 ── 案例分析
              │              ├─ 好奇心 ── 案例分析
              │              └─ 获得感 ── 案例分析
              │
              └─ 用户行为分析 ┬─ 用户行为概念分析
                             ├─ 用户行为分析
                             └─ 用户分析的重要性
```

附图 3

四、短视频产业发展

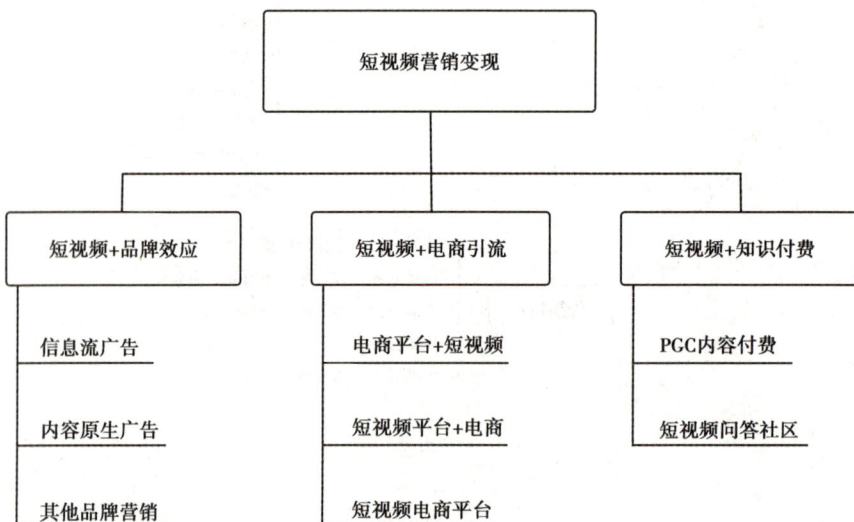

```
                    短视频营销变现
        ┌────────────────┼────────────────┐
   短视频+品牌效应     短视频+电商引流      短视频+知识付费
        │                │                │
   信息流广告        电商平台+短视频       PGC内容付费
        │                │                │
   内容原生广告      短视频平台+电商       短视频问答社区
        │                │
   其他品牌营销      短视频电商平台
```

附图 4

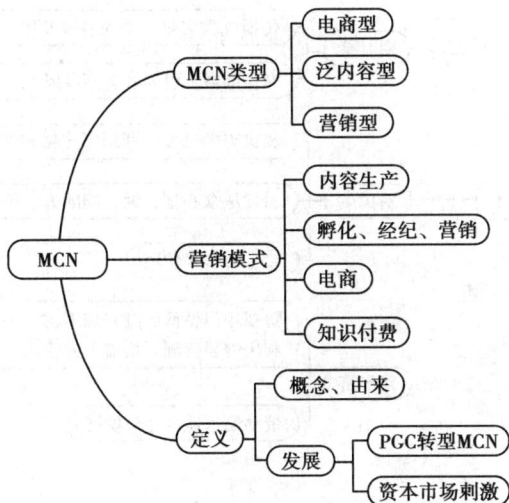

附图 5

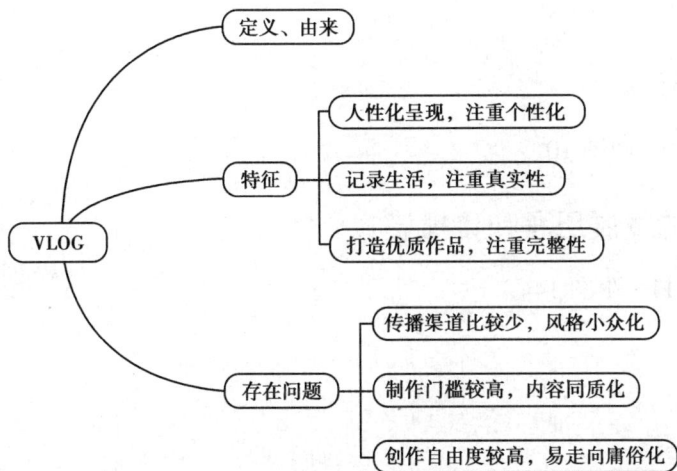

附图 6

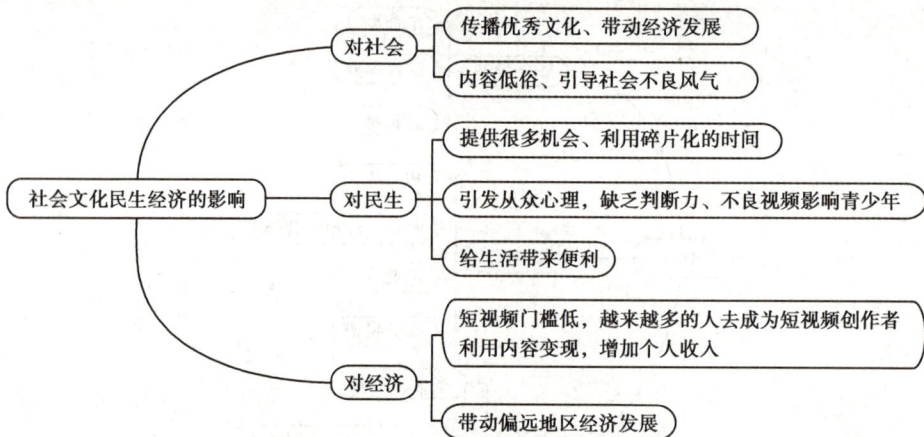

附图 7

五、短视频数字化治理

见附图 8。

六、关于微博

见附图 9、附图 10。

七、微信的发展历程和传播模式

见附图 11—附图 14。

参考文献
CANKAOWENXIAN

著作

［1］唐绪军，黄楚新．新媒体蓝皮书：中国新媒体发展报告 No.12（2021）［M］．北京：社会科学文献出版社，2021.

［2］李四达．数字媒体艺术简史［M］.2 版．北京：清华大学出版社，2017.

［3］陶丹，张浩达．新媒介与网络广告［M］.北京：科学出版社，2001.

［4］宫承波．新媒体概论［M］.9 版．北京：中国广播影视出版社，2021.

［5］胡森林，傅玉辉，高明勇，等．新媒体写作［M］.北京：人民邮电出版社，2021.

［6］罗伊·阿斯科特，袁小潆．未来就是现在：艺术，技术和意识［M］.周凌，任爱凡，译．北京：金城出版社，2012.

［7］余秀才．众媒时代的传播转向［M］.武汉：华中科技大学出版社，2017.

［8］曲艳红．基于信息技术的教学方法［M］.哈尔滨：哈尔滨工业大学出版社，2015.

［9］麦克卢汉．理解媒介：论人的延伸［M］.何道宽，译．南京：译林出版社，2011.

［10］周荣庭．网络出版［M］.北京：科学出版社，2004.

［11］喻国明，曲慧．网络新媒体导论：微课版［M］.北京：人民邮电出版社，2021.

［12］斯考伯，伊斯雷尔．即将到来的场景时代［M］.赵乾坤，周宝曜，译．北京：北京联合出版社，2014.

［13］马诺维奇．新媒体的语言［M］.车琳，译．贵阳：贵州人民出版社，2020.

［14］宿志刚，谢辛．视听新媒体概论［M］.北京：人民邮电出版社，2019.

［15］余红，张雯．新媒体用户分析［M］.北京：高等教育出版社，2019.

［16］黄旦.新闻传播学［M］.杭州：杭州大学出版社，1995.

［17］马尔库塞.单向发展的人：发达工业社会意识形态研究［M］.刘继，译.上海：上海译文出版社，2014.

［18］郭庆光.传播学教程［M］.2版.北京：中国人民大学出版社，2011.

［19］刘海龙.大众传播理论：范式与流派［M］.北京：中国人民大学出版社，2008.

［20］匡文波.新媒体概论［M］.3版.北京：中国人民大学出版社，2019.

［21］王松，王洁.移动互联网时代的新媒体概论［M］.上海：上海交通大学出版社，2018.

［22］胡森木，傅玉辉，高明勇，等.新媒体写作［M］.北京：人民邮电出版社，2021.

［23］彭兰.新媒体用户研究——节点化、媒介化、赛博格化的人［M］.北京：中国人民大学出版社，2020.

［24］秦阳，秋叶.微信营销与运营［M］.北京：人民邮电出版社，2016.

［25］郝晓伟.网络舆情监测理论与实践［M］.北京：国家行政学院出版社，2015.

硕博士论文

［1］吴俊.交流电机和RFID标签在医教模型中的设计［D］.天津：天津科技大学，2013.

［2］陶培亚.面向网络渗透的扫描技术研究［D］.青岛：中国石油大学，2011.

［3］朱艺静.新浪微博的商业模式研究［D］.上海：复旦大学，2014.

［4］王静.新媒体技术的哲学反思［D］.长春：东北师范大学，2019.

［5］应蓉珊.新媒体对大学生群体的影响研究［D］.重庆：重庆大学，2010.

［6］薛元琳.论媒介近用权的理论发展与演变［D］.武汉：华中科技大学，2009.

［7］肖园园.我国门户网站体育新闻媒介公信力及品牌形象研究［D］.北京：北京体育大学，2015.

［8］兰辉.中国与美国门户网站文化可用性比较研究［D］.上海：上海交通大学，2007.

［9］毛秋云.网络民意通道研究［D］.开封：河南大学，2009.

［10］吴平.网络视频的社会化分享［D］.哈尔滨：黑龙江大学，2014.

［11］张潇誉.移动电台的PUGC生态模式探索与实践研究［D］.保定：河北大学，2016.

［12］靳晓飞.全息影像作为新媒体艺术语言的研究［D］.大连：大连工业大学，2014.

［13］刘桢桢.河北省高校大学生使用微信的现状及传播效果调查［D］.保定：河北大学，2016.

［14］胡颖华.从微信公众号看纸媒与新媒体的融合：以人民日报微信公众号为例［D］.南宁：广西大学，2016.

［15］董思聪."985工程"高校官方微信公众号传播研究［D］.湘潭：湘潭大学.2017.

［16］尤佳.新媒体视域下中国当代育儿焦虑研究［D］.保定：河北大学，2019.

［17］张一鸣.新媒体背景下大学生思想政治教育途径研究［D］.南昌：江西财经大学，2018.

［18］李雪晶.传播学视野下的微博研究［D］.哈尔滨：黑龙江大学，2012.

［19］苏帅.中小学校长网络舆情应对能力现状研究［D］.天津：天津师范大学，2017.

［20］张春华.网络社会中强势文化与弱势文化的冲突与整合：从语言谈起［D］.沈阳：沈阳师范大学，2005.

［21］岳晓黎.我国网络舆情治理研究［D］.石家庄：河北师范大学，2021.

［22］辛红.政府对互联网舆情监控的研究［D］.北京：北京邮电大学，2010.

［23］洪夏君.互联网思维下的业余足球俱乐部经营管理研究：以长治市流浪者业余足球俱乐部为例［D］.西安：西安体育学院，2017.

［24］张议尹.红河哈尼梯田民族文化品牌传播策略研究［D］.昆明：云南财经大学，2017.

［25］陈子苏.基于政府主导下的动画产业发展策略研究［D］.上海：东华大学，2015.

［26］姚震.网络直播平台著作权侵权制度研究［D］.北京：中国政法大学，2021.

期刊

［1］黄楚新，王丹.聚焦"5G+"：中国新媒体发展现状与展望［J］.科技与出版，2020（8）.

［2］范以锦，聂浩.2019年重大传媒事件［J］.新闻与写作，2019（12）.

［3］李明德，赵琛.新媒体时代"四力"的突围与跨越：基于"十三五"时期中国新媒体发展的几个焦点［J］.编辑之友，2021（1）.

［4］王南.浅谈数字水墨中的传统水墨文化运用［J］.辽宁经济管理干部学院（辽宁经济职业技术学院学报），2010（5）.

［5］张秉军，邢杰，卜洁.高校图书馆地域文化特色数据库建设与研究：以天津文化艺术特色数据库为例［J］.图书馆工作与研究，2014（6）.

［6］陈舒，倪民军.大数据与人工智能在行业中的发展：以会计行业为例［J］.商业会计，2020（7）.

［7］姚林青.移动技术推动下的传媒变局［J］.人民论坛，2019（11）.

［8］杨秀，余静.2017年我国新媒体研究综述［J］.今传媒，2018，26（5）.

［9］董向东.大数据技术初探［J］.软件导刊（教育技术），2015，14（2）.

［10］王之娟.5G时代下的媒体融合创新［J］.中国发明与专利，2019，16（9）.

［11］陈明.媒介融合背景下的新闻评论教学改革［J］.东南传播，2011（5）.

［12］沈阳，冯杰，闫佳琦，等.网络连接观:类型划分、演化逻辑及风险防范［J］.西安交通大学学报（社会科学版），2020，40（3）.

［13］钱国富.常见流媒体解决方案的比较研究［J］.图书馆学研究，2003（2）.

［14］郭全中.智媒体的特点及其构建［J］.新闻与写作，2016（3）.

［15］高莹.浅谈自媒体时代传统媒体的内容重构［J］.出版广角，2018（5）.

［16］徐北春.聚合新闻客户端传播的五大变革：以"一点资讯"和"今日头条"为例［J］.传媒，2017（5）.

［17］刘平.人工智能与学术出版融合发展的机遇、挑战与应对［J］.贵州社会科学，2019（8）.

［18］肖永亮.文化创意产业中的电视业态［J］.现代传播（中国传媒大学学报），2008（5）.

［19］林东生.论文化创意产业发展与民俗文化资源整合［J］.中共济南市委党校学报，2012（6）.

［20］彭兰．场景：移动时代媒体的新要素［J］．新闻记者，2015（3）．

［21］陈旭光，邱章红，车琳，等．新媒体、新影像、新语言：新技术赋能下的新媒介艺术［J］．视听理论与实践，2022（1）．

［22］丛海．微信的功能及对宣传工作的影响［J］．数字传媒研究，2016，33（2）．

［23］余秀才，童石石．微信的发展现状与传播问题［J］．新闻与写作，2015（9）．

［24］明雨晴．新媒体语言的特征［J］．北方文学，2019（12）．

［25］樊振宇，戴小鹏，张且．基于微信的农业信息扩散模式初探［J］．湖南农业科学，2015（9）．

［26］马文帅．微博热搜对公众认知的影响：以热搜停更为视角［J］．新闻研究导刊，2020，11（19）．

［27］杨书卷，苏青．科学博客：一股不可忽视的科学传播新力量：以科学网科学博客社区为例［J］．科技传播，2010（4）．

［28］胡庆亮．舆情研究中的新闻娱乐化现象［J］．广州社会主义学院学报，2012，10（2）．

［29］黄灵灵．网络直播对大学生负面影响及法律规制问题的研究［J］．法制博览，2018（21）．

［30］张欣然．大学生在文化强国建设中的先进性作用研究［J］．教育教学论坛，2012（13）．

［31］韩向明，韩燚．简论社会心理学的知识体系［J］．山西大学学报（哲学社会科学版），2011，34（2）．

其他

［1］时蓉华．社会心理学词典［Z］．成都：四川人民出版社，1988.

［2］刘霞．全球竞相发展 AI 技术科技创新世界潮［N］．科技日报，2023-4-23.

［3］刘庆峰．类 ChatGPT 可能是人工智能最大技术跃迁［N］．中国电子报，2023-3-8.